本书是山东省社会科学规划研究重点项目（批准号：18BXSXJ26）
"习近平文化强国视域下的齐鲁文化国际化研究"结项成果

文化强国视域下

中国文化的国际化传播

杨世生　张育贤◎著

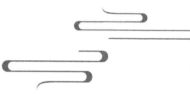

知识产权出版社
全国百佳图书出版单位
—北京—

图书在版编目（CIP）数据

文化强国视域下中国文化的国际化传播／杨世生，张育贤著．—北京：知识产权出版社，2021.11

ISBN 978-7-5130-7532-9

Ⅰ.①文… Ⅱ.①杨…②张… Ⅲ.①中华文化—文化传播 Ⅳ.①G125

中国版本图书馆 CIP 数据核字（2021）第 116810 号

责任编辑：刘 睿 邓 莹 刘 江　　责任校对：王 岩

封面设计：杨杨工作室·张冀　　责任印制：刘译文

文化强国视域下中国文化的国际化传播

杨世生　张育贤　著

出版发行：**知识产权出版社** 有限责任公司	网　　址：http：//www.ipph.cn
社　　址：北京市海淀区气象路 50 号院	邮　　编：100081
责编电话：010-82000860 转 8346	责编邮箱：dengying@ cnipr.com
发行电话：010-82000860 转 8101/8102	发行传真：010-82000893/82005070/82000270
印　　刷：三河市国英印务有限公司	经　　销：各大网上书店、新华书店及相关专业书店
开　　本：720mm×960mm　1/16	印　　张：13.5
版　　次：2021 年 11 月第 1 版	印　　次：2021 年 11 月第 1 次印刷
字　　数：235 千字	定　　价：68.00 元
ISBN 978-7-5130-7532-9	

前　言

在漫长的岁月中，为了生存与发展，中华民族一直不屈不挠地与大自然进行抗争，凭借其勤劳与智慧，创造了璀璨的中华文明。这些文化遗产不仅对中华民族的绵延生息发挥了重要作用，对世界文明进程也产生了深远影响。

今天，人类交往进入全球化时代。在这一发展进程中，经济发展不平衡是其最突出的问题之一。在亚洲、中东欧与中东地区，除了少数几个国家，多数国家仍处于"经济洼地"。在全球经济低迷、世界贸易战频发的背景下，即使中国也面临经济发展的诸多困境。作为全球第二大经济体及"世界工厂"，中国不仅商品生产与销售遇到了前所未有的"瓶颈"，出现产能过剩的矛盾，在国际政治环境方面也时常面临严峻挑战。虽然拉动内需是解决中国经济不景气的重要举措，但在外部经济环境不利的背景下，仅靠内需拉动也无法有效弥补外需的不足，况且全球化背景下的中国发展离不开世界市场，广阔、多元的国际市场是中国经济崛起不可或缺的必要条件。但是，以美国为首的西方发达国家，对中国的快速崛起怀有恐惧与敌视心态，企图从战略与策略两个方面围堵、遏制中国的发展，于是，高举贸易保护主义的大棒频频对中国实施不正当制裁，恶化了中国对外贸易与交往的国际环境。已经与全球紧密相连的中国，坚定不移地扩大对外开放，把自身发展融入世界多元发展之中。因此，积极应对并寻找有效途径，广泛开展与世界各国在更多领域的交流与合作，扩大对外贸易，成为当下迫在眉睫的解决之策。

我国政府积极调整或制定了多项国家发展战略，打造各种硬件与软件平台，为顺利实施这些战略创设良好的国内外环境。在全球化背景下，地理上彼此相连的国家和地区就更应该加强物质与精神的相互交流、合作与互动，这既是大局所需，也是民族所愿。仅以"一带一路"倡议来说，其实质就是以经济发展为中心的沿线国家开展全方位的交流与合作。在沿线国家资源禀赋各异、经济互补性较强、彼此合作潜力和空间较大的背景下，我国提出了以"政策沟通、设施联通、贸易畅通、资金融通和民心相通"为主要内

1

容的合作机制，其中，贸易畅通与资金融通既能削减这些国家过剩的产能，也能为这些国家建设提供各自需要的资金、技术和产品，实现各方在发展过程中的互补与共赢。民心相通是实施这一机制的基础条件，各国只有在政治互信、文化理解的基础上，才能实现彼此间的经济贸易往来、基础设施建设以及科技人文交流等多个领域的合作、共建与共享。如果没有文化的沟通作为坚实的民意基础，就无从谈及其他领域的顺利合作与可持续发展。

回顾人类交往历史，我们不难得出这样的结论：加强人文交流、推动不同文明之间的对话，是促进世界文明进步的重要途径，各国人民在相识、相知、共筑友谊的过程中，搭建了民心相通的桥梁，实现了各领域的合作与共赢。因此，不同文明间的文化交流与合作应该成为世界各国共同发展的重要战略之一。当前，文化交流与合作已跨越思想交流与分享的初级阶段，它所形成的文化产业已经成为国民经济的重要组成部分，甚至成为经济发展的重要引擎，成为大国崛起的重要标志。

当前，第四次工业革命已奏响凯歌。这场以互联网产业化、工业智能化、工业一体化为代表，以人工智能、清洁能源、无人控制技术、量子信息技术、虚拟现实以及生物技术为主的全新技术革命，拉开了 21 世纪的序幕，它所创造的集多个领域、多项技术为一体的高科技产品很快融入了现代化建设的进程，影响人类生活的方方面面，第四次工业革命已成为影响中国复兴与崛起的重要契机。

虽然这场全新的工业革命是以高新科技为支撑的，但这些高新科技又是以文化为底蕴的，没有深厚且先进的文化就不可能造就发达的科学技术，可以说，当今的高新科技是人类文化在社会实践中的体现或载体。一个国家的综合国力主要包括经济力、军事力和软实力三大部分。其中，经济力是大国崛起的物质基础，军事力是大国崛起的坚实后盾，软实力是形成经济力与军事力的可靠保障，而这三种国力的基础归根到底还是来自文化力。"冷战"之前，国家之间的竞争主要靠硬实力，"冷战"之后，则主要靠软实力，软实力的竞争在本质上就是文化的竞争。从两者关系来看，硬实力可以为软实力提供坚实的物质保障，而软实力反过来又为硬实力提供源源不断的动力与能源。从国家综合实力的结构来看，硬实力是筋骨和血肉，软实力则是思想和灵魂。在国家发展的初级阶段，重视的主要是硬实力的巩固，而在中级或高级阶段，则应转移到软实力的提升上。衡量大国崛起的标志不仅要看其硬实力，更要看其软实力。所以，大国是否崛起不仅看其积累的物质财富，更要看其文明式样和价值观念是否成为他国争相效仿的典范。基于此，作为正在崛起的大国，我国不仅要实现经济体量的增大与军事实力的强大，更要成为文明式样和思想价值观念的创造者，这才是真正意义上的大国崛起。英国前首相撒切尔夫人在 20 世纪 80 年代曾说过，"中国不可能成为一个大国，因为中国没有可以输出的普世价值观"。这恰恰说明，在终极意义上，我国的崛起必须是文化的崛起。

纵观历史，我国的崛起多属于和平崛起。历史上发生的几次对周边地区的战争都是为了稳定自身统治或反抗外族侵略而进行的反抗战争，目的在于和平，而不是欧洲历史上的殖民战争或征服异民族的战争。战争结束后，为了稳固统治，统治者在当地设置郡县或者都护府等管理机构，给予地方高度的自治权，其目的不是殖民掠夺，而只是统治管理的一种手段，且在边境安定之后，中原地区先进的农耕技术及文化在当地传播，又提升了当地民族的生产力水平和文化素质，因此，统治者是把周边民族视为大家庭中的一员，让其享有平等的民族地位。有时还通过和亲的方式，加强同周边民族的和谐团结。总之，战争是为了和平，而非侵略和掠夺，这是与欧洲历史上战争的本质区别，也是中国历史上"统而不一、和而不同"的王道之治。

新中国成立以来，我国虽然在经济上处于落后水平，但实现了政治上的完全独立，人民当家做主。在党的领导下，开始了轰轰烈烈的社会主义建设，特别是改革开放以后，经过 40 多年的艰苦努力，我国的经济总量已跃居世界第二位，成为经济上的巨人。但是，我国的文化建设并没有同步跟进，与世界发达国家相比，还存在很大差距，我国的文化贸易总额占比较低，文化价值观念还没有得到西方的广泛认可，"中国威胁论"在欧美发达国家还广泛存在，中国"礼仪之邦""以和为贵"的形象和善意不仅没有被认可和传播，还时常被恶意歪曲、诋毁。可见，我国文化的交流与传播迫在眉睫，文化的交流与传播既可为我国形象正名，也可为世界文化的发展贡献应有的力量。

当然，文化的交流与传播绝非一厢情愿之举，在进入他国之时，因自身或其他原因，会遇到各种阻碍。为了更顺畅地进行跨文化交流与传播，我国文化必须首先加强自身建设，用强大的感召力、影响力吸引他国民众，再通过相互间的交流与合作，让他国民众认识到我国文化的价值，体验到我国文化的魅力，从而愿意与我国打交道、建友谊。

2015 年 9 月 29 日，习近平主席在第七十届联合国大会上提出："'大道之行也，天下为公。'和平、发展、公平、正义、民主、自由，是全人类的共同价值，也是联合国的崇高目标。……我们要继承和弘扬联合国宪章的宗旨和原则，构建以合作共赢为核心的新型国际关系，打造人类命运共同体。"❶习近平主席在博鳌亚洲论坛 2018 年年会开幕式上的主旨演讲中进一步强调，"从顺应历史潮流、增进人类福祉出发，我提出推动构建人类命运共同体的倡议，并同有关各方多次深入交换意见。我高兴地看到，这一倡议得到越来越多国家和人民的欢迎和认同，并被写进了联合国重要文件。我希望，各国人民同心协力、携手前行，努力构建人类命运共同体，共创和平、安宁、繁荣、开放、美丽的亚洲和世界"。❷ 人类只有一个地球，各国共享一个世界，所以，世界各国应携手合作，促进全球治理体系变革，构建以合作共赢为核心的新型国际关系，共建人类命运共同体。中国是世界人口第一大国，经济总量已跃居世界第二位，在国际舞台上理应担当起世界大国的责任，贡献人类共同价值。

"文明相处需要和而不同的精神。只有在多样中相互尊重、彼此借鉴、和谐共存，这个世界才能丰富多彩、欣欣向荣。不同文明凝聚着不同民族的智慧和贡献，没有高低之别，更无优劣之分。文明之间要对话，不要排斥；要交流，不要取代。人类历史就是一幅不同文明相互交流、互鉴、融合的宏伟画卷。我们要尊重各种文明，平等相待，互学互鉴，兼收并蓄，推动人类文明实现创造性发展。"❸这是习近平主席对构建人类命运共同体和人类共同价值的中国宣言，也是对世界文明发展道路的世纪箴言。习近平主席旗帜鲜明地向世界宣示了中国的价值观念、理想目标和道路选择，体现了中国的社会价值与世界文明进程的内在联系和辩证关系。同时，也证明中国文化的国际化传播必将成为世界文明进步的重要力量，中国所提出的人类共同价值将打造融通中外的普世价值观。这一中国宣言凝练了当代中国的价值取向，有助于实现中国故事、中国声音的国际化表达与传播，

❶❸ 习近平在第七十届联合国大会一般性辩论时的讲话 ［N］．经济日报，2015-09-29.

❷ 习近平在博鳌亚洲论坛 2018 年年会开幕式上的主旨演讲（全文）［EB/OL］．(2018-04-10)［2021-05-21］.http：www.gov.cn/xin wen/2018-04/10/content_ 5281303. htm.

不仅能让世界更好认识中国、了解中国，还能激发全世界爱好和平、珍惜生态环境、坚持人人平等的有识之士，联手共建人类命运共同体，把人类地球家园建设得更加美好。

杨世生

2020 年 12 月

目　　录

第一章　文化强国概述

"文化强国"，顾名思义，就是让文化成为强大国家的力量。这个"强大"表现在政治、经济、军事、外交等多个领域，既包含国内的强大——政治清明、经济繁荣、科技发达、军事强盛、人民幸福安康和谐，也包含国际上的强大——国际地位高、国际话语权强、国际形象好。具体来说体现在三个方面：一是文化能够使一个国家的综合国力强大，使这个国家政治地位高、军事实力强、经济发展快、科技水平发达；二是文化能够塑造国民素质，使民众具有较高的思想道德素质和科学文化素养，使民众对自身文化总是感到自信和自豪；三是文化能够使一个国家在世界民族之林中具有很强的影响力、号召力和竞争力。总之，文化是强国的源泉与动力。

一、文化强国及战略的含义

（一）文化强国的含义

"文化强国"包括两个方面，一曰"文化"，二曰"强国"。

"文化"即以"文"化"人"，强调文化的教化功能。从词源学上看，"文"通"纹"，即纹理、花纹之意。《周易》："物相杂故曰文。"《说文解字》："错画也，象交文。"两者皆指线条与色彩交错的纹理，是客观事物给予人的直观视觉印象。"化"通"花"，指色彩艳丽、变化多端的花朵，引申为变易、生成、造化，后再引申为教化、培育、改造之意。正如《说文解字》所言："化，教行也。"文与化的使用较早见于《易经》："观乎天文，以察时变；观乎人文，以化成天下。"可见，《易经》里的"天文"与"人文"是一对概念。这里的"天文"指的是天之运行之理，即天道；"人文"指的是人的行为举止之理，即人道。西汉时期，"文"与"化"才合成一个整词，如"文化不改，然后加诛"（《说苑·指武》），"文化内辑，武功外悠"（《文选·补之诗》）。在西方，"文化"一词来源于拉丁文"cul-

1

tura"，意为农业耕种和作物栽培，后引申为道德、心智的培养。

从上述材料可以看出，对客观世界的观察角度与理解方式的不同，导致了中西方文化起源的差异，但在后来的引申之意中却殊途同归，都是指对人的精神思想方面产生教化改造的东西。当然，学术界对文化的定义难以形成统一的阐释，主要是因为文化涉及的范围大、层面多、角度广，理解自然就不一样了。

文化能够强国源于其文化力，即文化能够作用于其他对象，并使对象发生改变。文化力既是一种软实力，其主要表现在文化的凝聚力、生产力、竞争力、扬弃力以及传播力等方面，但也可以形成硬实力，其主要表现在文化可以通过产业创造价值和通过教育提升科学与技术水平并通过技术转化为强大的经济与军事实力等方面。文化力还可以通过更间接的传导创造出硬实力，比如，文化可以通过更新人的观念、提高人的素质，驱动国家或社会制定更先进的发展战略，实行更先进的管理制度、采用更先进的治理手段等提高社会效率与生产力，从而促进经济发展以及节约社会成本。总之，在社会结构日益复杂、紧密的当今时代，文化力已成为社会发展的血液，融入社会结构的每一个细胞，时时刻刻为社会的发展提供能量与动力。

（二）战略的含义

"战略"的概念由来已久，"战"指战争，"略"指"谋略、方略"，古时称为"谋、庙算、韬略、方略"。春秋时期的《孙子兵法》被认为是中国最早运用"战略"进行全局筹划的著作。在《孙子兵法》中，"上兵伐谋，其次伐交""不知诸侯之谋者，不能豫交""未战而庙算胜者，得算多也；未战而庙算不胜者，得算少也"。这里的"谋"与"庙算"就是指运筹帷幄的"谋略"，即"战略"。

"战略"一词，在中国最早见于西晋初史学家司马彪所著《战略》一书，后屡见于《三国志》《廿一史战略考》等史籍中。这时的战略含义较为广泛，既包含今天的术语含义，也包含意义更为狭窄的战术、策略之意。现在的"战略"一词的含义来源于19世纪末的日语借词，日本人将西方的"strategy"翻译为"战略"，由中国留学生传入中国，之后便在中国使用。20世纪30年代，毛泽东在《中国革命战争的战略问题》中指出："战略问题是研究战争全局的规律的东西。"❶ 毛泽东关于战略的论述，奠定了现代中国战略定义的基础。

古今中外对战略的称谓千差万别，内涵与外延也不尽相同，但相同之处是："战略"是一个军事术语。随着战略理论的发展，"战略"概念被扩大延伸到军事领域以外，为其他许多领域所借用，泛指具有全局性意义的高层次的重大谋略，如国家战略、全球战略、政治战略、经济战略、科技战略、外交战略、人口战略，等等。总之，现代战略的概念泛指"重大的、带全局性或决定全局的谋划"❷，具有全局性、长期性和系统性。

国家战略是一个国家的最高层次的核心谋略，包括战略目标、战略方针、战略重点、战略步骤及战略对策等内容。国家战略又包含许多子战略，国家文化战略就是其中之一，同样，国家文化战略下又包含许多具体的文化子战略。战略目标是战略的核心，规定了战略最终要实现的核心内容，战略目标要明确、清晰、适度和具有现实性；战略方针是为实现战略目标而制定的基本指导原则，战略方针既要有高度，又要有可操作性；战略重点是指在实现战略目标过程中应重点完成的领域和环节，体现战略的主要矛盾和矛盾的主要方面；战略步骤是指在实现战略目标过程中，对战略目标的具体细化及完成细化目标的先后次序；战略对策是指为实现战略目标而采取的一系列方法与手段，战略对策应具有针对性和可操作性。❸ 本书所研究的"文化战略"就是指通过传承、借鉴、融合、创新中国与世界一切优秀文化，从而使国家变得更加富强、民主、文明，使人民幸福、安康、和谐，使国家形象好、国际地位高的策略与方法。

二、文化强国的核心要素

文化力，作为一个泛指的抽象概念，既可以通过人创作出来的优秀文艺作品和制作出来的优良文化产品来影响或改变人的主观世界，又可以通过人的实践活动改变客观世界。因此，社会主义文化建设包括精神文明建设与物质文明建设两个方面，两者是文化建设的双翼，缺一不可，两者只有相互促

❶ 毛泽东. 中国革命战争的战略问题 [M]. 北京：人民出版社，1952：6.

❷ 夏征农. 辞海 [M]. 上海：上海辞书出版社，1980：1351.

❸ 宋绍松. 战略小考 [J]. 现代军事，1999（6）.

进、共同提升、和谐发展，才能实现文化的繁荣昌盛。

文化为什么能够使国家变得强大？很显然，那是因为文化有一种使国家变得强大的力量，即"文化力"。上文提到，文化力主要表现在文化的凝聚力、生产力、竞争力、扬弃力和传播力等方面，因此，文化强国战略的研究重点就是研究采取何种战略提高这几个"力"，从而使国力强大。

在人类文明史的长河中，文学、艺术、科学如同一颗文化大树上的花朵，相映成辉、荣枯与共，创造了人类历史上的灿烂群星。在科学技术发展史上，人们总能发现这样一种现象，即文学与艺术繁荣的时期，往往是科学技术发达的辉煌时代，科学技术昌盛的地方也是文学与艺术人才云集的场所，文学与艺术的智慧总能孕育出科学技术的累累硕果，而科学技术总能为文学与艺术插上翱翔蓝天的翅膀。所以，在历史上，总不乏集文学、艺术与科学于一身的巨匠，验证着三者之间的互补与融合。中国的墨翟、张衡、祖冲之、沈括，欧洲的亚里士多德、达·芬奇、歌德，就是穿梭于艺术与科学两个世界的奇才代表。事实证明，社会越发达，文化艺术与科学技术结合得就越紧密。正如法国作家福楼拜所言："越往前进，艺术越要科学化，同时科学也要艺术化。二者经山麓分手，回头又在山顶汇合。"❶ 由此可见，文化力正如一台精密的仪器，要想发挥出最佳整体效应，既要各构成要素达到最优，又要各构成要素之间密切配合，形成一个严密完美的系统。下面分别阐释构成文化力的五个要素。

（一）文化凝聚力

根据词源，民族是指在长期历史发展过程中形成的稳定共同体，其历史、文化、语言是该民族区别于其他民族的鲜明特征。由于各种原因，在长期的人类发展史上，人口不断迁移，形成多民族混居、通婚与融合的状况，所以，很多民族其实是混合型民族。但是，在长期的生活与交往过程中，混合型民族的文化与语言会慢慢地与主体民族趋于一致，比如中国的汉族。按照现实情况，一个国家可以有不同的民族，一个民族也可以生活在不同的国家，所以，生活在同一个国家的多个民族因有着共同的政治、经济利益而逐渐融合成新的民族，这种形式的民族被称为国族，比如中华民族、美利坚民族，这些国族内的各民族之间混居、通婚现象也较为普遍。

---

❶ 转引自：彭昆仑. 科学技术与《红楼梦》[J]. 红楼梦学刊, 1995 (11).

　　无论是民族还是国族，都拥有相同或相似的文化传统，或者对彼此的文化有着较高的认同感，所以，族群或族员间能够和睦相处。文化的认同感是一个民族或国家内部融合的核心要素，是国家统一、民族团结、社会和谐的基础。对文化的认同感越强，这个民族或国家的文化力就越强，而文化力越强，文化凝聚力就越强。

　　作为民族或国家的灵魂和血脉，文化在培育民族精神、凝聚民族力量、维护社会稳定等方面起着至关重要的作用，在动荡的国际局势中扮演着船锚的稳定功能。文化的凝聚力越强，这个民族或国家的凝聚力就越强，民族或国家形成的共同体就越牢固，因此，文化是凝聚这个共同体的精神纽带。

　　历史辩证法证明，任何形态与时代的文化，在本质上既包含对现行民族或国家的肯定，也包含对现行民族或国家的否定，两者同时存在于一个共同体，此消彼长，共同推动社会向前发展。

　　当一个民族或国家处在危难之时，文化凝聚力就成为凝聚民族力量、反抗封建压迫或抵御外来侵略的坚强动力，拯救民族于水火之中。当一个民族或国家处在社会变革或动乱之时，文化凝聚力就成为发动和指引人民群众奋发抗争的推动力量，也是人民群众集聚力量共谋国事的动力。当一个民族或国家的制度或机制阻碍其发展的时候，文化就承担着针砭时弊、指引迷津的功能，启迪与引导着人们创建新的制度或机制。从近代的维新变法、辛亥革命、新文化运动到中国共产党领导的新民主主义革命和今天的"中国梦"，无不是用文化的力量凝聚和激励着中华民族奋发图强，摆脱封建压迫与外来侵略，让人民当家作主，让国家巍然屹立于世界民族之林。当一个民族或国家处在社会稳定或繁荣之时，文化凝聚力就成为社会发展的锚定器，在出现人民内部矛盾时，文化如春风化雨，悄无声息地缓解、协调和化解这些矛盾，潜移默化地引导着人民群众的伟大力量朝着共同的目标凝聚，从而实现社会的安康、有序与和谐，文化凝聚力不知不觉地融化为民族或国家的生命力，成为保障民族或国家在稳定和协调进程中走向发展与繁荣的重要力量，这就是文化的使命。《三国演义》的卷首语，"话说天下大势，分久必合，合久必分"，真实地刻画了文化凝聚力对于民族与国家的巨大作用，显示了中华民族几千年的曲折发展历程，印证了"道路是曲折的，前途是光明的"道理。事实上，中国历史上的朝代更迭只是社会不同阶层的地位颠覆而已，在文化上尽管出现短暂的颠簸与曲折，但总是朝着理想目标一往前行。

一个民族或国家的凝聚力是基于其文化凝聚力之上的。一个民族或国家的团结和统一，不仅需要政治、经济和军事力量作为保障，更需要该民族或国家人民在精神和心理上相通与契合。既然文化是一个民族或国家在长期的历史发展过程中沉淀下来的精神财富，化作一个民族或国家的灵魂、血脉和精神图腾，时时刻刻在协调和整合着该共同体的各种力量，凝聚成该共同体的向心力和感召力，维系着该民族或国家在长期的历史发展过程中，虽历经风雨沧桑，终不分离，那么，文化内含的凝聚力就是该民族或国家赖以生存与发展、独立与统一的内在精神力量。

文化是人类物质生产方式与社会生活的凝结与体现，因此，文化具有历史性和时代性的双重特征。文化凝聚力的形成是复杂的、非偶然的。一个拥有共同血缘、语言与地理环境的群体形成共同的心理与习俗，逐渐融成一个民族、组成一个国家，但如果没有无数次同呼吸共命运、一起经历困苦与磨难、共同浸泡于风雨冰雪的切身经历，就不会凝结成具有牢固的凝聚力与向心力的民族或国家。同时，文化是一个稳定的但并非固定的系统，文化是一个开放的、非封闭式的要素集合，每种要素虽有自己的运动规律与曲线，但各种要素形成一种合力共同推动着文化系统向前发展，因此，文化的发展道路是曲线型的，而非直线型的。当然，每一种文化要素的运动规律与曲线也并非必然的，是可以影响甚至是改变的，也就是说，文化要素是可以构建的，文化也是可以构建的。所以，文化凝聚力并非一成不变的，文化凝聚力可以通过构建而形成与加强。在当代中国，加强文化建设为中华民族的凝聚力增添活力，是每一位中华儿女的时代责任。

总之，文化是在特定的地理环境、经济模式、政治制度等条件下形成的思想积淀，历经几千年的扬弃与融合，烙刻在民族的思维模式、价值观念、伦理规范、风俗习惯与审美情趣之中，渗透于社会生活的每一个领域与角落，内化为民族意识和思想行为，融入人们的日常生活与行为举止之中，所以，文化是民族的一种存在方式，而这种方式恰是因文化的凝聚力而存在。

（二）文化生产力

马克思主义认为，人类社会存在两种生产力，一是"物质方面的生产力"，二是"精神方面的生产力"，而语言、文学、技术等都归属于"精神方面的生产力"，所以"精神方面的生产力"在某种意义上也就是文化生产力。毛泽东在《人的正确思想是从哪里来的?》中发展了马克思主义的辩证唯物主义认识论，认为物质与精神在一定条件下是可以转化的，即物质可以变为精神，精神可以变为物质。所以，文化生产力不仅体现在文化产业领域，还包含在经济、军事等其他领域，甚至可以说，文化生产力无处不在，其存在于人类一切实践活动之中，是社会生产力的一个重要组成部分。

作为国家软实力，文化是各项国力发展的根基，决定着国家发展的规模与速度。创新是一个民族或国家进步的灵魂，是民族或国家兴旺发达的不竭动力。一个民族或国家的文化所具有的创新力决定了它所造就的民族或国家的兴衰与强弱。文化创新力越强，越能促进文化的发展，这个民族或国家就越强大，在世界民族之林中越具有竞争力和国际话语权。人类发展史表明，人类文化的每一次突破都意味着人类社会的一次巨大进步或飞越，人类的每一次文化创新高峰都会推动一场轰轰烈烈的思想解放运动。历史上中西方国力强弱兴衰的换位，在本质上就是文化创新力兴盛与消减的交替。

文化生产包括文化创新和文化转化，因此，文化生产力体现在文化创新力与文化产业力两个方面。

创新力是人类特有的认识世界和改造世界的能力，创造出人类的物质文明和精神文明，无论是器物层面、制度层面还是精神层面，都内涵着人类文化创新的因子。为什么器物层面的创新也是文化创新的一部分呢？器物是人类的创造物，是人类智慧的物质体现，是认识世界、改造世界和享受世界的工具，器物的改造与水平提升始终伴随着人的文化水平的进步。人类考古史表明，每一件考古物品都是那个时代的特有产物，对文物的研究既可以推测人们社会生活和生产的状况与水平，也可以获得它所在时代的科学与技术水平，甚至还有更多。比如，人们通常说，日本生产的汽车油耗小，美国生产的汽车油耗大，表面是油耗的比较，是技术的比较，其实是创新力的比较，是日本与美国两个民族因资源占有量差异而导致的文化创新力的比较。同样，煤渣，作为一种工业固体废物，在不同的历史阶段和不同的国家有着不一样的用途，从废渣到建筑材料再到稀有金属，经历了一个从废物到资源的变化过程，这个过程就是文化创造力差异及演变的过程。可见，文化创新力不仅体现在精神层面上，也体现在物质层面上，可以说，无处不在。

创新性与发展性是文化生产力的内在规定性。首先，文化创新力体现在价值观念的创新上。从表面上看，文化产品分为价值观念和非价值观念的产品，但从本质上看，文化产品都是价值观念产品，非价值观念产品间接地内涵着价值观念。文化创新力赋予文化产品生命与活力，使其处在永恒的螺旋式发展中，文化创新力也就自始至终地存在于这种动态过程中，而文化发展性又体现于文化创新力不断解放和超越现时文化生产力的动态过程中。在多元文化世界中，文化创新性与发展性是决定某种文化在该文化体系中能否生存、发展或脱颖而出的制胜因素。

全球化广度与深度的加剧使得社会分工越来越精细，知识与信息共享与集聚的频率也越来越高。全球社会分工的越来越专业化促使社会发展的进程越来越快，社会各种资源的配置、融合与相互促进越来越紧密。社会进入市场经济阶段以后，文化产业逐渐成为一个独立的经济领域，发挥着越来越大的市场作用，在进入信息化社会以后，文化产业就跃居经济领域的前沿乃至顶峰，逐渐成为地方与国家经济的重要支柱，文化产值在 GDP 中的占比越来越高，而且越是在发达国家，文化的这种作用就越明显。目前，文化产业已成为世界上最大的产业之一，并呈现出加速融入其他行业的趋势。

据统计，2017 年美国文化与娱乐产业产值 60016 亿美元，占 GDP 比重 31%，占世界文化与娱乐产业产值的 43%。在美国最赚钱的 500 家企业中，有 72 个是文化与娱乐产业的企业。❶ 其中，音像业的出口额超过航空业的出口额，成为创利润最高的行业。另外，日本的文化产业占 GDP 的 20%，韩国占 15%❷。根据《经济日报》，2018 年中国文化及相关产业增加值为 41171 亿元，占 GDP 的比重为 4.48%，而 2004 年为 2.15%，可见，中国文化产业的发展比较迅速。但与发达国家相比，还有相当差距，中国文化产业还有相当大的提升空间和潜力，在未来几十年中，文化产业在 GDP 中的占比将越来越大，在综合国力的提升中将发挥越来越重要的作用，如果能达到目前发达国家的占比值，将会极大地促进中国经济的增长，未来几十年将成为国民经济最重要的增长极。

随着经济的增长和科技实力的进步，中国文化产业已经跨越起步阶段，进入快速发展时期，并逐步实现规模经营和集约经营。文化产业日益与经济建设相结合，新兴的文化产业类型与服务越来越多，与人民群众的现实需求日益融合，越来越成为群众日常生活不可或缺的一部分，因此，文化产业在

---

❶ 深度解析：美国 GDP 构成，中美 11 大核心产业对比 [EB/OL]. [2020-01-21].http://blog.sina.com.cn/s/blog_4dfd76af0102ynsd.html.

❷ 2018 年全国文化及相关产业增加值占 GDP 比重为 4.48% [EB/OL]. [2020-01-21]. http://www.stats.gov.cn/tjsj/zxfb/20200121/t20200121_1724242.html.

国民经济中的贡献与地位不断上升。可以预见，文化产业必将成为中国的支柱产业，在社会主义建设中发挥越来越重要的作用。因此，政府及文化相关部门应顺势而为，进一步深化文化体制改革，优化文化产业布局，加速文化产业园建设，培育文化市场主体，发展文化产品市场，完善市场要素市场，改革文化人才培育机制，培育农村文化市场，着眼于立足国内市场、积极开拓国际市场的多元化开放式的文化发展模式，形成以公有制为主体、多种所有制共同发展的文化产业发展格局。

（三）文化竞争力

竞争是自然法则，人类社会的发展始终在竞争的环境下进行。进入全球化时代，人类的竞争就由区域化竞争扩展到全球化竞争，竞争的形式变得更加复杂，强度变得更加激烈。随着文化产业在 GDP 和综合国力中地位的提高，文化的竞争必然随之加剧。在竞争的较量过程中，也必然发生文化产业比值的变化及国家实力的位移，因此，文化实力是国家间竞争的重要力量，直接或间接地决定着国家在国际竞争中的主动权与话语权。

事实上，只要存在不同的文化形态，就必然存在文化竞争，所以，无论是一个国家内部的不同文化流派或者国家间的不同文化形态，都存在竞争。历史证明，竞争是人类社会发展与进步的内驱力，没有竞争就没有活力，没有竞争就没有创新，要想在发展中保持领先地位，就必须鼓励竞争、保护竞争，在竞争中实现优胜劣汰。这既是竞争法则，也是生存规律。

文化竞争包括两个领域：一是文化价值观念的竞争，二是文化产业的竞争。既然是竞争，就存在排他性，甚至是对抗性。每一种文化都是某个民族或种群在长期的历史进程中积淀下来的，都是经过大浪淘沙式的选择与淘汰后留存下来的，所以，文化有强弱之分，但无绝对的优劣之别。文化在某个方面存在的优势与劣势，只具有相对性。因此，文化要想在竞争中获胜，必须首先承认另一方文化存在合理性，具有一定的优点，并试图借鉴这些优点，再去甄别对方文化的缺点，并试图规避这些缺点。有时候，所谓的某些缺点也只是因为站在不同的文化立场上审视对方而已，或者只是文化差异或隔阂导致文化价值判断上的不同，并非客观事实。所以，在文化交流或合作时，还需尊重这些所谓的文化缺陷。由此可见，不同文化的竞争只是相对的，在竞争中合作，在合作中竞争，将是文化发展的明智之举。

随着人类步入知识经济时代和信息化时代，文化软实力越来越展现出强大的内驱力与扩张力。无论是个人、团体或是国家，相互之间的竞争已从硬实力为主、软实力为辅的比拼，转化为硬实力、软实力并重的较量，在某些领域，还体现为以软实力为支撑的硬实力较量。在未来的竞争中，软实力在综合国力中的占比会越来越高。谁占领了文化的制高点，谁的软实力就强，谁就会掌握竞争的先机与主导权。

当前，文化因素已成为发达国家最具活力的要素，在综合国力与影响力方面具有与政治、经济、军事成鼎足之势的重要力量。在国际舞台上，西方发达国家在政治霸凌、军事侵略、经济掠夺等手段都失灵的情况下，逐渐转变为更加隐蔽的文化渗透手段。他们凭借其强势文化，将他们的价值观以教育、影视、音乐、饮食、服装、时尚等隐蔽形式向全球渗透，不断把全球社会思潮向其西方价值观方向引领。

发展是硬道理，文化领域也是如此。文化发展需要动力，文化动力包括内驱力和外驱力两个方面。文化内驱力既来自文化自觉、自信与自强，也来自文化竞争即外驱力。这两种力量伴随文化发展的始终，成为文化发展的双轮。

文化竞争力与国家综合国力紧密相关，体现在政治、经济、科技、军事等各个领域。如果一个国家的综合国力强大，以文化创新力与文化生产力为核心的文化产业自然就发达，文化制造和文化输出就强。

国际文化竞争力主要取决于文化产业的实力。虽然中国的文化产业步入了快速发展期，但是，这些成果只是于过去的中国文化状况而言，如果与世界发达国家相比（即使是隔海相望的日本、韩国），我们文化产业的发展还有很大差距，仅仅属于起步阶段。据世界知识产权组织相关数据显示，2017 年全球文化创意产业创造产值 2.25 万亿美元，美国和欧洲各国共占市场总额的77%，亚洲和南太平洋地区约占市场总额的 19%，其中，日本和韩国分别占10%和5%，中国及其他国家约占 4%。❶ 可见，美国凭借其强大的综合国力，已经形成完整成熟的文化产业链、文化市场和文化消费群体，占据全球文化产业的霸主地位。在全球大型文化企业中，美国企业占据一半以上。例如，美国控制了全球3/4的电视节目的生产与制作，世界新闻节目大部分由美国企业垄断，是世界其他国家发布信息总量的 100 倍。此外，按照人口比例来讲，美国每1.3 万人拥有一家图书馆，中国则是每46 万人才有一家。书籍是人类

---

❶ 刘艳辉. 文化产业助力区域经济发展 ［EB/OL］.（2017-08-14）［2021-05-21］. http：//www. nnlt. com. cn/2017/0814/489692. shtml.

进步的阶梯，图书馆无疑就是人类进步的殿堂。图书馆数量的对比可以说是不同国家文化氛围的观照，也是文化竞争力差距的一个缩影。

管中窥豹，可以透视出中国文化产业在世界文化产业中的地位及国际竞争力。从产业自身来看，我国文化产业还没有形成完整的产业布局与产业体系，缺乏规模化的产业园区与市场主体，市场管理与运行机制不够完善；从文化主体来看，文化土壤不肥沃，还没有形成一个庞大的文化生产与消费群体。种种原因导致了中国与发达国家在文化产业领域的巨大差距。当然，这种差距从另一个方面说明中国文化产业在未来很长一段时期会有相当大的发展空间与潜力，将成为拉动 GDP 增长的重要支柱。

在国际上，我们的文化产业市场还处于弱势地位。中国的电视节目、报刊及通讯社的报道在国外难以进入大众视野，即便被报道或宣传，对其感兴趣的观众与读者也不多，特别是在华人圈以外的受众更是有限。这种状况使得中国的声音往往被西方强大的话语所淹没，特别是一些别有用心的西方国家利用其强势文化力量诋毁中国形象，干涉中国内政外交，因此，很多国外民众对真实的中国、中国人及中国文化知之甚少，而负面的、扭曲的误解却深入他们的头脑。

历史证明，拥有 5000 年文明史的中国文化曾在世界文明史上产生过重要影响，特别是唐、宋、明三个朝代，辉煌的文化曾吸引众多国家万里朝觐，不仅对亚洲各国，对欧洲、北非也影响深远。遗憾的是，自清朝后期，落后的封建制度制约了资本主义的发展，文化专制制度禁锢了知识分子的思想，加上自给自足的封建经济形态难以为科技进步提供动力与物质基础，几个方面的叠加因素导致中国的科技由领先变为落后，经济上也相应地处于落后地位。综合国力的削弱不仅造成了我国文化上的落后，也使我国丧失了国际话语权，之后的 100 多年被动挨打的屈辱史成为国人记忆中挥之不去的伤痕，也成为西方列强贬低中国的借口。即使今天，为了压制中国的崛起与发展，不少西方发达国家依然借助强大的媒体手段，打着"人权"的口号，不断妖魔化中国，抹黑中国的形象，致使在普通民众的心目中，中国依旧是那个 100 年前封建落后的独裁国家。加之"白人至上"的种族歧视价值观，中国人的国际地位依然处于不利境地。在此背景下，中国的文化很难获得应有的地位与尊重，竞争力自然地被严重弱化。

令人欣慰的是，在中华人民共和国成立后短短 70 多年的时间内，中国的经济和社会发展取得了举世瞩目的成就，一个重要的因素就是滋养中华民族的华夏文明给我们提供了自信、胆略和智慧，所以，我们完全可以理直气壮地实施文化"走出去"战略，全面客观地向世界传播我们的文化，展示我们优越的社会制度和价值观念。

改革开放40多年来，中国经济发展突飞猛进，经济总量跃居世界第二位，创造了中国发展史上的奇迹，为文化发展奠定了坚实的物质基础。在文化领域，各项投资逐年稳步增长，公共文化服务体系与设施逐年完善，文化创新能力与生产能力明显提升，文化市场管理与运营机制进一步增强，文化遗产保护越来越完善，文化活动和文化产品日趋丰富，质量与品质也有很大改善，对外文化交流与传播越来越广泛与频繁。特别是进入21世纪以来，随着中国综合国力的提升，中国各个领域逐步走向世界，在世界舞台上争得了一席之地，于是，国家制定了文化"走出去"战略，战略实施之后，中国文化交流与输出明显扩大，国家形象进一步提高，国际话语权明显提升，中国文化对世界的影响力与吸引力越来越大，中国人民的民族自尊心和自信心越来越强。中国敢于、乐于向世界展现、分享自己的文化瑰宝，全球500多所孔子学院的设立，无数场次文化年、文化节、文艺展览与演出，成为中国文化走向世界的一张张响亮的名片。总之，我国文化发展取得了丰硕成果，文化软实力获得明显提升。

当然，也有不尽如人意的地方。如果仔细审视近些年的国际交流成果，就会发现很多成果在非华人圈的影响只是浅层的，其深层的内涵并不为外国人深入了解，更别说得到欣赏或者引起共鸣。客观地说，中国在近些年"走出去"的文化多数是传统文化，这些文化展现的是中国传统文化的魅力，外国人之所以欣赏这些文化，最主要的原因是新鲜好奇，展览或者表演满足了外国人的猎奇心理。比如，我们的戏曲表演在海外引起轰动，并非他们真正看懂了戏曲的情景，真正与剧中情景或人物产生了共鸣，主要是因为他们对中国的传统服饰、布景及演员的奇特步法和优美动作感到新鲜好奇，所以，打动他们的不是内容而是符号，留在他们记忆中的自然就是服饰、动作、腔调、舞狮子、气功、武术、乐器、大熊猫等印记，他们了解的是一个古代的中国，而非现在的中国，所以，依旧对中国人的精神与生活现状不了解，对中国人的核心价值观不了解，依旧对中国社会存有偏见和误解。因此，我国文化"走出去"应该更关注介绍与传播当下的中国，让世界认识一个当代的中国、一个真实的中国、一个发展中的中国，这正是我们今后努力的方向与目标。

（四）文化扬弃力

任何文化都是民族的、时代的。

文化是民族的，是指任何一种文化都是特定民族创造出来的，都是该民族在不断认识自我、改造自我的过程中，在不断认识自然、改造自然的过程中，所创造的并获得民族成员共同认可和使用的精神沉积物，包括精神文化和物质文化，具体体现为价值观念、思维方式、生活方式、伦理道德，宗教信仰、法律制度、艺术文化、风土人情、传统习俗、审美情趣、精神图腾、科学技术，等等。在民族交往过程中，不同民族的文化就会相互影响，进而借鉴、吸收和融合其他民族文化中优秀的成分，从而改变原来的内容和形式，各自形成一种新的文化体，这就是文化的演化发展。

文化是时代的，是指文化是为特定时代的人认可和使用的。从文化的时代性来讲，文化可以分为"死"文化和"活"文化。如果文化不能为该时代的人所用，就是"死"文化，即历史文化，如果能够为该时代的人所用，就是"活"文化，即当代文化。"死"文化对当代人是没有价值的，"死"文化变为"活"文化的唯一途径就是融入当代信息，为当代人所用，变为当代人的文化。

所以，民族性是文化的根基，时代性是文化的血液。

习近平总书记在党的十九大报告中指出，"文化是一个国家、一个民族的灵魂。文化兴国运兴，文化强民族强。没有高度的文化自信，没有文化的繁荣兴盛，就没有中华民族伟大复兴。要坚持中国特色社会主义文化发展道路，激发全民族文化创新创造活力，建设社会主义文化强国"。习总书记把当代文化的重要性写入党的报告，对新时代的文化建设具有重要的指导意义。

既然文化是民族的根基与血脉，就要时刻为其提供新鲜的营养来滋润，这种营养既需要从传统文化中寻找，也需要从当代实践中获取，这就是文化的扬弃。

"扬弃"一词包含两重含义：一是对旧事物的肯定，二是对旧事物的否定。"扬"是对旧事物中积极成分的肯定，即保留和继承，并在此基础上改进和创新；"弃"是对旧事物中消极成分的否定，即舍弃和终止。"扬弃"表明了事物的发展规律，即事物的发生发展是一个吐旧纳新的循序渐进的过程，因此，旧事物与新事物之间既有本质区别，又有千丝万缕的联系。文化的发展遵循着"扬弃"规律，不断剔除文化中不合时宜的内容，继承合乎时代要求的成分，并加入时代新内容。文化扬弃力指的就是这种弃旧扬新的能力，文化扬弃力永远贯穿于人类文明成果的积累和创造过程中。

文化不是一座静静的山，而是一条流淌着的河。这条河从源头流出，中间汇入其他的河，不断壮大，一直奔向大海。文化的交流、融合就是文化接触、碰撞、比较、扬弃的过程，无论是吸收了其他文化要素，让其成为自己的一部分，还是被其他文化吸收，成为其他文化的一部分，都为更大的文化体提供了营养元素。因此，文化只有是开放的，才是发展的、强大的，才是有活力和生命力的。

一个民族的社会存在是由其文化来维系的，共同的语言交流、民族习俗、思维方式、精神信仰构成了一个民族文化认同的基础。中华民族是由多个民族构成的组合体，每个民族的文化或有差异，但拥有共同的精神信仰，特别是在近现代历史发展中，为了民族的复兴与强大，中华民族同甘共苦、风雨同舟，在波荡曲折的苦难经历中，铸就了更加坚定的民族精神与信仰。历史证明，即使语言不通、风俗各异，甚至身在天涯海角，这种精神与信仰都不能撼动中华民族牢固的文化认同。所以，对于今天的西方文化霸权和文化渗透，中华民族在保持高度警惕的同时，也不必过于担忧，因为历史无数次证明，中华文明对于其他域外文化有着超强的扬弃力与同化力，能够把域外文化进行大浪淘沙式的洗涤，把其中优秀的精华改造成具有民族特色和时代精神的新文化，成为滋润中华民族的精神食粮。因此，我们对待域外文化的态度依然可以遵循"百花齐放、百家争鸣"的方针，以海纳百川、虚怀若谷的气魄，对世界上的一切优秀文化进行创造性转化与创新性发展，化他为我，走一条开放、扬弃、融合与创新的文化发展道路，共享中华文化与世界各民族文化共生、共存、共荣的美好和谐的局面。

任何事物都具有"双重性"，即"积极性"与"消极性"两个对立面，这是一对貌似矛盾、实则互补的矛盾共生体。无论是以今视古，还是以今视今，事物"一体两面"的特性始终存在，文化自然也不例外。基于这种视角，传统文化对当代社会同样呈现出"积极性"与"消极性"的矛盾共生现象，即传统文化对于当代社会的意义，既包含被肯定的、借鉴的"积极性"因素，同时也具有被否定的、舍弃的"消极性"内容。传统文化的现代化就是通过在实践中对其进行剖析与评判，取其精华去其糟粕，将精华融入现代生活，成为当代人需要的精神食粮。以儒家思想为例，它既强调"民为贵"的民本主义思想，也含有"劳心者治人，劳力者治于人"的等级观念。这种思想表明了传统文化中"积极性"和"消极性"的对立共生关系。但当代社会已经实现了政治上的人人平等，"劳心者治人，劳力者治于人"的社会等级制度已经根除，人人都可以通过自己的智慧与勤劳获取更高的社会地位与生活条件，所以，社会等级制度成为社会的消极因素，需要舍弃，代之以人人平等的工作竞争制度。

在对待传统文化的态度上，近代以来存在三种态度：全盘否定论、全盘肯定论、辩证折中论。第一种态度是对传统文化的过分贬低乃至全盘否定。从19世纪70年代起，因"洋务"的需要，清政府开始成批派学生出国留学，到20世纪初，因推行"新政"而派遣得更多，很多出国留学的青年接受了西方资本主义思想，面对西方列强的强盛和对中国的欺凌，在心理上产生了巨大的落差，于是，对落后就挨打的"痛之切"转化为对传统文化的"疾之深"，尤其是对儒家思想进行了严厉抨击乃至全盘否定，此时，传统文化被当作一种需要被清除的文化痼疾，这股文化潮流点燃了新文化运动的火炬。虽然新文化运动并没有全盘否定传统文化，但它对传统文化的批判演变成一种矫枉过正的思潮。它对传统文化"消极性"的痛恨，导致了对其"积极性"的一并否定，正如马克思形容费尔巴哈批评黑格尔的方式："把婴儿和洗澡水一并泼到门外去了。"虽然持这种心态的人试图以否定传统文化的方式以求实现民族文化的浴火重生，但其对传统文化的过度贬低导致了民族共同体缺乏文化自信而形成了文化自卑的心态，并陷入对外来文化的盲目崇拜。如果没有马克思主义理论唤醒了中华民族的觉醒意识，并在中国共产党的领导下，经过艰苦卓绝的斗争，建立了社会主义新中国，这种状况就会导致民族共同体失去文化认同，失去民族向心力、凝聚力和竞争力，最终因丧失民族之根而走向堕亡。

第二种态度不仅对传统文化完全肯定，还将传统文化的原有内涵进行了不切实际的拓展延伸，过分夸大传统文化的普适价值与意义。这种延伸不仅淡化或隐藏了传统文化的消极性与局限性，而且将传统文化中某些和现代社会具有一定"形似"的元素进行了"填充"，塞进原本未有的意蕴，使其符合现代价值，形成对传统文化"无中生有"的过度诠释，违背了实事求是的原则，这种对传统文化的盲目自信和矫枉过正也会导致文化发展的止步甚至倒退。

第三种态度是对前两种激进态度的纠正或折中，既承认传统文化积极性，又看到其消极的一面，是对其积极面的传承和对其消极面的舍弃，这是一种辩证的扬弃，最关键的是，在对积极面传承和弘扬的同时进行创新，赋予其新的意义与价值，这种态度也被称作综合创新论。在第二种态度与第三种态度中，都有对积极面的"填充"，丰富其内涵，然而二者在本质上是不同的，区别在于态度的差异。前者是过高地夸大了"本来"，把"本来"没有的说成有的；后者则是实事求是，承认"本来"没有的，然后对其进行丰富创新，所以，后者的态度是客观的、科学的。虽然两种态度都是源于对传统文化的"爱之深"而做出的类似之举，意义却大相径庭，一个是尽其所能夸大优点，掩盖或忽视缺点，另一个是辩证地看待其优点和缺点，即使是优点，也能认识到优点中的局限性，所以，虽然都是对传统文化的优点持赞赏态度，但对其优点的处理方式却有天壤之别，自然会导致截然不同的结果。

历史证明，任何社会的文化发展路径都是传统与现代、国内与国外的相互借鉴与融合，都是文化吐故纳新的一个动态过程，传统文化的积极性因素应当在文化现代化的进程中得到大力传承和弘扬，其消极性因素也应当被彻底舍弃，但目标的实现绝非易事，因为社会上总会有一部分人对待文化的态度归属于第一种或第二种。

"作为一种文化资源和文化本根，传统文化虽依然能够在当代社会发挥巨大的作用，但文化的时代性决定了它不可能成为当代社会发展的主导力量。任何文化的主体内涵必定源于那个时代的人们在生产与交换关系中衍生出的价值观念、思维方式和审美情趣，而不是其他。当代文化价值的成功嫁接，不但不能摆脱规制它的价值本旨，它在当代社会的影响也将受到极大的束缚。"❶ 因此，传统文化的现代化是无法依靠传统文化自身来完成的，必须借助外力的撞击，突破肌肤，才能彻底进入骨髓、融入血液，成为身体的一部分，因为传统文化中的"积极性"与"消极性"因素是其自身对立统一的存在体，二者相互兼容、彼此掣肘，共同维护文化共同体的存在与发展，因此，二者也就无法突破自身的思维模式和价值框架，无法以自身的力量实现化蛹成蝶的升华。

在传统文化中，还有一部分内容是超越任何时代的，不为任何社会形态所特有，是熔铸在中华民族的灵魂与血脉之中的。比如，"厚德载物"的宽容胸怀、"自强不息"的刚毅品格、"民为贵"的民本思想、"己所不欲，勿施于人"的仁爱情怀、"天下兴亡，匹夫有责"的爱国精神、"三军可夺帅，匹夫

---

❶ 孙燕青. 从两重性共生看传统文化扬弃的三个维度［J］. 现代哲学，2013（5）.

不可夺志"的人格正气、"先天下之忧而忧,后天下之乐而乐"的胸襟胆魄、"杀身成仁""舍生取义"的人生气节等诸如此类的文化精神,无论朝代如何更迭,社会如何变迁,这一部分始终是文化中的积极性成分,是中华民族生存、发展与繁荣的根基与中流砥柱。

传统文化的扬弃就是为了推动"积极性"因素与当代社会的融合和弘扬,避免"消极性"因素成为羁绊"积极性"因素前行的绊脚石,但是这种扬弃绝非简单的文化层面的扬弃,必须立足于人民群众的社会与生活实践,通过切实的体验、感受来完成对传统文化的扬弃,这是以从下往上、由物质到精神的价值浸润最终实现文化的升华为路径的。"积极性"因素不仅来自国内,也来自世界一切国家和民族,只要能为文化的进步与繁荣提供先进的、新鲜的营养,都要纳入继承、融合和弘扬的内容中。

(五)文化传播力

文化传播力是文化通过各种传播方式将其传播到受众,并影响受众及社会的能力。文化传播力是衡量一个国家文化软实力的重要因素,提高文化传播力是提升国家软实力的重要途径,直接影响着国家战略、国家价值观以及国家形象在世界范围内传播的广度、深度及效果。"中国的发展离不开世界,世界的繁荣也需要中国。我们要以更加开放的姿态,加强同世界的联系和互动,加深同各国人民的了解和友谊。"❶ 这是国家对外关系的一个基本姿态,对文化国际传播起着重要的指导作用。

无论是中国政府、企业、团体还是个人,在推动中国文化的对外交流与传播时,应秉承和谐的理念,以平等、共享、亲和与包容的姿态与世界各民族文化交往,以促进人类文化交流与合作、为人类社会发展、世界文明进步而分享智慧为终极目的,而绝非抱着高人一等的心态和同化异质民族文化的歪曲目的,坚决杜绝西方文化所怀有的殖民目的与惯用的传播方式,积极塑造中国"贵和、共赢"的大国形象。其实,近代百年的屈辱沧桑和巨大的科技差距,已经使中华民族理性看待往日天朝大国的辉煌和成就,继而升华为激励我们自强不息的根本动力。

党的十九大报告指出,要"推进国际传播能力建设,讲好中国故事,展现真实、立体、全面的中国,提高国家文化软实力"。但是,文化并不能自然

---

❶ 习近平 . 习近平谈治国理政 [M]. 北京:外文出版社,2014:60.

地形成软实力，强大的文化软实力必然建立于内部坚实的文化建设和对外有效的文化交流与传播基础之上。当前，以美国为首的西方发达国家面对中国的迅速崛起，特别是高科技领域的飞速发展，心怀恐惧与嫉妒之心，试图凭借其文化霸权，通过各种手段，抹黑中国，诋毁中国的国际形象，致使一些不明真相的国家与人民对中国产生误解。此种国际环境提醒我们，必须进一步提升对外文化传播力，净化国家文化软实力建设的外部环境，为在"一带一路"及全球化背景下开展广泛的文化交流和经贸合作搭建平台。

纵观世界文化发展史，文化传播力是与其强大的政治力、经济力、军事力、科技力密切相关的。政治力、经济力、军事力、科技力强大的民族文化对世界其他民族的吸引力就大，文化传播力就强，而且其他民族对这种文化传播不仅不排斥，还持欢迎与崇拜的态度，所以，这种背景下的文化传播是主动接受的，而非被动强加的。

众所周知，共享性是文化的属性之一，即某种文化虽然是一个群体或一个民族创造，但可以通过交流和传播被其他群体或民族所有，而源文化没有任何损耗，这是与其他物品的区别。也就是说，文化的拥有者与他人分享文化时，对方文化量增加了，但不会导致文化拥有者对文化占有量的减少。相反，文化拥有者通过分享自身文化，取得对方对自身文化的认同，就会降低因文化冲突带来的交往成本，从而实现其他领域更有效的便利交往。这就是当今时代许多国家借助互联网技术、信息技术等多种媒介资源与手段，大力实施文化输出战略的原因所在。

2002 年 7 月，原文化部部长孙家正首次提出实施文化"走出去"战略，树立中国崭新形象。2011 年党的十七届六中全会做出的《中共中央关于深化文化体制改革，推动社会主义文化大发展大繁荣若干重大问题的决定》，把推动中国文化走向世界、实施文化"走出去"确定为国家战略，标志着中国文化对外战略的重大改革与转移。这种改革与转移的发生既是我国社会发展进入一定阶段的结果，也是国际形势所迫，是箭在弦上，不得不发。可以说，文化"走出去"战略能否顺利实施以及将来取得多大的成果，在很大程度上取决于文化传播力的大小以及传播效果的好坏。在社会信息化背景下，文化传播力的大小以及传播效果的好坏要受到多种因素的制约。

1. 信息化时代文化传播形态的巨变

当前，人类社会已全面进入信息化时代，信息技术的日新月异为新媒体技术的变革与创新提供了源源不断的动力，文化全球化随之进入了新的发展阶段，人类交往突破了时空限制，不断地重塑着人们获取信息的渠道、方式和认知结构，在此背景下，人类文化传播的模式与路径随之发生改变，逐步形成一个新的文化体系，衍生出微文化、指尖文化等新文化形态和经济形态，并在传播中进行传承、扬弃和整合，由此，文化的发生、发展进入了一个前所未有的阶段和形态。概括来讲，主要体现在以下两个方面。

第一，新媒体成为信息传播的主渠道。随着生产技术的更新和生活实践的丰富，人类社会的传播模式不断改进升级，从最初的口口相传、文字雕刻、纸质印刷再到目前的电子媒体传播，可以说，人类信息传播方式的更新就是人类技术进步的写照。信息技术、数字技术、互联网技术以及各种社交平台和软件的出现，建构了一个全新的信息传播体系——新媒体。新媒体的产生揭开了一个新文化时代的序幕，催生出瞬息变化和日益复杂的文化形态，而文化也在这场变革中得以重塑和衍变。

新媒体传播开创了一种全新的立体化传播路径，改变了传统媒体中单一僵硬的传播模式，利用信息技术、数字技术打造多元化信息平台。在新媒体背景下，人人都是信息源，人人都是传播主体，而且传播主体与受众之间是直接的对应关系。信息的实时传播提高了信息传播效率，使得文化传播更加顺畅、开放、高效，甚至能够通过平台实时显示传播效果。多元化的新媒体传播模式为受众提供了自由选择的传播内容与渠道，避免了被动式的甚至是无效的信息接收，加快了传播主体与受众互动的效率，提升了人际传播的效果。新媒体突破了传统上身份、地位、年龄、性别的局限，使人们在网络媒体上自由地表达自己的观点，与共鸣的网友便捷地进行交流，分享彼此的思想。可见，新媒体时代的到来为大众提供了展现才艺的平台，激发了大众对多元文化的创作热情，促进了大众对多元文化的创新与传播，满足了受众群体对文化多元化的需求，信息共享的即时化进一步加速了文化内容的传播与整合，为文化创新提供了源泉。

技术在本质上是一种文化体现或文化现象。孙宜君、王建磊在《论新媒体对文化传播力的影响与提升》中认为，"一个社会实际采用的技术并不一定是最高效、最合理的，而是那些最能反映主导群体价值和利益的技术"。❶ 即技术是生活的一部分，并带有特定的文化烙印。因此，技术功能的发挥与其

---

❶ 孙宜君，王建磊. 论新媒体对文化传播力的影响与提升 [J]. 当代传播，2012（1）.

所在的文化环境息息相关。

随着全球化的日益加剧，新媒体技术已遍布全球每一个国家，可以说，新媒体在全世界无时无处不在，其流行于社会各个阶层，深入日常生活中的方方面面。新媒体的诸多优势与其所传送的内容对于文化的交流、继承和传播有着直接和深刻的影响，最终会催生出一种新文化，并对既存的文化结构和社会结构形成强大的冲击力和改造力。

第二，新媒体将有助于文化传播力实现飞跃。每种媒介都具有各自的优势和受众，都以独特的方式传播各自的信息，分享共同感兴趣的内容。新媒体打破了传统媒体近百年来构建的文化传播系统，即以书籍、报纸、杂志、广播电视为中心的传播结构，实现了互联网时代"点到点"的对等信息"闪传"。新媒体不仅对传统的文化传播系统进行优化整合，还拓宽了文化传播的空间和路径。当然，在新媒体的强势之下，纸媒式微，报纸书籍发行量和广告收入都在逐年下滑，它的颓势已成为不争的事实，但传统纸媒也不会退出历史舞台，它也有新媒体缺乏的优势，它会以自己独有的特色和优势存在于人们的现实生活中。如果传统纸媒能够借助现代技术走向数字化转型，通过信息化平台及时捕捉受众的现实需要，在内容上及时调整和更新，同时，采取线上线下同步进行的多元化发展模式，打通上下游环节，相信凭借其强大的公信力和权威性，传统纸质媒体同样可以获得新生，特别是一些发展历史较长的报刊，已经在社会上形成一定的知名度并具有比较固定的读者群体，其可以借助以往读者对报纸杂志的难舍情怀，加之现代化的印刷技术、手段和数字广告盈利模式，很容易形成自己的媒体品牌。所以，新媒体并不必然是传统媒体的杀手，如果结合得好，传统媒体同样可以获得新生，甚至凭借其原有的坚实基础更容易获得成功。

传统的社会互动往往需要一定的社会身份，而新媒体在传播过程中采用非实名制身份，这种匿名性能够从根本上破除传统互动中的身份标示，不会暴露交流者的隐私，解除了交流者的身份束缚，提高了相互之间的安全感和信任度，在这种情况下，陌生人之间就会消除顾虑，更愿意敞开心扉，表达自己的真实想法，从而提高了交流的质量和效率。因此，新媒体不仅实现了交流者的跨时空即时互动，还可以通过平台实现一对一的人际传播、一对多的大众传播、多对多的话题传播，为社会主流文化和边缘文化提供了碰撞的机会与空间，促使交流者情感和思想的觉醒与迸发。此外，作为新媒体的重要成员，自媒体的传播主体可以是任何一个信息发布者，不再局限于专业媒体，由此可推动出版企业的转型升级，从单一的内容提供商向内容平台转变。

可见，媒体是文化传播系统的重要组成部分，新媒体的出现对传统文化传播系统造成巨大冲击，必然引发文化秩序的重建，并形成新的文化态势。例如，利用高科技营造虚拟现实影像为舞台表演打造现实无与伦比的背景，为演出增加美妙绝伦的视觉效果，使观众获得愉悦的心情，这是传统文化传播媒介无法达到的效果。"2010 年，上海世博会日本馆的'未来'区，安放着一面新奇的'未来生活墙'。这面魔术般的神奇'墙'通过触摸屏技术、传感技术和无线网络技术，不但能实现人墙互动，还演绎了 2020 年人类未来生活的情景，充分展示了科技对人类社会产生的巨大影响。这种虚拟世界在满足了人们猎奇心理的同时，激发了人们创新的热情与想象力。"❶ 又如，融入虚拟技术、3D 技术的电影不仅营造出传统与现代相碰撞的奇妙景象，还节约了电影拍摄制作的经济成本，并催生了相关技术的进一步发展。这些现实产品在触及人的感官与情感的同时，也会不自觉地影响着人们的认知与心理，形成新的世界观、人生观和价值观，进而演进出全新的文化形态和文化结构。

作为当下信息传播的重要载体，新媒体时刻关注社会热点，捕捉大众热门话题，既弘扬新时代的社会主流文化，也传播社会基层的草根文化，在传播过程中创新出多品类、多风格、多层次的文化产品，满足不同消费者的精神文化需求，可以说，新媒体已深入大众日常生活的每一个方面，潜移默化地影响着每一个人的生活、娱乐与休闲，发挥着重要的舆论引领功能。

2. 对外文化传播现状更加复杂

就目前文化传播现状来看，与发达国家相比，中国文化对外传播仍存在严重不足，亟须改善和提高。由于文化传播对象国家和地区的文化环境具有多样性和复杂性，一定程度上增加了文化对外传播的难度，降低了文化的对外传播力。造成这种现象的主要原因有以下四个方面。

（1）中国文化对外传播的自信力略显不足。

"文化自信是一个民族、一个国家以及一个政党对自身文化价值的充分肯定和积极践行，并对其文化的生命力持有的坚定信心。"❷ 在世界文明发展史上，中华文明占有极其重要的地位，曾辉煌数千年，对世界文明的发展

---

❶ 王昊. 新媒体时代文化传播力提升路径与对策研究［J］. 人文天下，2019（2）.
❷ 林若川. 文化自信是对中国自身文化价值的充分肯定［J］. 南方，2017（12）.

与演进作出过卓越贡献。然而，由于清政府的闭关锁国政策，西方列强的强势入侵，让中国人看到了自己与西方国家的差距，这种心理上的落差严重挫伤了中国人的文化自信。直到今天，西方国家在经济、科技等某些领域依然保持相对的优势地位，中国人在某些方面仍缺乏文化自信的心理底气。

因此，相对于西方发达国家，中国文化对外传播的自信力略显不足。故而在传播过程中，就出现了厚古薄今的现象，对于传统文化遗产缺乏深度挖掘，较少创新传统文化中能够体现中国精神、中国价值的文化艺术作品，很少创新、传播反映当代中国现代化发展和当代中国人精神面貌的东西，特别是当代中国人奋发向上、开拓创新、自强不息、贵和尚德、求同存异、勇于担责的风貌和精神。因此，要提升现代中国文化的传播力，应首先提升文化传播的自信力。

（2）中国文化对外传播的支撑力较为薄弱。

虽然中国综合实力已经获得了巨大提升，但与发达国家相比，人均实力仍有较大差距。从现实情况看，任何产业的发展潜力与前景都与社会中每个领域的发展水平密切相关。仅从文化产业来看，中国文化产业的发展现状是与当前经济发展水平、科技实力、国民素质相一致的。从人均 GDP 看，中国仍处在发展中国家行列；在科技领域，虽然在个别方面取得突破性进展，但普遍处于追赶阶段；在教育领域，从世界大学排名就可以看出与发达国家的差距。这些基础决定了国内文化消费水平仍处在初步阶段，而且与之相关联的文化政策、法律、资金、人才、信息技术、服务机构、研究院所、文化创新园区等支撑体系需要大力完善，种种因素导致文化对外传播的支撑力仍处于相对薄弱的境地。

孔子学院是中国承担对外语言文化传播的最主要机构，然而却分布不均，而且因所在国的汉语基础薄弱，甚至是零基础，因此，孔子学院的主要精力都放在了汉语语言教学上，对文化传播的内容重视不够。与庞大的人口数量相比，"一带一路"沿线国家和地区孔子学院的规模和数量远不能满足其建设过程中对语言服务和人才的需求，需要尽快弥补短板。

就"一带一路"沿线国家而言，仅官方语言就有 60 余种，各个国家使用的语言更是高达 1000 余种，可见语言环境错综复杂。培训 1000 余种语言显然是不现实的，但 60 余种官方语言是非常有必要的。无论是政府间的合作还是民间的沟通与交流，首先要建立在语言沟通的基础之上，语言相通才有可能实现民心相通，才能谈及经贸往来、文化交流以及文明互鉴。所以，解决语言问题是"一带一路"建设的基本问题。但是小语种人才的培养问题始终难以解决，不仅师资力量达不到，而且因为就业面太窄，高校的招生也面临问题。因此最现实可行的办法就是由国家或政府机构层面联合大型文化传播机构、语言服务机构或外向型文化企业定向统一培养人才，这样既能节约各种人力资源，也能形成人才发展的聚集效应，有利于小语种的辐射扩散。

此外，与发达国家相比，中国文化产业仍处于起步阶段，从中央、地方政府、文化协会、文化企业到民间文化人士，还没有形成完整的"一条龙"服务体系，存在机构条块分隔、结构不合理、专业人员缺乏且素质参差不齐、民间文化人士各自为阵等现象，文化资源的分散无法形成聚集共鸣效应，导致文化传播内容、方式、媒介缺乏统一性、灵活性与创新性，在一定程度上制约了中国文化对外传播力的提升。

当前，大型文化对外传播活动主要以官方为主体，民间交流与传播的规模较小。官方传播的优势在于资源较广，能够调动更多资源集中力量完成一项任务，但缺点是灵活性差，不够接地气，往往对受众的文化需求缺乏足够了解，难以及时根据受众的需要对文化传播的内容与方式进行调整，传播效果差且容易引起受众的逆反心理，而民间文化交流与传播恰恰能够弥补这一劣势。

（3）中国文化对外传播的空间不足、适应力不强。

文化对外传播的动力主要来自文化价值观影响力的扩展和文化产业的经济利润。从实施主体来说，前者主要依靠政府的推动与实施，后者主要依靠文化企业与民间艺人。目前，全球文化传播存在"西强东弱"的格局，主要原因就是东西方国家综合实力和文化产业之间的差距造成的，这种格局不是短时间内形成的，所以，短时间内也无法扭转。

由于英语的霸主地位，互联网上90%以上的信息都是用英语来表达的，来自华文媒体的信息量只占全球信息量的4%，与中国大国地位极不相称的信息供给能力对中国文化对外传播形成了掣肘。另外，中国文化对外传播过程中，因小语种人才缺乏，一般使用官方语言，而非当地通用语言，使用官方语言对文化水平较高的精英阶层能够产生较大的影响，但对普通民众来说，影响就微乎其微，因此，语言沟通障碍也是限制文化对外传播力的重要因素。由世界媒体实验室（World Media Lab）独家编制的2017年度（第五届）"世界媒体 500 强"排行榜中，谷歌、康卡斯特、迪士尼公司分别位居前三。❶ 榜单前十名的媒体公司中，来自中国的腾讯是唯一一家非美国公司，位居第九位，新华报业传媒集团排名第 393 位。可见，文化对外传播的空间依然控制在以美国为首的西方发达国家手中。

近些年，中国很多大城市掀起了一股在美国纽约时代广场上演宣传片的热潮，这些宣传片充分融合了最新的数字媒体技术，把当地城市的名胜古迹、人文地理、风土人情、城市文化底蕴通过浓缩的形式体现出来。毋庸置疑，这些宣传片都是宣传当地文化的精品之作，对于加大城市文化外宣、提升城市形象、加快旅游业的国际化起着重要的桥梁作用，国人看后无不拍手称赞。但仔细研究也会发现，有些人物或事件虽然是中国人熟悉或者感动的，但是外国人要么不熟悉，要么不感兴趣，难以引起他们的关注；还有的人物，可能在其所在领域内是赫赫有名的，但其成就仅限于自身的领域，甚至连中国人都不知道他（她）是谁，何况在其他国家，那样就失去了传播的价值，浪费了有限资源。可见，在内容和方式的选择上需要进一步改进或创新。既然是对外传播，就要首先选择外国人感兴趣的内容，以外国人乐于接受的方式进行传播，所以，这些节目无论从选题、内容及方式上都要有针对性，从策略上来说，必须采用中外合作的方式进行，至少要有当地华人华侨的大量参与，因为只有他们才真正了解外国受众的内容喜好及接受方式。

遗憾的是，近些年，国内外文化传播也出现了一些令人尴尬和痛心的现象。在媒体传播过程中，大家最熟悉的，特别是年青一代所熟悉的，往往是演艺界的某些明星、导演，每当谈论某个明星，甚至仅仅是看到照片，就能如数家珍地说出其身世、演过的影视剧或者唱过的歌曲，但是看到科技界某些作出过突出贡献的科学家，却纷纷摇头，一脸茫然。曾经，青少年一代崇拜的往往是国家伟人、科学家和革命英雄，然而今天他们崇拜最多的是演艺明星，这不能不让人反思新闻媒体界在传播领域的缺憾与失职。

为了扭转这一被动局面，应该及时调整媒体的结构布局与层次分工，各司其职，发挥各自优势。事实上，现代互联网技术和信息技术已经为任何信息的传播提供了可能，但信息传播的内容是否为人们提供正能量取决于各种新媒体的态度与责任心，当然，政府部门的指导与监管同样至关重要。首

---

❶ 业界评出最新"世界媒体 500 强"：中国 95 家媒体入选 [EB/OL]．（2017-12-28）[2021-05-21]．www.xinhuanet.com/fortune/2017-12/28/c_129777875.htm．

先，国家级主流媒体应承担起富含正能量信息的生产与传播的主要责任，引导与制约着其他媒体的信息生产与传播活动。其次，非主流媒体应该在主流媒体的宗旨与框架下，充分发挥主观能动性，自主开展信息生产与传播的创新活动。再次，加强对自媒体的引导与监管，同时给予自媒体充分的自主权，充分挖掘群众的"双创"力量，发挥群众的无限潜能。最后，建立严密的监管与严厉的惩戒机制，对于生产与传播负能量信息的媒体单位与个人进行严厉惩戒，坚决根除其存在的土壤。

由于网络的开放性和移动智能手机终端的普及，自媒体的入门门槛越来越低，网络自媒体越来越平民化，成为每个媒体人传播信息、展示自我的自主平台，也成为人们接受信息的重要渠道，甚至成为一种生活习惯。可见，自媒体是当今最接地气的一种信息传播方式，自媒体所具有的灵活性和接地气优势是官方文化传播单位或机构不具备的，只有对其加强引导和监管，自媒体才可以发挥其优势，采取"群众路线"模式，直接对接受众的心理与消费需要，创造满足群众需求的信息资源。中国海外的华人华侨众多，他们熟悉中国与其所在国双方的国情、人情、风俗、宗教、法律等各种文化特征与规范，如果适当引导和扶持，将会弥补我国政府及企业在文化传播方面的劣势与空缺，成为中国对外文化传播的新生力量。

（4）中国文化对外传播的商业化导致部分文化信息低俗化。

毫无疑问，以官方为背景的文化传播机构或企业把文化价值观的传播作为首要目的。在进行文化传播时，以文化信息能否被受众正确、完整、全面地理解与接受作为是否成功的标志，而把成本、时间等因素放在次要地位。但是，对于以商业盈利为目的的企业、机构或个人来说，传播成本是其必须考虑的因素，这关系到自身的生存与发展，因此，传播内容能否被更多的受众喜欢和接受，从而创造更多的利润被放在了文化传播的第一位，只要能吸引更多的眼球和关注，赚取更多的利润，至于采取何种形式和载体，传播的内容是否完整、低俗化，都是可以被忽略或者容忍的，这就造成很多娱乐性或非娱乐性文化内容被扩大、杜撰、歪曲甚至被恶搞的现象，严重削弱了文化内容的严肃性和权威性，造成文化传播正能量的弱化，形成歪曲乃至错误的价值观，让人难以理性思考世界与社会问题。

自媒体使得传播主体具有多元化特征，并决定了传播主题的多样化，而主题的多样化意味着主题的去中心化。近年来，娱乐化信息受到大众的青睐，在紧张的工作之余，人们需要轻松搞笑的娱乐节目放松心情、减轻心理压力，加上很大一部分受众文化素养不是很高，其兴趣点多集中在奇闻轶事、明星八卦等方面，而对于哲理性文化作品缺乏关注，更有一部分传播主体，缺乏媒体责任心和传播正能量的责任感，以博取点击量和关注来获得高额利润为最终目的，造成信息传播的"泛娱乐化"或过度娱乐化的现象。而且各网站门户之间也存在激烈竞争，甚至为了抢占独家新闻报道，不惜以一切手段来满足受众猎奇、追求刺激的心理。种种现象表明，浩瀚的新媒体环境难免会造成审查漏洞，削弱管理机构对新媒体文化的掌控力，使得某些娱乐化信息躲过媒体"把关人"的审查，严重损害媒体的正义性和权威性，造成舆论传播的导向偏离正轨。对此，美国媒体文化研究者、批判家尼尔·波兹曼在《娱乐至死》中写道："一切公众话语都日渐以娱乐的方式出现，并成为一种文化精神。我们的政治、宗教、新闻、体育、教育和商业都心甘情愿地成为娱乐的附庸，毫无怨言，甚至无声无息，其结果是我们成了一个娱乐至死的物种。"❶

于是，各类新媒体中不断出现以"拜金主义""享乐主义"为主题的报道和信息，向人们特别是青少年宣扬错误的生活方式，误导人们追求奢侈的物质享受，而忽视自身的精神追求，逐步形成以金钱和利益为上的低级价值观。一些新媒体平台为了博取大众的眼球，不断借助明星的人气，高调炫耀，添油加醋，推波助澜，导致一些青少年痴迷于影视、音乐等演艺界的明星，畅想于一夜成名、一夜暴富的网红梦幻，难以潜心学习，而一些成年人寄希望于买彩票、股票等投机手段致富，而不想靠勤劳、技能发家。这种歪曲的价值观思想严重破坏了我国勤俭节约、劳动致富、脚踏实地做事情的传统美德，不断摧毁人的精神家园和积极健康的文化体系，使人滑落于低级趣味的精神深渊。对于这些道德沦丧、行为失范、价值观扭曲的现象和趋势，全社会都应警钟长鸣、人人喊打，特别要加强对青少年的"三观"教育，树立正确的道德规范和精神信仰。

近年来，传统文化的重要性逐渐进入人们的视野，国人对传统文化的态度发生了很大的转变，由原先的冷淡到现在的追捧，于是掀起了一股国学热。2001年7月9日 CCTV-10 开播的《百家讲坛》以专家、学者讲座的形式，选择观众最感兴趣、最前沿、最吸引人的主题，向大众普及优秀传统文化与历史，后来栏目选材扩展到经济、军事、医学、生物等多个领域，《百

---

❶ 尼尔·波兹曼. 娱乐至死 [M]. 章艳，译. 北京：中信出版社，2015：7.

家讲坛》架起一座中国传统文化、历史等百科知识通向中国大众的桥梁。2004 年 9 月 5 日，由许嘉璐、季羡林、任继愈、杨振宁和王蒙联合发起的文化高峰论坛在北京举行，论坛公开发表了《甲申文化宣言》，其主旨就是"保护本民族文化及其传统"。2004 年 9 月 28 日，在山东曲阜举行孔子诞辰 2555 年"公祭"大会，纪念这位中国古代伟大的思想家、教育家。在一系列活动的带动下，中国传统文化受到重视和热捧，各地纷纷挖掘、创新当地文化资源，建设文化园区，打造名人故里，形成文化与旅游相融合的产业发展链条。虽然有些活动借助传统文化与历史名人效应进行商业化运作与经营，以实现谋取经济利益的目的，但以经济为手段，促进来自四面八方的大众对当地文化、历史的了解，从而实现文化与历史等知识的传播和经济效益双赢，也是一种切实可行的方法。需要重视与警惕的是，政府或相关企业必须对相关经营活动进行规范和约束，避免打着弘扬传统文化和历史名人的旗号进行过度炒作，将活动搞得不伦不类，甚至杜撰、歪曲历史，戏说经典，对于此类错误之举必须尽快纠正与制止，让传统文化与历史传播回归弘扬正能量的道路。

21 世纪比以往任何时代都充满希望与挑战，作为民族生存与发展的血脉，传统文化必须实现现代化转变，成为社会主义新文化的有机组成部分，为其他领域的发展与繁荣提供动力之源。

第二章 "文化强国"的历史嬗变：
"华夏化"到"全球化"

文化是时代的产物，是一个时代政治、经济的集中体现。时代变迁，文化也随之而变。无论是内容还是形式，文化始终处在一个碰撞、冲突、交流与融合的过程之中，这个过程有时缓和、有时激烈，但都处在一个永恒的变化之中。文化中的很多因素在它产生的年代可能有其必要性或合理性，但到了另一个时代，或许就失去其合理性，所以，不存在一成不变的文化。如果我们要复兴中国文化，就必须先搞明白，我们要复兴的中国文化是什么？是形式、内容还是精神？什么是中国文化的真精神？这是复兴中国文化首要思考的问题，也是文化强国战略的核心问题。比如，某些地方大兴国学之风。学生（特别是小学生）在学习国学时，不仅课堂模式模仿古人，正襟危坐，齐声诵经，就连服装也在模仿。有些学校进行古诗文比赛时，往往也硬性地让参赛者穿戴古人的服装。他们没有意识到，学习国学应是学习国学之真精神，学习国学的精髓为我所用，而不是装模作样地去仿私塾、穿汉服，这种不伦不类、倒行逆施的伪学风应该彻底抛弃。

复兴中国传统文化不仅要形神并举，而且要内外兼顾。从文化的演变历史与现实意义来看，传统与现代、国内与国外都只是相对概念。凝聚在民族心理与气质上的文化因素自古有之、现在有之、将来也还会有。同时，某些文化因素并非本民族自古有之，而是外来的，交融后内化为本民族的一部分。比如，对中国文化影响极深的佛教就是外来文化，还有现代汉语中数量惊人的日语借词，都显示着文化来源的多样性。所以，要复兴中国文化，其文化来源当然不仅仅是中国文化，还必须是世界所有民族的一切优秀文明成果。既要守正创新，也要开放创新；既要中国特色，也要世界彩色。

人类历史上的每一次文艺复兴或思想争鸣都会引发社会的巨大变革，从而推动历史车轮滚滚前行。春秋战国时代的"百家争鸣"开创了我国文化史上辉煌灿烂、群星闪烁的时代。经过碰撞而融合成的文化思想成为中国各种文化思想的基础与源头，中国文化成为凝聚中华民族的核心所在。21世纪，中国文化的再次复兴将重新肩负起文化交融、思想革新、社会结构重构、政治与经济生态重塑的历史使命，促进中国改革开放进一步迈向高峰。

一、汉唐中国：创建了历史上的"汉文化圈"

公元前 336 年至公元前 323 年，马其顿国王亚历山大大帝（Alexander the Great）以其雄才大略，先后统一希腊，横扫中东地区，占领埃及全境，荡平波斯帝国，一直进军到印度河流域，在短短的 13 年时间里创下了史无前例的丰功伟绩，征服全境约 500 万平方公里，世界四大文明古国占据其三。在当时的整个希腊社会，流行着这样的观点，包括亚里士多德也有这种看法，就是希腊民族代表了唯一真正的开化民族，而所有非希腊民族都是野蛮民族。"亚历山大从小也自然地认为如此，但是，在他打败波斯军队之后，逐渐认识到波斯人根本就不是野蛮人，他们与希腊人一样具有智慧和才能，一样值得尊敬。因此，产生了融其帝国的两部分于一体的设想，由此创造了合二而一的希腊波斯民族共和王国。他鼓励民族间通婚，倡导各民族地位平等，为了实现这一计划，他把大量的波斯部队编入自己的部队，还为此举行了一次盛大的'东西方联合'宴会。在宴会上，几千名马其顿士兵同亚洲妇女正式结成夫妻。"❶ 亚历山大大帝的征服和文化交融举措，大大促进了古希腊文化的传播、繁荣和东西方文化的交流，对人类社会文化的进程产生了重大影响。亚历山大帝国成为世界上第一个横跨三大洲的帝国，成为第一个一体化的世界中心。

一个世纪之后，秦始皇统一六国，书同文，车同轨，中华大地上也建立起一个政教文物一体化的帝国。亚历山大在位 13 年，秦始皇在位 12 年。虽然在位时间都相对短暂，但帝国的建立突破了原来单个国家或诸侯国的疆界，为以后帝国的建立及开疆拓土开创了大一统的先河。亚历山大帝国破裂后，罗马帝国继承了它的西半部，没能继续东扩，在之后的历史中，也没能在旧址上重新整合，在其衰败之后，更是变得越来越小。但在秦朝灭亡之后，汉朝继续拓展版图，特别是向西北一直扩展到中亚。在汉朝衰败分裂后，历经三个世纪的战乱，隋朝又再次实现统一，在秦汉帝国的版图上重建

---

❶ 阿杜．亚历山大大帝是如何远征的？他结局如何？［EB/OL］．（2020-03-11）［2021-05-21］．http：//www.sohu.com/a/379196763_ 100295163.

了一个汉胡混血、华梵同一的世界帝国。

到了唐代，中国是名副其实的世界文明中心，其文治武功的影响遍布大半个地球，西南到印度、巴基斯坦、斯里兰卡、伊朗、阿富汗，东到朝鲜、日本，南至越南、菲律宾、泰国、缅甸、印度尼西亚，西北经蒙古到叶尼塞、鄂毕两河上游，往西达额尔齐斯河流域以西地区。在当时的世界格局中，唐朝是唯一的超级强国。长安是最繁荣的世界之都，邻藩邦国归附献贡，万里商贾远来贸易。长安城里居住着波斯的流亡贵族、大食的药材宝石商人、日本的留学生、东非或爪哇的"昆仑奴"。长安城的集市上出售着康国、吐蕃的马匹、皮毛，天竺的孔雀、白莲花，波斯的铜器、树脂，林邑的大象，爪哇的犀牛，拂林的水晶玻璃，高丽的纸。佛教徒、道教徒、景教徒、摩尼教徒、拜火教徒与前来避难的伊斯兰教徒即使在毗邻的寺庙里礼拜，也都相安无事。甚至还有阿富汗人与叙利亚人骑着波斯战马在大唐军队里服役。

盛唐时期的中国是世界上最先进、最文明、最发达的国度。无论何种方式与途径，凡是与唐朝有过接触或交往的国家，无不折服于大唐的强盛国力与繁荣经济，无不景仰大唐的昌盛文化。因此，大唐不仅在经济上有超越周边国家的优越感，对自己的文化也具有高度的自信。唐太宗"盛世无忌"的思想形成了唐朝开明的外交政策，毫不畏惧外来的文化、宗教与艺术，对其积极地采纳吸收，将其有益的精华进行改造，变成自己的一部分。这种心态不仅对华夷一视同仁，对"远夷"也不歧视。所以，在唐朝不仅有少数民族官员，还有相当数量的外国官员，军队之中也有外国士兵。唐朝海纳百川的胸怀进一步促进了经济与文化的强大与繁荣，造就了大唐盛世，中国成为亚洲各国政治、经济、文化的中心。

自汉唐开始，东亚和东南亚的部分地区都经历了一个"华夏化"的文化同化过程，以华夏为中心，形成了一个超越政权国家与民族的"华夏文化圈"，其中，影响最深刻的当然是与中国接壤的朝鲜半岛与越南，还有隔海相望的日本。华夏文化的传播与影响极大地促进了这些国家在文化、科技等领域的迅速发展。

由此可见，国家与民族的强大不仅体现在经济上，更体现在文化上。经济繁荣如花朵盛开，随季节而凋落，而文化繁荣如日月星辰，周而复始，即使偶尔被乌云遮挡，在雨过天晴之后，又是阳光灿烂或群星闪烁。纵观"丝绸之路"的历史，位于今甘肃敦煌西南的阳关，曾经是中国通往西域的咽喉之地，也是丝绸之路的重要枢纽，但是，这边的丝绸之路为什么只是一条商贸之路，却没有形成文化共享、繁荣的局面呢？而与之隔海相望的日本，虽然孤落在海上，自然资源也相对贫乏，为什么会成为发达国家呢？回顾隋唐时期，在不发达的航海条件下，中日之间可谓相距万里之遥，横渡东海简直就是在冒天险，即使在唐朝的"蜜月期"，遣唐使也仅是 20 年才派遣一次，所以，中日之间的交往不是经贸，而是文化，是日本向先进的隋唐学习文化。据记载，公元 717 年（开元五年），日本遣唐使来到长安，"所得锡赉，尽市文籍，泛海而还"，意思是他们向唐玄宗朝贡，被赏赐了大量丝绸，他们把这些丝绸卖掉，所得银两都用来购买书籍，然后用船载回日本。可见，当时的日本人对唐朝的文化非常渴求，他们在乎的是文化，而非精美的物品。反观西域及中西亚各民族，他们朝贡唐朝的目的主要是建立商贸关系，他们是奔着丝绸、瓷器等商品而来，满载丝绸、瓷器等商品而归，故 19 世纪普鲁士地质学家李希霍芬把东西商贸通道命名为"丝绸之路"。所以，随着这条商路的没落，"丝绸之路"沿线的商贸中心也就失去了往日的辉煌。中国通往西域的"丝绸之路"，穿越的是沙漠，驮载的是丝绸；中国通往朝鲜、日本、东南亚诸国的"文化之路"，跨越的是海洋，船载的是书籍。如此看来，所载物品不同，承载的价值与意义就不一样。日本、朝鲜甚至越南的遣唐使，他们主要是为着文化而来的，所以能够舍弃丝绸而购买书籍而归，可见，中国与东亚各国之间的通道，应该称为"文化之路"。当年运往西域的丝绸早已腐朽，而东亚及东南亚国家携带而归的书籍已转化为人类的智慧，世代相传，至今仍闪烁着无尽的光芒。总之，以"丝绸"为代表的物质文明，能够为其他民族的生活增光添彩，但无法从根本上启迪人们的心灵，重塑他们的内心世界，从而影响其文明形态与进程，而凝聚着中华民族文化与智慧的书籍，犹如文明的种子撒播到东亚与东南亚国家，成为他们繁荣昌盛的动力源泉。

二、宋元中国：打通了中欧文化空前交流的大动脉

宋朝不仅继承了唐朝的先进文明成果，而且在唐朝的基础上进一步深化，因此，有人说，中国历史上的黄金时代不是唐而是宋，此说法虽有失偏颇，但足以说明宋朝的社会发达与繁荣，但可以肯定的是，宋朝的文化与科技水平代表着当时世界上的最高水平。

　　在政治上，虽然唐宋经历了政权更替，但是基本的政治制度依然完整地保留了下来，而且确立的文官制度进一步突破了以往的官僚继承制，这种人才选拔机制为全国的优秀知识分子提供了崭露头角的机会，使优秀人才得以脱颖而出、发挥潜能，促进了宋朝文化与科技的突飞猛进。在经济上，宋朝政权稳固以后，人口迅速增长，商业进一步发达，城市化水平获得进一步提升，在北宋时期和南宋前期，其经济的富庶发达程度远超唐朝。良好的经济基础为文化发展与科技进步提供了肥沃土壤，商业繁荣与科技进步又促进了航海业的发展，南宋时携带着罗盘的中国船队已经垄断了西太平洋、南海和东印度洋的海上航运。在文化上，由于宋太祖采用"杯酒释兵权"的谋略加强了中央集权，之后的帝王都继承了这一思想，因此，重文轻武的风气在宋朝达到极致。宋太宗时期重用文臣，儒学随之兴起，道教也逐渐流行。宋真宗自称"礼乐并举，儒术化成"，大力提倡儒术，同时又提倡佛教，信奉道教，建立起儒释道三位一体的思想统治体系。开明的政治环境使宋朝时期的儒学获得了空前发展，儒学众派不断创新，各种学说纵横林立，呈现出继春秋战国之后的第二个百家争鸣时期。朱熹为代表的"理学"和陆九渊为代表的"心学"成为新儒学的核心思想。宋仁宗时，下诏州、县办学，进一步完善科举制度。宋朝官学规模空前，在中央，政府设立国子监、太学、武学、律学及四门学和广文馆，中央各部门也设立书学、算学、画学和医学。地方上，设立州、县两级学校，以五经为主，聘用进士或国子监、太学毕业学生教学。因此，宋朝时期的文学、艺术、宗教、医学、建筑、绘画都达到了空前的繁荣，科学技术得到进一步发展并受到社会重视。总之，宋朝以其繁荣的经济、科技与文化，不仅上升至中国古代社会发展的顶峰，即使在世界民族的大家庭中，也是一个顶天立地的巨人。

　　宋代时，中国是当时世界上人口最多、人民生活水平最高的国家，不仅城市规模最大、贸易最广远，而且经济最昌盛、科技最发达。据记载，北宋末期有46个十万人口以上的城市。北宋首都东京开封府人口达到百万以上，店铺多达6400余家。南宋行在所临安府（今浙江省杭州市）人口在1274年达到125万。就连南宋灭亡后，马可·波罗依然称杭州为"天城"。英国历史学家李约瑟称，中国在公元3世纪到13世纪之间保持着一个西方望尘莫及的科学知识水平，他用毕生的精力研究中国科技史，证明那些伟大的发明来自中国宋朝时期。

　　元太祖成吉思汗死后，蒙古帝国虽然分裂为四大汗国，但四大汗国的统治者血脉相连，因而同奉入主中原的元朝为宗主国，与元朝驿路相通。所以，尽管元朝生产力不如宋朝发达，商业却比宋朝更加发达，这也与"四大汗国"的血缘关系密不可分。蒙古军队在征伐过程中，蒙古王公还曾调其"西域亲军"来助战，在完成统战之后，蒙古人把他们编入蒙古的"探马赤军"，帮助镇守各地，其中，有些人定居下来从事手工业、农业、商业等活动。所以，在元朝时期，大批西域人（色目人）来到中国定居生活也就在情理之中。这也是为什么元朝统治者在推行民族等级制度时，把中国人分为四等：一等蒙古人，二等色目人，三等汉人，四等南人，而色目人排在汉人、南人之前的原因了。而南人排在汉人之后，是因为元朝在统一南方时，遇到了南方人的激烈抵抗，损失惨重，特别广州一带更是猛烈，广州1278年（至元十五年）才归属元朝。因此，蒙古贵族重用色目人，各地政府首长，首先由蒙古人担任，当蒙古人不够分配，再由色目人担任，最后才是汉人。同时，元朝的经济和税收主要是由色目人负责，因此，色目人不论是在政治、经济领域，还是在科技、文化领域，都产生过重要影响。

蒙古族是游牧民族，对商品交换的依赖性很大，十分重视商品贸易。成吉思汗建立蒙古帝国之后，蒙古王公和贵族的生活更加奢侈豪华，需要更多的商品满足他们的需求，对商品的巨大需求催生了更为发达的商品贸易。蒙古帝国的建立使大半个欧亚大陆基本上处于其控制之下，虽然分属于不同的汗国管辖，但各个汗国的统治者血脉一家，因此，从东亚的中国一直到中亚、西亚、东欧，其边界基本处于开放状态，陆上通道的畅通使得蒙古帝国连成一片。为了保证商品的正常运输与贸易往来，蒙古统治者在统治区内广修道路和桥梁，保证东西方交通的畅行，并在帝国主要交通道路上设驿站和守卫，对来往的各国、各族商旅发放通行证照，保护商路及商旅的安全。这种政治态势不仅方便了元朝、中亚、西亚及东欧商队的贸易往来，也有利于这些地区科学技术的相互传播。蒙古帝国建立后，蒙古大汗和王公们创立了一种名为"斡脱"的合作经营体制，方式是给予商人资本与特权，允许他们跨地区经营贸易，收益由双方分享。善于贸易经营的穆斯林、土耳其商人在得到蒙古王族资本的援助和庇护后，更加活跃在各条商路上，并把贸易开拓到更遥远的地方。通过开拓的商路，商人不仅把各种商品货物输送到亚欧非各地，也加强了游牧文化、农耕文化及伊斯兰文化之间的友好往来，多种文化不仅可以和谐共存，而且相互融合，大大丰富了各自的文化。

蒙古帝国的建立打通了元朝与欧洲、中亚、西亚及北非的通道，作为当时世界上最庞大的帝国，疆域内自然包含数以百计的不同民族，这些众多民族除了身居千姿百态的地域风貌和气候条件，还必然拥有不同的价值观、语言、宗教、制度与习俗，作为人口只占少数的蒙古王公贵族在面对这些客观条件时，也只能顺其自然，转变了对其他民族千差万别的文化态度，对各种思想几乎一视同仁、兼收并用。开放、兼容的宗教政策为蒙古帝国内多种宗教共存、共荣提供了保障，形成帝国内基督教、伊斯兰教、佛教、道教、萨满教、犹太教、摩尼教等多种宗教和谐共存的盛况。

在这种大环境下，元朝在民族文化上自然也采取了比较宽松的多元化政策，不仅尊重中国各个民族的文化和宗教，宽容国内各个民族进行文化交流和融合，而且包容和接纳欧洲文化、阿拉伯文化、伊斯兰文化等不同文化流派，所以，出现了欧洲人在元朝做官、通婚等现象。

元朝时期，虽然交通方式简陋，主要是以骆驼队和马队为主，但是中亚、西亚、东欧几乎没有边界的隔绝，可以说是路路畅通。众多的穆斯林还通过海路来华传教、经商、探险旅游，随之带来了伊斯兰文化与东方文化的碰撞交流。穆斯林不仅传入了宗教、文化与科技，极大地促进了华夏文明，也把中华文化进一步传播到中亚、西亚、欧洲等地，加强了东西方文化的互补与融合。比如，《马可·波罗游记》一书叙述了作者在中国的亲身经历、所见所闻以及元朝的政治制度、行政机构、军队、驿站、经济、文化、生活习俗等，绘声绘色地描述了中国的富庶与繁荣。该书成为西方世界了解中国的重要窗口，引起欧洲王公贵族对中国的好奇，点燃了欧洲探险家前往中国的热情。马可·波罗之后，非洲旅行家伊本·贝图达来到中国，他对中国文化赞不绝口，还惊叹于中国的瓷器、发达的农业和农田水利系统。1253 年，法兰西王国的卢布鲁克带着国王路易九世的介绍信，从陆路出发，先后会见了拔都大汗和蒙哥大汗，回到欧洲之后，著书《卢布鲁克行记》，向西方介绍蒙古以及东西交通的状况，为欧洲进一步了解中亚、西亚提供了重要渠道。

因此，拥有辽阔疆域的蒙古帝国在东西方文明之间搭建起互通互联的桥梁，陆路与海路通道的进一步打开，方便了广大穆斯林与汉人、蒙古人之间的贸易往来。大批通过海路来到中国东南沿海地区的波斯人、阿拉伯人，因信奉伊斯兰教而形成以清真寺为中心的穆斯林文化圈。穆斯林（多数是商人、传教士和旅行家）集中居住的南方沿海城市如广州、泉州、福州、杭州、宁波、扬州等就成为阿拉伯传统文化与中国传统文化的交融之地。他们频繁往返于伊斯兰世界和中国之间,成为元朝政府和穆斯林各界联系的桥梁,为世界文明进步作出了卓越贡献。同样,蒙古帝国也派遣使节访问欧洲,如列班·扫马(元朝基督教教士、外交家,最早访问欧洲各国的中国旅行家,出生于元大都,即今天的北京)出使欧洲,成为史书记载的东方第一个到达欧洲的使者。他从大都出发,经西域,访波斯、亚美尼亚、格鲁吉亚等地,后奉伊利汗的派遣出使罗马教廷和法国巴黎,回到波斯后,因年老体弱和阿鲁浑汗王挽留,居住波斯,于1294年在波斯去世。列班·扫马虽然没有完成使命,但其开创了东方使者远赴欧洲的先河,为后来的民族交往铺垫了基础。

纵观元朝时代,除忽必烈和元顺帝在位时间较长,其他皇帝在位时间都很短,有两位甚至在位仅1个月左右。这种执政局面导致政局不稳,执政者就难以有精力进行文化建设,更主要的是,蒙古贵族统治者除了重视商业和农业外,对文化发展不够重视,而且,元朝的民族政策导致汉人地位低下,因此,以汉人为主力的文化发展就难以获得足够的平台,元朝的文化比前朝宋朝和后朝明朝都弱。但是,任何统治者都难以阻挡历史的滚滚车轮,尽管文化发展受阻,但短时间内受文化制约较小的科学技术还是在宋朝的基础上取得了进步。所以,在天文历法、数学、地理学、水利、建筑、农学、医药、纺织技术、印刷术、机械制造等方面,元朝超越宋朝开创了科学技术发展的新高峰。另外,为了保证商业的畅通,元朝创造了发达的水陆交通系统和造船航海技术。比如,元世祖时期开凿了会通河和通惠河,漕运粮船可从杭州直达大都。

此外,随着蒙古帝国的政治与军事扩张,蒙古王公贵族们需要大量科技人才为其服务,特别是工匠、技师、药师、乐师、建筑师等技术人员,于是,他们就从帝国境内募集了大量的科技人才,他们每个人本身就是某个领域的知识信息库,所以,这些人的跨地域工作就促进了亚欧大陆间文化的交流与传播。比如,"火筒"和"突火枪"在蒙古帝国时传入阿拉伯,阿拉伯人又对其进行改造,制成新式火器,转而传入欧洲。同时,西方的天文、数学、医药、制炮技术等也大量传到东方。

总之,元朝时,东西方物质文化交流空前高涨。东方的纺织品、茶叶、陶瓷、书籍、文具、绘画作品等源源不断输向西方,宝石、香料、象牙、皮革和马匹、麝香、木材等商品也从西方传入东方,成为蒙古王公贵族们必不可少的日用品。毫不讳言地说,元朝发达的科技主要得益于蒙古统治者对商业的重视。发达的商业促进了商品的交流，随着商品的空间跨越和对商品的欣赏与消费，商品内含的文明与智慧也内化于消费者的心中，这就为后来中国明朝和欧洲文艺复兴铺垫了良好基础。在当时的历史条件下，中西方的传教士、商旅、使节等人员的往来，虽然过程缓慢，但他们敢于和大自然斗争的精神以及为后人劈山开路的壮举为东西方文明的进步与繁荣作出了卓越贡献并产生深远影响。

三、明清中国：开启了中国文化"启蒙西方"的时代

人类文化的交流与传播是人类文明进步的加速器。在人类发展的早期，文化更多地体现在物质商品及其加工手艺中。随着人类在接纳与消费这些物质商品的过程中，物质商品蕴含的人类智慧就潜移默化进入人的头脑，文化就这样在无声无息的消费中实现了融合与升华。

早在西汉时期，中国丝绸制品就通过丝绸之路辗转传入欧洲，欧洲人就对能够生产如此精美物品的东方民族产生好奇，但因相距甚远，他们未能获得更为详细的信息。马可·波罗的《马可·波罗游记》、门多萨神父的《大中华帝国志》以及利玛窦的《利玛窦中国札记》相继在欧洲人面前展现了一幅幅生动的画面，让中国故事由缥缈的传说变为眼前的真实。虽然他们对尊圣人、敬鬼神的无宗教信仰的中国人怀有偏见与敌意，但崇拜与仰视中国人发达的物质文明、精湛的手工技艺和高尚的文化素养，对中国人重情厚德、睦邻友好、乐善好施、勤劳节俭的优秀品质大加赞赏。当然，在他们的记载中，也有不少对中国制度及陋习的批评，如酷刑枉法、迷信算命等，这既是中国文化的愚昧落后所致，也是文化差异的必然。

总之，以马可·波罗、门多萨、利玛窦为代表的商旅家和传教士打开了欧洲到达中国的陆路通道，他们对东方中国的描述激起了欧洲人对中国的好奇与热情，也开启了欧洲与中国文化互通的大门。虽然中间有高山荒漠及海洋的阻隔，仍抵挡不住那些商旅家与传教士的执着与狂热。自此，中国与欧洲进入了一个文化互联互通的时代。

由于每个朝代对宗教的态度有显著的差异，不同宗教在各个朝代的地位与传播就截然不同。基督教的不同教派也曾经在中国得到传播，并拥有众多的信徒，如唐朝的景教和元朝的也里可温教，但都是由于朝廷的禁止而销声匿迹。朱元璋建立明朝后，禁止三夷教（隋唐时期的三大外来宗教，即祆

教、景教和摩尼教)传教,基督教在整个明朝初期、中期毫无立足之地,传教士也基本绝迹。直到明朝后期,天主教传教士利玛窦来到大明帝国传教,局面才得以扭转。1583 年 9 月 10 日,利玛窦和罗明坚到达肇庆,在总督拨给的土地上,建造了中国内地第一座天主教建筑。之后,西方国家派出了更多的传教士来到中国布道,宣扬天主教。这些传教士既是虔诚的布道士,也是执着的科学家和狂热的探险家。起初传教时,他们遇到了中国朝廷的极力抵制,于是就采取了迂回策略,向皇帝进呈自鸣钟、圣经、《万国图志》及大西洋琴等礼物,从而得到万历皇帝的信任。1601 年,明神宗下诏允许利玛窦等人长居北京。利玛窦开创了此后 200 多年西方传教士在中国的主要活动方式:用汉语传播基督教,并用先进的科技知识来吸引中国人。因此,利玛窦很快在明朝的士大夫中间形成了良好的声誉并与他们建立起良好的关系,开启了日后其他传教士进入中国的大门。他们在向中国人传播上帝福音的同时,也把欧洲的文明思想带到了中国,启蒙了中国的人本主义思潮。比如,王夫之、顾炎武、黄宗羲等思想家就开创了反对君主专制制度的新思潮、新学风,提出了经世致用的人本主义观点,主张把学术研究与解决社会问题结合起来。除了宣传西方教义与文明,这些传教士还广泛获取中国的信息和情报,为其殖民扩张服务。但从一定意义上说,传教士在中国传播西学的同时,也把中学带回欧洲,成为事实上的文化使者,为中西文化交流与传播发挥了积极作用。更重要的是,传教士传播中国文化是一种积极的主动行为,他们用西方人能够接受的方式,将中国文化进行归化转译,避免了中国文化"水土不服"的问题,使中国文化比较容易进入西方人的头脑。

在元朝以前,欧洲人对中国知之甚少,直到忽必烈的骑兵势如破竹地横扫欧洲,欧洲人才知道中国的存在与强大。随着传教士和商人对中国的宣传,以及大量精美的中国商品进入欧洲,欧洲人才发现了一个令人神往的新世界。很多欧洲人不仅认同中国文化,甚至对中国文化顶礼膜拜,将中国看作世界上思想文化高度发达的国度,特别是对老子思想的敬仰,简直达到如醉如痴的地步,他们如此欣赏和赞美中国文化,以至于欧洲学界、政界、商界都直接或间接地受到中国文化的影响,其中道家文化和儒家文化对其影响最大。所以说,18 世纪欧洲长达百年的"中国热",是由欧洲传教士和商人自发带动的。欧洲的"中国热"分为俗和雅两个层面:俗的层面是指欣赏中国器物方面的物态文化;雅的层面是指思想家、政治家等知识分子对中国文化的理性思考,借鉴中国文化中的处世、处事之道来解决欧洲面临的各种问题。可见，18 世纪欧洲的"中国热"不仅是一场经济热，也是中西文化一次大规模的碰撞、交流和融合，是在世界文明进程中，东西方文化的一次互鉴互赏过程。

17 世纪下半叶至 18 世纪中叶，欧洲传教士为了更有效地传教布道，开始对中国国情开展全方位的深入了解与调查。除了对中国的儒道经典进行深入研究之外，还对中国的历史、地理、天文、数学、科技、医学、农业、文学、绘画、园林等领域进行探索，并且出版了很多具有开拓意义的著作，❶这些著作被翻译成英法德俄等多个版本，有的甚至被改成剧本。这些著作对于欧洲的政治、经济、文化、艺术等都产生了深远的影响。儒家经典"四书五经"被传教士翻译成拉丁文和法文两个版本，带回欧洲，从皇室贵族至各领域学者，都在孜孜不倦地拜读这些著作，汲取其中的思想精华，中国文化很快在欧洲成了热门。

在政治上，启蒙运动提倡理性主义，而倡导理性主义的启蒙思想家的偶像就是孔子，他们崇尚的理性精神与孔子学说有着深厚的渊源。伏尔泰在他的《哲学辞典》中高度评价了孔子思想，认为是自开天辟地以来最美的道德准则和最有价值的学说。在认真地拜读了孔子的著作之后，伏尔泰认为，中国是一个以德治国的国度，而不是像西方一样靠"对奇迹的说教或对宗教的借喻"。为此，伏尔泰质疑欧洲的君王们，奉劝君主们学习、模仿孔子思想。伏尔泰认为，中国人讲"天"和"理"，这既是万物的本源，也是中国立国古老和文明悠久的原因，因为中国的历史从一开始就合乎理性，中国哲学中的一切都是合乎自然的，没有任何神奇的意味和宗教的成分。在以老子和庄子为代表的道家学说中，处处充满了追求个体自由的精神。❷百科全书学派的霍尔巴哈认为，政治统治只有仰赖道德才能使国家繁荣，他非常赞赏中国的政治伦理，认为这是世界上唯一将政治与伦理道德相结合的治国良策。因此，他效仿孔、老学说，提出了"德治"主张，号召欧洲政府效仿中国，施行德治。狄德罗认为，儒家学说有一种超强的精神教化力量，所以，他把儒学视为儒教，认为依靠儒教便可以治国平天下。❸可见，这些法国启蒙运动的思想家们都以中国思想为主线去畅想欧洲社会的未来。

❶ 十八世纪欧洲的中国热［N］. 北京日报，2012-05-14.
❷ 刘海翔，吴青兰. 科举西传欧洲的文化背景［J］. 教育与考试，2018（3）.
❸ 叶廷芳. 18 世纪欧洲文化思潮中的"中国风"［J］. 中国文化画报，2011（7）.

从 16~17 世纪开始，传教士就把中国的宋儒理学传入欧洲，影响了包括笛卡尔在内的一批欧洲启蒙思想家，为他们反对宗教、主张理性提供了思想武器。笛卡尔在其《方法论》中高度赞扬了中国人的智慧和理性。法国"百科全书派"学者狄德罗对"四书五经"等中国儒学经典非常认可，他认为，孔子创立的哲学是理性宗教，它抛弃了奇迹和启示，是纯粹的伦理学和政治学，是中国人长期信奉的实用哲学。

中国的科举制度深深地影响了西方的文官制度。欧洲的政府官员曾经是世袭的，而中国则通过考试来选拔人才，平民百姓也可以报考，"这种从品学兼优的文人中，通过科举而选拔人才的制度曾经把欧洲惊得'五雷轰顶'"。❶在英国，人们"极力称赞中国的文官制度，特别是科举制，并力主英国仿行"。❷ 一些欧洲国家的文官制度正是仿照中国文官制度而设，这种公平的考试制度受到了伏尔泰等人的赞赏。魁奈说："除了中国以外，所有别的国家都忽视了这种体制（科举考试制度）的重要性，但它是政府的基础。"❸

在经济上，道家学派的思想深深地影响了自由主义者。由于重农学派理论与资本主义生产原理非常吻合，马克思把重农学派创始人魁奈称为政治经济学的始祖，而魁奈是中国文化的崇拜者，他也因此被称为欧洲的"孔夫子"。重农学派主张依照"自然法"，破除政治干预，重视农业，实行经济自由。魁奈心中的"自然法"就是中国的天理天则，即中国文化中的"道"，也就是老子所说的"人法地，地法天，天法道，道法自然"。而老子所倡导的最理想的治国之道便是"治大国如烹小鲜"的"无为而治"。当然，"无为"并非不作为，而是顺应自然而为，不强为，不乱为。如果一切人类的秩序遵循自然的规则来建设，那无疑是最合理的秩序。在重农学者看来，中国历代是按照自然法来安排农业生产的，而自由主义经济学的创立者亚当·斯密的思想受到重农学派魁奈与杜尔哥的很大影响。亚当·斯密还从来自中国的两位学者那里了解到司马迁的经济学思想。司马迁在《货殖列传》第三段中明确提出"供求关系"的经济思想，并以"低流之水"喻之，亚当·斯密深受启发，将其称为"看不见的手"，他的代表作《国富论》中

---

❶❸ 朱高正. 中国文化对西方的影响［J］. 自然辩证法研究，2001（8）.

❷ 陈兴德. 科举制——中国对世界文明的一大贡献［J］. 湖北招生考试，2005（4）.

就体现了许多中国思想，亚当·斯密的自由经济思想与中国道家思想也有着异曲同工之处。❶《老子》一书中的"柔弱胜刚强""有无相生""虚实相资""以正治国，以奇用兵"等观点和主张，被许多西方商家应用为企业管理与商战之道。

在哲学观上，中国哲学中人的本性观是西方哲学家认识社会和人自身的源头活水。近代欧洲哲学先驱莱布尼茨从 21 岁起就对中国表现出极大的兴趣，之后一直没有停止对中国研究，他研究的着眼点主要是中国在世界格局中的地位及其发展潜力和前途。在其著作《中国近事》中全面阐述了他对中国的崇敬之情，"然而有谁过去曾经想到，地球上还存在这么一个民族，它比我们这个自以为在所有方面都教养有素的民族更加具有道德修养？自从我们认识中国人以后，便在他们身上发现了这一特点。如果说我们在手工艺技能上与之相比不分上下，而在思辨科学方面略胜一筹的话，那么在实践哲学方面，即在生活与人类实际方面的伦理以及治国学说方面，我们实在是相形见绌了。"❷他认为，"人类最大的恶源自人类本身"，以至"人与人相互为狼"，这是最大的愚蠢。谁来匡正它呢？唯有中国！因为"中国人较之其他民族无疑是具有良好规范的民族"。❸莱布尼茨对中国的态度深深地影响了他的弟子沃尔夫（Christian Wolf，1679—1754）。沃尔夫也痴迷于中国思想文化，四处演讲，宣扬中国思想，而且沃尔夫的学生康德也接受了他对中国的观点。❹

在 17～18 世纪，欧洲思想界为反对宗教而寻求它说，于是转向了哲学。在当时，孔孟儒学被宗教视为异端邪说，却受到欧洲思想界的追捧。孟子的"民为贵，社稷次之，君为轻"思想对西方的启蒙运动产生了巨大影响，特别是对法、德两国资产阶级革命发挥了重要作用，连罗马教皇都承认，孔孟儒学不但成为欧洲思想界"反基督教""反神学""反宗教"的理论渊源，也为正在进行的欧洲启蒙运动提供了原动力。中国的古代经典都是围绕"人本性"这个核心问题而讨论的，西方学者正是借鉴了中国哲学对人性的内在肯定性与至善性，开始了轰轰烈烈的追求民主与自由的启蒙运动。当西方社会经历政治自由、经济自主的社会巨变时，其本身的文化体系已经不能

---

❶ 田书华. 中国先秦哲学是西方经济理论的源泉［J］. 北方金融，2018（5）.

❷❸❹ 叶廷芳.18 世纪欧洲文化思潮中的"中国风"［J］. 中国文化画报，2011（7）.

满足于社会变革的要求，此刻，中国传统哲学文化的这种精神正好迎合了他们的现实需要。

以伏尔泰为代表的百科全书学派非常赞同中国哲学文化，特别是学者尊重自然现实的思想观念，认为中国是一个属于自然神论的国度，是人类文明、科学和技术的摇篮，并把中国视为人类社会最好的标本，是"世界上治理最好的国家"。伏尔泰称赞中国的历史记载"几乎没有丝毫的虚构和奇谈怪论，绝无埃及人和希腊人那种自称受到神的启示的上帝的代言人；中国人的历史一开始就写得合乎理性"。❶ 他也高度称赞中国天文学的成就和神奇。他说，在世界各民族中，唯有中国的典籍持续不断地记录了日蚀和星球的交会，而且几乎所有的记录都是真实可靠的。伏尔泰认为孔子的儒家学说是以遵循自然规律为原则的"理性宗教"，与带有迷信色彩的"神示宗教"截然不同。在伏尔泰看来，孔子的"己所不欲，勿施于人"是"以人为本"的最高道德准则，应当成为每个人的座右铭。

在文学艺术上，中国的文学艺术对欧洲也有着重要的影响。由于到中国来的传教士都是探险家、学者或科学家，对文学和艺术并不专长，所以，直到18世纪中叶，中国文学才由一位名叫詹姆斯·魏金森的英国商人传播到欧洲。他在广东生活多年，逐渐精通汉语。由于喜爱文学与诗歌，就用英语和葡萄牙语翻译了一个四卷本的中国小说、戏剧、谚语和诗歌合集，包括《风月好逑传》《中国戏提要》《中国谚语》以及《中国诗歌》。❷ 之后的译本逐渐增多。伏尔泰非常喜欢《赵氏孤儿》，把它改编成《中国孤儿》，并在法国上演。德国著名诗人歌德早年对中国存有误解，但传播到欧洲的文学作品和诗歌让他改变了对中国的看法，他认为中国人在思想、行为和情感方面和德国人非常像，甚至比他们更纯洁、更明朗、更合乎道德。因为对中国人怀有特殊的好感，歌德晚年还根据某些中国诗歌的主题，写了一个小诗集《中德四季晨昏杂咏》。1781年歌德曾对《赵氏孤儿》和《今古奇观》进行改编，试图创作出一个新的剧本，起名为《艾尔彭诺》，可惜还没完成就憾然离世。

从18世纪上半叶开始，中国艺术即在法国、意大利和英国引起不同凡

❶ 叶廷芳.18世纪欧洲文化思潮中的"中国风"［J］. 中国文化画报，2011（7）.

❷ 叶廷芳．中国文化西征"四书"先行［EB/OL］.（2011-07-25）［2021-05-21］. http：//news. cri. cn/gb/27824/2011/07/25/5190s3317207. htm.

响。在法国，中国艺术对两位著名画家产生重要影响，一位是瓦托（1684—1721），另一位是博歇（1703—1770）。他们不仅喜爱中国水墨画中那种淡雅、柔美的审美情趣，还对园林艺术痴迷忘怀，这种艺术情怀甚至对西方艺术都有深远的影响。他们对中国园林中飞檐翘角的亭榭、高耸的层塔，富有妙趣的石桥、假山、钟楼以及蜿蜒的小径等都情有独钟，并专门给"蜿蜒小径"命名为"蛇形曲线"。在当时，不少欧洲建筑设计者都把中国这些园林艺术的元素纳入他们的园林设计之中。比如，18世纪德国萨克森公国的统治者曾经建造了一座皮尔尼茨宫，里面的"水宫"就借鉴了中国的建筑风格。德国一位伯爵威廉·索赫还把一条小溪命名为"吴江"，并在一旁建了个"木兰村"，连挤牛奶的黑人都穿着中国服装，完全是一座地地道道的中国江南园林。波茨坦的茶亭和慕尼黑的木塔也是典型的中国艺术仿作。威廉·钱伯斯是18世纪中叶英国的皇家建筑师，他曾在广东生活过，并对中国的建筑进行深入考察，之后写了两本关于中国建筑的专著，一本是《中国建筑、家具、衣饰、器物图案》，另一本是《东方园艺》，在书中他高度赞美了中国园林艺术，认为中国园林艺术在世界上是无与伦比的。他所设计的、位于伦敦郊区的"丘园"，被认为是体现中国园林艺术的经典之作，这种审美趣味一度流行成为一种社会时尚，以至于像英国作家爱迪生、诗人蒲伯等专门为自己建造了闲情雅致的中式花园。❶

可见，中国文化不仅为西方启蒙运动的先驱提供了观察与思考的新视角，其内容也理所当然地成为启蒙思想家论证自己观点的重要材料。这表明，西传的中国文化在政治、经济、哲学和生活等领域都对欧洲产生了深刻影响，对启蒙运动和欧洲各国进行的社会变革起到了推波助澜的积极作用。

四、近代中国：告别文化迷茫、开启文化复兴的时代

自鸦片战争以来，在西方文明的猛烈冲击下，中国文化陷入了深深的危机与自疑之中，希望在西方文明的价值体系中寻找复兴与回归辉煌之路。所以，在仰视与崇拜西方政治经济制度、科学与技术体系以及伦理价值观念的迷幻中，把近代以来中国的失败与凌辱归罪于传统文化的落后，视中国传统

---

❶ 叶廷芳. 中国文化西征"四书"先行 [EB/OL]. (2011-07-25) [2021-05-21]. http://news.cri.cn/gb/27824/2011/07/25/5190s3317207.htm.

文化为羁绊现代化进程的拦路虎，于是，掀起了一股股砸碎传统文化伦理道德及信仰体系的歪风，其后果就是使中国传统文化的命脉几乎遭到断绝。这种做法对于一个有着几千年文化传统的中华文明来说，既不现实，也不理性。

历史证明，传统文化从来都不是现代化的敌人，现代化不仅离不开传统文化，而且必须依靠传统文化。起源于欧洲的现代化进程，正是发端于欧洲的文艺复兴，是文艺复兴激起了欧洲对古典文化的重新诠释与革新，从而引发了在多个领域的革命，进而推动了欧洲的现代化。现代化超越传统文化，但脱胎于传统文化，二者没有割裂，而是有着千丝万缕的联系。抛弃了传统的现代化就如断了主根的大树，虽能屹立一时，但很快就会倒下。文化是一个民族或国家崛起的根本所在，国家强盛、民族繁荣、社会和谐，乃至国民素质的高低，无不根植于传统文化之中，无不从传统文化中汲取智慧与力量，如果我们自断经络，就从根本上切断了可持续发展的力量源泉。

一个国家或社会的运行都是基于一套文化系统来维持的。良好的、健康的文化系统才能维护一个和谐、稳定的国家或社会，反之，就是一个冲突、动乱的国家或社会。一个国家或社会的所有问题都是相互联系的，不能孤立看待，而解决一个问题同样既要对症下药，又要统筹考虑、协调安排，所谓牵一发而动全身，讲的就是系统性问题。文化虽然是一个民族或国家在长期的历史发展过程中沉淀下来的稳固的符号系统，但时时刻刻都在进行着改革与变化，无论是细微的还是剧烈的，但始终是一脉相承的。我们通常讲，文化是一个民族或国家凝聚力和创造力的重要源泉，其中的创造力本身就包含破坏力，创造就意味着对前者的否定。

一个国家或社会的治理水平与运转状况取决于这个国家或社会的文化生态。文化生态决定政治生态与经济生态，有什么样的政治制度就有什么样的政治生态，同样，有什么样的经济制度就有什么样的经济生态。推而广之，有什么样的政治生态就有什么样的官吏队伍，而有什么样的经济生态就有什么样的经济发展水平。以明朝为例，明朝有多位皇帝常年不上朝，如嘉靖和万历两位皇帝近30年不上朝，但是国家运转照常良好，这正说明，明朝的政治制度构建了一个完善的以中央集权为核心的由各级管理机构组成的政治生态，而这种生态体系保证了国家与社会的有序运行。不仅如此，明朝还一度出现经济繁荣、科技发达的盛世局面，如彰显明朝经济与科技实力的郑和下西洋之壮举。由此可见，文化生态对于政治生态和经济生态的重要性。从表面上看，民族的伟大复兴体现在国力强盛、经济繁荣、科技发达等方面，但从根本上看，还是文化上的复兴与繁荣。那种动辄把传统文化贴上"封建""落后"的标签的观念与行为，既是对传统文化的无知和缺乏自信，也是把希望寄托于他者的奴性思维。

历史证明，中国文化始终是一个富有创造性、包容性和开放性的文化体系，先有张骞出使西域，继而有法显、玄奘去天竺取经，后有郑和七下西洋，他们披荆斩棘、历尽艰险，为后人开辟新途，终得成果。大家都熟悉13世纪来到中国的意大利商旅家马可·波罗，却很少了解在彼时也有一位中国人（列班·扫马）从中国出发，沿着古老的丝绸之路，穿越地中海，到达欧洲。今天，"一带一路"倡议的开创与成果同样彰显了当代中国人开拓进取的无畏精神，这种精神丝毫不亚于达伽马、迪亚士、哥伦布、麦哲伦的航海大发现。可见，中华民族绝非一个固守传统、不思进取的民族，而是一个不畏艰险、富有开拓冒险精神的民族。中国传统文化滋养的子民曾多次创造了史无前例的辉煌，把中国文明推向世界文明的前列。

纵观人类漫长的历史进程，没有任何一种文化是万能的灵丹妙药，始终塑造出强盛的民族、道德高尚的子民，始终启迪人们的心灵、开启人们的智慧之门。文化的本义是化"人"之"文"，即"人"是文化的核心。孟子"民为贵，社稷次之，君为轻"的人本思想是儒家思想的核心理念，也是中国传统文化的核心理念。这就要求统治者或者执政者应该尊重每一个人的生命，重视每一个人的权利。古往今来，这是健康的政治生态的应有之意，也是圣明的君主和廉政的官僚一直追求的理想目标。

五、现代中国：走向世界、融入全球的文化时代

文化是一个广泛的概念，其中包含若干复杂的系统或门类，每一个系统或门类又可细分为若干小的系统或门类，而每一个小的系统或门类又同时包含积极的、消极的、先进的、落后的文化因素，甚至是正反两个对立的文化因素。因此，文化的教化功能不在于其本身，而是取决于掌握与运用文化的人，人的主体性倾向和选择决定了文化的功能性质。中华文化虽然博大精深，在世界文化中占据重要地位，但从世界范围看，其只是多样化文化中的一个因子。在全球化背景下，中华文化如何在文化全球化的进程中获得新的动力与营养成分，从而实现自身发展与繁荣？这不仅是广大学者和文化热爱

者探讨的理论问题，更是中国政府和中国人民在此背景下，必须做出正确选择的现实问题，即制定与实施合乎时代潮流与中国现实需要的文化发展定位、战略与策略。

我们的教育一直在进行，但在现实社会中，一些不良现象经常见诸报端，可见，文化理论进入人的头脑，变为行动指南，应用于社会现实的时候，会出现言行不一的现象。所以说，文化的教化功能不在其身，而在其人。

文化生态的恶化，必然导致人的信仰的丧失和道德体系的崩溃，继而出现政治生态与经济生态的沦丧，社会也就陷入混乱与冲突之中。健康的政治生态与经济生态依赖于健康的文化生态，实现中华民族伟大复兴的大业最终取决于是否能构建一个健康的文化生态。文化强，则国强；文化强，则官僚清正、政府清廉、政治清明；文化强，则商人"兼相爱，交相利"。如此，在健康的文化生态环境下，才能实现健康政治生态与经济生态的共生、共荣。所以，社会主义文化强国战略是"谋万世、谋全局"的伟大战略，而建设社会主义文化强国将让中华民族告别文化迷茫、开启文化复兴、踏入建设强国的新时代。

中国学者以马克思主义唯物史观为理论指导，对文化全球化的地位与意义给予了正确判断，认为文化全球化是人类社会发展过程中的必然规律，是各民族文化交融的一种必然结果，是人类文明进程中人类共同创造的智慧结晶，适应了人类生存和发展的客观需要，促进了世界多元文化的发展，有助于整个人类文化的进步，同时也给多元文化的发展带来了前所未有的机遇和挑战，各民族文化应抓住历史机遇，勇于面对挑战、克服困难，为文化的发展与创新创造条件。中国文化应当积极顺应文化全球化的潮流，以"海纳百川"胸怀拥抱世界文化，积极主动地参与文化全球化的进程之中，与其他不同文化开展对话、交流与合作，充分借鉴、吸收人类创造的一切优秀文化资源和文明成果，为自身的发展与繁荣创造条件。

不可否认，经济全球化本身就隐含着帝国主义文化霸权，特别是美国借助其强大的经济、军事、科技实力，在世界范围内推行其文化霸权，宣扬、输出其价值观念。事实证明，由于历史的和现实的原因，文化发展的不平衡性与经济发展的不平衡性一样，都是不可避免的，出现强势文化妄图通过渗透、同化等手段企图控制弱势文化的现象也是文化发展进程的必然趋势，因此，在当今全球化大潮的冲击下，美国的价值理念对发展中国家和民族的生活方式及价值观念必然产生巨大影响，甚至在一定程度上造成了民族文化的"身份认同"危机。在文化全球化背景下，任何一个国家尤其是发展中国家，如果不能保持民族文化的独立性与独特性，任凭强势文化的渗透，势必会堕入"文化殖民"或者被同化的陷阱。但是，如果故步自封，不参与全球化的竞争，同样也没有出路。所以，立足于本土化、着眼于全球化是当今任何一个民族文化生存与发展的必由之路。因此，对于文化全球化的趋势也不必过于担忧。形势虽然严峻，但世界文明史表明，世界民族的多元性决定了其文化上的多元性，这在客观上牵制着强势文化无限发展的可能性，所以，世界上不存在一种能够完全可以称霸全球的文化，文化全球化不会造成文化的同质化或单一的文化类型，一枝独秀的单质文化不符合文化发展的历史规律，在现实中也缺乏根据。

在当今全球化背景下，英美发达国家的文化虽然占据突出的霸主地位，对其他文化形成高压之势，但是对于任何具有悠久历史且有完整体系的文化来说，很难撼动其他文化的根基，尤其对于亚洲来说，地缘障碍也是削弱其影响力的重要原因，何况英美文化也非铁板一块。世界殖民史也表明，即使是曾经辉煌全球的葡萄牙、西班牙、英国等殖民帝国也会走向解体。随着大批原殖民地国家在政治上获得独立，其文化也逐渐觉醒并崛起，这不仅打破了西方文化一统天下的局面，而且随着这些发展中国家对全球化的积极参与，曾经的霸权文化受到越来越多的牵制与抗衡，文化多元化的局面越来越稳固、关系越来越盘根错节，这种现状使得曾经的霸权文化难以像以前那样控制其他文化，只能通过隐性的、和平的方式进行辐射、渗透、影响其他文化，仅此而已。

从世界范围看，全球问题的出现为文化全球化提供了难得的扩张契机。当前，全球正面临着许多严峻的危机，比如，环境问题、粮食短缺问题、传染病问题、反恐问题、资源匮乏且不均衡问题等诸多危机对人类的生存与安全构成潜在威胁，这些问题不是依靠一个民族或国家就能解决的，而是需要全世界所有民族和国家携手合作、由对抗转向对话才能共克时艰，那种无视客观事实，一味排斥文化多元化和全球化的思想既是不合时宜的，也是违背客观规律的，在此思想指引下的行动也注定是失败的。一些西方发达国家依仗自己的经济、科技、军事领域的优势地位，在文化传播中占据了主导地位，而在经济、科技、军事领域处于劣势的发展中国家因自身原因限制了其文化传播的规模与被认可度，造成世界文化交流与传播的不平衡局面。不仅如此，发达国家往往以精英文化自居，极力压制和排斥发展中国家的文化，试图对其进行文化殖民，从而实现对这些国家的控制，这必然激起受压制民族与国家的反感与抵制，出现文化冲突甚至局部战争的局面。

哪里有压迫，哪里就有反抗。广大发展中国家民族意识的觉醒就意味着他们内心深处怀有一颗不甘屈服堕落、任人摆布的抗争之心，联合国的成立又为发展中国家的政治独立与崛起构建了一个坚实平台，粉碎了西方发达国家试图再次称霸世界的可能，而且西方文化在解决当今社会危机时暴露出来的问题也让广大发展中国家彻底失望，在仔细比较之后，很多发展中国家转而希冀于从中国文化中寻求解决问题的智慧与方案。正如马克思所说，"你们赞美大自然悦人心目的千变万化和无穷无尽的丰富宝藏，你们并不要求玫瑰花和紫罗兰散发出同样的芳香，但你们为什么却要求世界上最丰富的东西——精神只能有一种存在形式呢？"❶

如今，中国不仅在人口、地域上是世界大国，在经济、科技领域也跃居世界大国行列，已经具备足够的实力在政治、经济、军事、文化、外交等领域担当世界大国的责任，而且自古以来，中国文化就"贵和尚中"，以"达则兼济天下"的"天下大同"世界观为最高追求。在今天已经具备客观条件的背景下，习近平主席代表中国发出了"一带一路"倡议和构建人类命运共同体的世界宣言。为了实现全人类的这一伟大目标，文化全球化不仅成为中国文化发展的国家战略，也必将成为全人类的共同追求与实践行动，架设起全人类在各个领域实现互通互融的桥梁。

第三章 "文化强国"战略的历史演进

　　对一个国家而言，战略决策是至关重要的，这决定着这个国家在某个时期甚至是长远时期的发展方向与发展成果。近代以来，中华民族伟大复兴的梦想激励着无数爱国志士为之不懈奋斗。洋务运动虽然没能使中国走上富强的道路，但客观上刺激了中国民族资本主义的产生与发展，所培养的大批科技人才，以及引进的西方先进科学技术，为中国的文化变革与发展注入了新鲜血液。新文化运动虽然存在某些激进和片面的地方，但"民主、科学"的旗帜在广大青年当中掀起了一场思想解放风暴，激发他们冲破封建思想的束缚，开始探索救国救民的新道路。1894 年，孙中山第一个提出了"振兴中华"的口号，他认为，"中国乃极贫之国，非振兴实业不能救贫"。国家富强的根本在于工业化，所以，主张学习外国，特别是科学。尽管辛亥革命结束了统治中国两千多年的封建君主专制制度，但依旧未能使中国摆脱落后挨打的局面，究其原因，发现实业虽可强国，但强的只是筋骨，未能强其头脑，唯有文化，才能使人真正强壮。只强筋骨，不强头脑，这就是洋务运动和辛亥革命最终失败的重要原因。

　　当前，人们对文化的认识与改革持续深入，社会环境也发生了翻天覆地的变化，现代化与全球化成为当代人类社会发展的基本环境，而文化则是实现现代化与全球化的基本资源与核心动力。一个国家是否强盛越来越取决于国民素质的高低，而国民素质的根基就是文化。既然文化是思想或观念的土壤，那么，现代化首先就是文化的现代化，在今天，实现文化现代化的核心力量主要是文化产业。随着文化产业在经济领域的占比加重，全球竞争日益表现为以文化为核心的软实力竞争，因此，文化强国成为每个国家首要的战略考量。

　　欧美等发达国家迈入后工业化发展阶段以后，一场以高新技术为支撑的产业体系成为国民经济发展的支柱。高新技术产业的背后支撑是发达的科学与技术水平，是整体国民的高文化素养。欧美国家的发达局面既离不开在资本主义阶段积累下来的工业化基础，也与欧美国家自 20 世纪 90 年代以来启动的一系列文化战略息息相关，如 1993 年英国颁布的《创造性未来》、1994 年澳大利亚颁布的《创造性民族：澳大利亚联邦文化政策》、2002 年美国的《文化投资：各州的政策创新》以及 2003 年芬兰的《芬兰文化政策》等国家文化战略。在此背景下，一些中等发达国家及发展中国家也纷纷制定了自己的文化发展战略，这些文化战略大大促进了本国的文化创新，使文化产业在短时期内出现"井喷"式发展，不仅产业规模有了扩展，质量也得到很大提高，文化产值成为国民经济的重要组成部分，直接带动了经济 GDP 的大幅度上升，动漫、影视、电子游戏等文化产品的出口也极大地提升了国家形象与软实力。

2011 年 10 月，党的十七届六中全会通过《中共中央关于深化文化体制改革，推动社会主义文化大发展大繁荣若干重大问题的决定》，这是第一份以国家决策形式公布的文化发展战略，标志着中国国家文化战略的正式形成。事实上，这一来之不易的文化发展战略，是在经历了上百年的曲折历程与磨难后才最终确立下来，并成为国家战略的。

中国共产党自成立之日起，就以马克思主义理论作为思想武器武装其头脑，把实现中华民族伟大复兴的重任寄托于解放劳苦大众的思想之上，实现了马克思主义理论与工农运动的结合，走出了一条农村包围城市，最后夺取革命胜利的道路，这是一条以马克思主义理论为指导的"文化救国"道路。中华人民共和国成立以来，每一代国家领导集体都在本阶段国家发展战略的框架下制定了相应的文化发展战略，为经济建设及其他领域的建设提供坚实的软实力支撑。概括来讲，可以分为三个阶段：文化强国战略的奠基阶段（1949—1976 年）、文化强国战略的形成阶段（1978—2012 年）、文化强国战略的提升阶段（2012 年至今）。

一、文化强国战略的奠基阶段

早在 1940 年 1 月 9 日，毛泽东在陕甘宁边区文化协会第一次代表大会上的讲演中独具匠心地提出了建设"民族的、科学的、大众的文化"的文化目标，"我们共产党人，多年以来，不但为中国的政治革命和经济革命而奋斗，而且为中国的文化革命而奋斗；一切这些的目的，在于建设一个中华民族的新社会和新国家。在这个新社会和新国家中，不但有新政治、新经济，而且有新文化。这就是说，我们不但要把一个政治上受压迫、经济上受剥削的中国，变为一个政治上自由和经济上繁荣的中国，而且要把一个被旧文化统治因而愚昧落后的中国，变为一个被新文化统治因而文明先进的中国"。❶ 毛泽东还运用唯物辩证法提出了具体的建设路径，即建设新民主主义的民族的、科学的、大众的文化。建设"民族的"文化不仅是继承我们自己的优秀传统文化，还要"大量吸收外国的进步文化，作为自己文化食粮的原料"，但是"必须经过自己的口腔咀嚼和胃肠运动，送进唾液胃液肠液，把它分解为精华和糟粕两部分，然后排泄其糟粕，吸收其精华，才能对我们的身体有益，决不能生吞活剥地毫无批判地吸收"，要通过这种方式把外国的先进文化变成我们民族文化的一部分。建设"科学的"文化就是要"尊重自己的历史，决不能割断历史"，"将古代封建统治阶级的一切腐朽的东西和古代优秀的人民文化"区别开来，"决不能无批判地兼收并蓄"。建设"大众的"文化是指文化"应为全民族中百分之九十以上的工农劳苦民众服务，并逐渐成为他们的文化"。

1949 年 10 月 1 日，以毛泽东同志为核心的党的第一代中央领导集体带领全国人民取得了新民主主义革命的伟大胜利，建立了中华人民共和国，中国人民终于当家做主，在党中央的领导下开始建设自己的新家园。从此，百废待兴的新中国在政治、经济、文化等各个方面都开始了新的建设。

为了促进社会主义文化繁荣，推动社会主义精神文明建设，1956 年，毛泽东提出了"百花齐放，百家争鸣"的文化发展方针，并把这一方针写入党的八大文件。"百花齐放、百家争鸣"的方针是对马克思主义文化学说的一个重大突破，是对文化发展的特殊规律的认识与运用，充分体现了毛泽东对文化的态度与信心，是辩证法与矛盾论在文化领域的现实应用。"双百"方针不仅是文化艺术发展的好方法，而且推而广之，成为其他领域的工作方法，对我国科学文化事业和其他各项事业的发展，都具有重大的理论意义和实践意义。"双百"方针极大地解除了人民的思想禁锢，有助于人们大胆表达自己的思想，敢于讲真话、讲实话，在实践中认识与纠正错误，对于不同见解不是压制而是以理服人、集思广益，依靠群众的力量与智慧进行社会主义建设。这既是正确对待文化发展的基本态度，也是解决问题与矛盾的正确方法。科学发展史表明，科学发现在初期常常不被认可，甚至被当作歪理邪说，哥白尼的太阳中心说、达尔文的进化论就是很好的例证。如果

---

❶ 毛泽东选集：第二卷［M］. 北京：人民出版社，1991：663.

没有对"地心说"的怀疑，就没有"日心说"的哥白尼革命；如果没有达尔文的生物进化论，就不可能破除"上帝造人"的宗教神学。遗憾的是，受社会政治大环境的影响，"双百"方针并没有得到很好地贯彻执行，在1957年反右斗争扩大化中受到严重干扰，在"文化大革命"中更是名存实亡。1957年3月，毛泽东就坦承："我们主张百花齐放，有的人很怕百花，现在百花齐放的环境还没有造成"，❶"是百花想放而不敢放，是百家想鸣不敢鸣"。❷

1957年2月，毛泽东在《关于正确处理人民内部矛盾的问题》一文中指出："将我国建设成为一个具有现代工业、现代农业和现代科学文化的社会主义国家。"❸ 在1964年召开的第三届全国人民代表大会第一次会议上，"科学文化现代化"被"科学技术现代化"代替，但这不是说党对文化不重视了，而是因为严峻的意识形态领域的斗争越来越激烈，文化的地位与功能放在一个更加突出的重要位置。"文化大革命"的初衷就是想让社会主义的新文化牢牢把控意识形态领域，在全国上下通过文化建设为其他领域的发展创造一个更好的社会环境。

正如在1942年5月23日召开的延安文艺座谈会上，毛泽东明确指出，"一切文化或文学艺术都是属于一定的阶级，属于一定的政治路线的"。❹ 超阶级的文化或艺术是不存在的，所以，在新中国成立后的二三十年间，在中国仍处在严峻的国内阶级斗争与国外敌我斗争的环境之中，仍处在保卫红色政权与稳固国家政权的环境之中，以毛泽东为核心的第一代党中央所制定的国家文化发展战略带有浓厚的政治和意识形态色彩，这是由国内、国际两个大环境所决定的。

总之，改革开放前的社会主义文化建设思想是毛泽东思想的重要组成部分，是对马克思主义文化理论的继承和发展，是马克思主义文化理论与中国社会实践相结合的产物，是中国特色社会主义文化建设理论的直接理论来源，为坚定中国社会主义文化发展方向，为后来有中国特色社会主义文化建设奠定了坚实的基础。

---

❶ 毛泽东文集：第七卷 [M]. 北京：人民出版社，1999：250.
❷ 毛泽东文集：第七卷 [M]. 北京：人民出版社，1999：253，
❸ 毛泽东文集：第七卷 [M]. 北京：人民出版社，1999：207.
❹ 毛泽东选集：第三卷 [M]. 北京：人民出版社，1991：865.

二、文化强国战略的形成阶段

党的十一届三中全会以后，以邓小平同志为核心的党的第二代中央领导集体明确对国家战略进行了调整，转到"以经济建设为中心"的战略上来，开启了改革开放的伟大历程。在文化战略方面，创造性地提出了建设社会主义精神文明和"文艺为人民服务，为社会主义服务"的"二为"方向，中国文化战略进入淡化政治色彩的转型期。

邓小平同志认为，"社会主义制度的优越性表现在它的文化、科学技术水平应该比资本主义发展得更快、更先进，这才称得起社会主义，称得起先进的社会制度"❶。邓小平多次强调精神文明建设的重要性和必要性，"没有这种精神文明，没有共产主义理想，没有共产主义道德，怎么能建设社会主义？党和政府愈是实行各项经济改革和对外开放的政策，党员尤其是党的高级负责干部，就愈要高度重视、愈要身体力行共产主义思想和共产主义道德"❷。"随着经济的发展，如果不注意精神文明建设，就有很大的危险。"❸ "不加强精神文明的建设，物质文明的建设也要受破坏，走弯路。"❹ 因此，1979年10月，在刚刚进入社会主义现代化建设初期，党中央把社会主义精神文明建设放在与物质文明建设的同等地位上，不仅要有高度的物质文明，还要有高度的精神文明，"两手都要抓，两手都要硬"。党中央在全力以赴抓经济建设的同时，不断提高全民族的科学文化水平，发展高尚的丰富多彩的文化生活。

邓小平多次重申"双百"方针的文化发展方向，主张"思想理论问题的研究和讨论，一定要坚决执行百花齐放、百家争鸣的方针，一定要坚决执行不抓辫子、不戴帽子、不打棍子的'三不主义'的方针，一定要坚决执行解放思想、破除迷信、一切从实际出发的方针"❺。坚持用唯物辩证法看待"双百"方针，坚持以批评和自我批评的态度贯彻"双百"方针，劝诫人们不要把批评看成"打棍子"，真正创造一个文化与文艺事业争奇斗艳、

---

❶ 邓小平年谱（上）[M]. 北京：中央文献出版社，2007：200.
❷ 邓小平文选：第二卷 [M]. 北京：人民出版社，1994：367.
❸ 邓小平年谱（下）[M]. 北京：中央文献出版社，2007：813.
❹ 邓小平文选：第三卷 [M]. 北京：人民出版社，1994：144.
❺ 邓小平文选：第二卷 [M]. 北京：人民出版社，1994：183.

蓬勃发展的社会大环境。

为了促进文化事业的发展，邓小平非常重视文化人才的培养，他指出，不仅要从思想上重视，还要从工作制度上营造有利于杰出人才涌现和成长的必要条件与环境，对文艺创作中出现的不准确的方面要做出批评，提出改正，但一律不要围攻，不要无限上纲上线，要培养文化人才勇于探索的精神，鼓励他们勇攀高峰，成为名副其实的人类灵魂工程师。

东欧剧变和苏联解体之后，国际形势发生了翻天覆地的变化，世界社会主义阵营发生巨大分裂，社会主义事业遭遇严重挫折，各种社会思潮风起云涌、相互激荡。在此复杂的新的背景下，以江泽民同志为核心的党的第三代中央领导集体在邓小平"三步走"战略的基础上，提出了"两个百年"奋斗目标，制定了新的"三步走"战略。在文化建设方面，提出了"建设有中国特色社会主义文化"的概念和文化是综合国力的重要标志及党要代表中国先进文化的前进方向等论断，把文化事业的发展推向了一个新高度。

江泽民高度重视文化在国家和民族发展中的地位和作用，认为文化与政治、经济相互交融，共同熔铸在民族的生命力、创造力和凝聚力之中，没有强大的文化，就没有强大的民族生命力、创造力和凝聚力。"一个民族、一个国家，如果没有自己的精神支柱，就等于没有灵魂，就会失去凝聚力和生命力。"❶ 因此，强调社会主义建设不仅是创造出高度的物质文明，更要创造出高度的精神文明，用高度的精神文明武装我们的民族。

1997年，江泽民在党的十五大报告中指出："建设有中国特色社会主义的文化，就是以马克思主义为指导，以培育有理想、有道德、有文化、有纪律的公民为目标，发展面向现代化、面向世界、面向未来的，民族的科学的大众的社会主义文化。"❷ 2002年，党的十六大报告又指出，"在本世纪头二十年，集中力量，全面建设惠及十几亿人口的更高水平的小康社会，使经济更加发展、民主更加健全、科教更加进步、文化更加繁荣、社会更加和谐、人民生活更加殷实。……到本世纪中叶基本实现现代化，把我国建设成富强民主文明的社会主义国家。"❸ "牢牢把握中国先进文化的发展趋势和要

❶ 中共中央文献研究室. 十五大以来重要文献选编（上）[M]. 北京：人民出版社，2000：549.

❷ 江泽民文选：第二卷 [M]. 北京：人民出版社，2006：17-18.

❸ 江泽民文选：第三卷 [M]. 北京：人民出版社，2006：543.

求，坚持以马克思列宁主义、毛泽东思想、邓小平理论为指导，立足于建设有中国特色社会主义的实践，着眼于世界科学文化发展的前沿，不断发展健康向上、丰富多彩的、具有中国风格、中国特色的社会主义文化，满足人民群众日益增长的精神文化需求，引导广大人民群众从思想上精神上正确武装和不断提高起来。"❶ 可见，党的第三代领导集体不仅继承了第一代、第二代领导集体的文化建设路线与目标，而且在新的历史条件下，在国家政权稳固和改革开放取得很大进展的前提下，对文化建设路线与目标又进行了科学的调整和更高的定位。

为了实现社会主义文化建设的目标，党的第三代领导集体非常重视文化建设的规划与管理，重视文化产业在文化建设中的重要地位与作用。江泽民指出："繁荣宣传文化事业，建设社会主义精神文明，要制定发展规划……在已有的基础上，经过深入调查研究，争取用两三年时间，提出精神文明建设的总体规划、阶段性目标和具体措施。"❷ "加强和改善管理是发展宣传文化事业、繁荣文化市场的有力保证。"❸ 党中央对文化建设既重视宏观指导又重视微观管理，标志着文化建设取得了巨大成就和进步，进入更微观具体的层面。2000 年 10 月，党的十五届五中全会通过了《中共中央关于制定国民经济和社会发展第十个五年计划的建议》，其中提出："继续实行支持文化事业发展的有关政策，增加对重要新闻媒体和公益文化事业的投入。加强文物保护工作。完善文化产业政策，加强文化市场建设和管理，推动有关文化产业发展。"❹ 这是第一次在中央文件中承认"文化"还可以成为"产业"的论述，也是第一次将文化划分为"文化事业"和"文化产业"，标志着对文化功能认识的进一步深化。文化产业是继农业、工业之后的又一个行业，文化不仅是精神文明建设的内容，也是物质文明建设的载体，文化不仅是民族的精神食粮，也是经济食粮。对文化功能的重新界定对于进一步发挥文化的潜在功能有着划时代的意义，文化的发展从此有了坚实的物质基础与动力。

2002 年 11 月，江泽民在党的十六大报告中又进一步指出："当今世界，

---

❶ 江泽民文选：第三卷 [M]．北京：人民出版社，2006：276-277.

❷ 江泽民．论党的建设 [M]．北京：中央文献出版社，2001：13.

❸ 江泽民．论党的建设 [M]．北京：中央文献出版社，2001：136.

❹ 中共中央关于制定国民经济和社会发展第十个五年计划的建议 [J]．理论与当代，2000（11）.

文化与经济和政治相互交融，在综合国力中的地位和作用越来越突出。文化的力量，深深地熔铸在民族的生命力、创造力和凝聚力之中。"❶ 为此，"积极发展文化事业和文化产业。……完善文化产业政策，支持文化产业发展，增强我国文化产业的整体实力和竞争力。……继续深化文化体制改革。……把深化体制改革同调整结构和促进发展结合起来，理顺政府和文化企事业单位的关系，加强文化法制建设，加强宏观管理，深化文化企事业单位内部改革，逐步建立有利于调动文化工作者积极性，推动文化创新，多出精品、多出人才的文化管理体制和运行机制。"❷ 提倡通过发展文化产业的途径壮大文化实力，突破了以往文化发展的单项驱动，使文化发展获得了丰富的肥沃土壤。在市场经济体制下，文化产业化的运作与管理机制必然会吸引更多的社会主体和社会力量参与，源源不断地为文化发展提供能量与动力。

党的十六大以来，国内状况和国际局势都发生了深刻变化，面对前所未有的机遇与挑战，以胡锦涛为代表的党中央高度重视文化对于国家与社会发展的重要作用，深刻认识到文化是国家的灵魂和血脉，是民族凝聚力和创造力的重要源泉，是综合国力竞争的重要因素，是经济发展的重要支撑。从十六大做出深化文化体制改革、发展文化事业与文化产业的战略部署，到2010年7月23日胡锦涛在中央政治局第二十二次集体学习时提出"顺应时代要求深化文化体制改革，推动社会主义文化大发展大繁荣"，我国的文化体制改革经历了一场场波澜壮阔的深刻变革，这些变革转变了文化发展方式，激发了全民族文化创造活力，解放和发展了文化生产力，在全社会掀起了社会主义文化建设新高潮，使文化产业成为战略性新兴产业，在提高国家文化软实力的同时，推动了社会主义文化大发展大繁荣，为建设社会主义文化强国奠定了坚实的基础。

三、文化强国战略的提升阶段

党的十八大以来，中国改革进入深水区，更多、更难的挑战与困难摆在我们面前。以习近平同志为核心的党中央领导集体高屋建瓴，审时度势，重视国家战略的谋划与布局，力争主动，占领制高点。习近平指出："战略问

---

❶ 江泽民文选：第三卷［M］. 北京：人民出版社，2006：558.
❷ 江泽民文选：第三卷［M］. 北京：人民出版社，2006：561-562.

题是一个政党、一个国家的根本性问题。战略上判断得准确，战略上谋划得科学，战略上赢得主动，党和人民事业就大有希望。"❶

2013 年 12 月 30 日，习近平在中共中央政治局第十二次集体学习时强调，提高国家文化软实力，关系"两个一百年"奋斗目标和中华民族伟大复兴中国梦的实现。要弘扬社会主义先进文化，深化文化体制改革，推动社会主义文化大发展大繁荣，增强全民族文化创造活力，推动文化事业全面繁荣、文化产业快速发展，不断丰富人民精神世界、增强人民精神力量，不断增强文化整体实力和竞争力，朝着建设社会主义文化强国的目标不断前进。❷ 这是以习近平为核心的党中央领导集体对文化力的深刻认识与号召。文化力与政治力、经济力相互渗透、相互影响，提高文化力就是提高政治力、经济力，建设社会主义文化强国就是建设社会主义的根基，就是提高社会主义建设的核心动力，这关系到实现"两个一百年"奋斗目标和中华民族伟大复兴中国梦的原动力和根本保证。

只有建设社会主义文化强国，才能培育和践行社会主义核心价值体系，以高尚的理想信念和思想道德塑造人，在全社会大力弘扬民族精神和时代精神，形成优良的传统美德和社会风气，才能实现政治清明、经济发展、文化繁荣、社会稳定与人民团结，才能塑造良好的国际形象，提高国际话语权，增强作为中国人的骨气和底气。

为了提高文化软实力，必须扫清文化发展道路上的种种障碍，僵化的文化管理体制就是多年来制约文化发展的一个拦路虎。为此，党的十八届三中全会对进一步深化文化体制改革进行了部署，提出"坚持以人民为中心的工作导向，坚持把社会效益放在首位、社会效益和经济效益相统一，以激发全民族文化创造力为中心环节，进一步深化文化体制改革"。❸ 这一决策大大解放了文化生产力，文化产业特别是文化创意产业实现了前所未有的突破，文化产业产值逐步提高。数据显示，截至 2018 年，全国文化产业增加

---

❶ 习近平. 在纪念邓小平同志诞辰 110 周年座谈会上的讲话 [N]. 人民日报，2014-08-21.

❷ 习近平：建设社会主义文化强国　着力提高国家文化软实力 [EB/OL]. (2013-12-31) [2021-05-21]. http://www.xinhuanet.com/politics/2013-12/31/c_118788013.htm? rsv_upd=1.

❸ 中共中央关于全面深化改革若干重大问题的决定 [N]. 人民日报，2013-11-16.

值以及占 GDP 比重逐年提高, 取得了显著成就。❶ 具体来说, 表现在以下四个方面。

1. 文化事业繁荣兴盛, 服务体系日趋完善

(1) 文化投入力度明显加大。国家财政对文化建设的支持从 1978 年的 4.44 亿元, 到 2018 年达 928.33 亿元, 文化事业经费年均增长 14.3%。(2) 文化服务设施不断完善。截至 2018 年年底, 全国共有公共图书馆 3176 个, 为 1978 年的 2.6 倍; 博物馆 4918 个, 为 1978 年的 14.1 倍。从 2008 年起, 全国文化、文物系统博物馆、纪念馆开始向社会免费开放, 为丰富群众文化活动提供了有力支撑。(3) 广播影视制播能力显著增强。截至 2018 年年底, 全国共有各级广播电台播出机构 2647 个, 全国广播、电视节目综合人口覆盖率分别达到 98.94% 和 99.25%, 广播、电视节目播出时间大幅增加, 艺术精品纷呈, 品牌优势凸显, 节目形态、样式日益丰富, 较好地满足了受众对节目形态多样化的需求。(4) 新闻出版繁荣发展, 出版了大批优秀出版物, 较好地满足了人民群众日益增长的多方面、多层次的精神文化需要。(5) 文化遗产保护成效突出。截至 2018 年年底, 全国共有文物业机构数 10160 个, 从业人员 16.3 万人。共有国家级非遗项目保护单位 3154 家, 入选联合国教科文组织人类非物质文化遗产代表作名录的项目总数达 40 个, 中国是目前拥有世界非物质文化遗产数量最多的国家。

2. 文化产业快速发展, 新业态迅速兴起

(1) 文化经济总量明显增加。截至 2018 年, 我国文化产业实现增加值 38737 亿元, 比 2004 年增长 10.3 倍; 文化产业增加值占 GDP 比重由 2004 年的 2.15% 提高到 2018 年的 4.30%。(2) 文化市场繁荣发展。截至 2018 年年底, 全国共有各类艺术表演团体 17123 个, 艺术表演场馆 1236 个。全国艺术表演团体从业人员 41.6 万人、演出 312 万场次、全年演出收入 152.3 亿元。全国电影票房收入 609.8 亿元, 比 2012 年增长 1.9 倍; 电影院线拥有银幕 60079 块, 银幕总数跃居世界第一。(3) 文化新业态发展势头强劲。文化产品和服务的生产、传播、消费的数字化、网络化进程加快, 数字内容、动漫游戏、视频直播、视听载体、手机出版等基于互联网和移动客户端的新兴文化业态成为文化产业发展的新动能和新增长点。(4) 文化产业集

---

❶ 2018 年我国文化产业增加值占 GDP 比重升至 4.3% [EB/OL]. (2019-07-25) [2020-10-15]. http: //www.sohu.com/a/329208665_ 393779.

群趋势明显。随着文化体制改革的不断深入，我国文化产业集群化发展特征日渐明显，许多有竞争力和实力的文化骨干企业数量大幅增加，文化产业园区和基地规划建设稳步推进。

3. 文化投资主体日趋多元，文化消费水平不断升级

（1）文化投资快速增长。截至 2017 年，我国文化产业固定资产投资额（不含农户）为 3.8 万亿元，2013—2017 年年均增长 19.6%，高于同期全社会固定资产投资额年均增速 8.3 个百分点；文化产业固定资产投资占全社会固定资产投资的比重为 6.0%，比 2012 年提高 1.8 个百分点。（2）文化消费稳步提高。截至 2018 年，全国居民用于文化娱乐的人均消费支出为 827 元，比 2013 年增长 43.4%，2014—2018 年年均增长 7.5%，文化娱乐支出占全部消费支出的比重为 4.2%。

4. 文化"走出去"新格局逐渐形成，国家文化软实力大幅提升

（1）文化贸易快速增长。一是文化产品的进出口总额稳步扩大。截至 2018 年，我国文化产品进出口总额为 1023.8 亿美元，为 2005 年的 5.5 倍，比 2012 年增长 15.4%。二是文化贸易伙伴呈现多元化格局。截至 2018 年，我国对"一带一路"沿线国家和地区的文化产品出口为 162.8 亿美元，而 2008 年仅为 55.4 亿美元。（2）文化对外投资有序推进。截至 2018 年，我国文化、体育和娱乐业对外投资额为 16.9 亿美元，分别为 2008 年和 2012 年的 84.5 倍和 8.5 倍，占我国对外直接投资额的比重为 1.3%。

展望未来，在习近平总书记"文化强国"战略的指引下，我国文化建设将呈现出高质量、快发展的新局面，将会极大地增强人民群众的文化获得感和幸福感，进一步激发中华民族的创造力与凝聚力，快速提升中国文化软实力与国际话语权。

第四章 "文化强国"核心要素的构建

本书第一章已经对"文化强国"的核心要素——文化力进行了阐释，但是，文化力的五个要素（凝聚力、生产力、竞争力、扬弃力以及传播力）是不可能自然形成的，而是需要精心培育、倾力构建的，而且文化力培育也非一日之功，需要全国上下齐心合力才能久久为功。党的十六大报告明确指出："当今世界，文化与经济和政治相互交融，在综合国力中的地位和作用越来越突出。文化的力量，深深熔铸在民族的生命力、创造力和凝聚力之中。"这是中国共产党人站在时代的高度对文化地位和作用做出的新判断和得出的新认识，文化力不仅是增强综合国力的重要力量，也是民族生存、发展与繁荣的力量之源。

一、增强文化凝聚力

作为一个民族长期积淀的精神财富，文化深深地熔铸在民族的灵魂与血脉之中，成为凝聚该民族向心力的精神纽带，在维护民族团结、社会稳定方面起着无可替代的重要作用。在民族内部，每个个体的需求存在差异，甚至有明显的矛盾和冲突，文化在协调这些矛盾和冲突的过程中，常常起到意想不到的作用，能够如春风化雨、润物无声般地化解这些矛盾和冲突。所以，文化是凝聚民族的核心力量，缺乏文化凝聚力就不会形成强大的民族凝聚力，最终，该民族就会四分五裂，融入其他民族。因此，一个民族要想繁荣富强，屹立于世界民族之林，就必须首先要有强大凝聚力的文化。

文化凝聚力的"力"表现为吸引力、向心力和号召力。这种"力"是一种复杂的软实力，可大可小，可强可弱，需要构建、加深和磨砺。如果这种"力"能够唤起大众的民族归属感，激励他们为民族振兴而奋斗拼搏的决心和意志，就能激起民族大众的创新热情与创造力，在强大的民族自尊心和自信心的鼓舞下，朝着民族既定的发展目标前进，所以说，文化凝聚力是一种精神力量。中华民族历经几千年的风风雨雨，虽饱经磨难、历尽沧桑，仍生生不息、奋斗不止，傲然屹立于世界民族之林。究其原因，最重要的就是，每当中华民族危难之际，文化凝聚力能够把中华各民族凝聚在一起，筑成坚不可摧的钢铁长城，御敌于国门之外；而当和平建设时期，文化凝聚力就会化成一股团结向上的力量，召唤着华夏儿女焕发大干事业的激情和热情，激励着人们勇往直前，为实现理想目标奋斗不止。

如何构建文化凝聚力呢？

第一，要有文化自信。中国文化在某些方面存在消极性或有糟粕的成分，这是客观存在的事实，也是任何事物发展过程中的必然，但这也正是文化建设的意义所在，当今文化建设可以在"双百"方针、"二为"方向的前提下，推动中华传统文化的创造性转化与创新性发展，实现传统文化的现代化转化与发展，以满足人民群众对文化需求的要求，况且，中国传统文化中具有积极性的、发挥正能量作用的文化元素还是占据主流的，有些只是没有与新时代的内容结合起来，缺少现代化的表达方式而已，但其内含的精华依然是中华民族发展中的精神瑰宝。历史上，中国文化蕴含的精神财富曾经被很多国家学习、借鉴和效仿，为世界文明的构建与发展进程作出不可磨灭的贡献，中华民族一直对此感到无比自豪和骄傲。比如，在对待人与自然的关系上，"人法地，地法天，天法道，道法自然"的"天人合一"思想，以及衍生出来的"天时、地利、人和"思想；在人与人关系上的"仁爱"思想，"大道之行也，天下为公。选贤与能，讲信修睦，故人不独亲其亲，不独子其子，使老有所终，壮有所用，幼有所长，矜寡孤独废疾者，皆有所养"的大同思想，以及"善者，吾善之；不善者，吾亦善之"的"德善"思想；在人与自身关系上的"慎独"以及"无恻隐之心，非人也；无羞恶之心，非人也；无辞让之心，非人也；无是非之心，非人也"的人格修养思想，这些中国文化独特的精神气质都是历史、当今乃至将来人之为人的立身、立世的精神滋养。

当然，文化自信不等于文化自傲，我们要充分认识到传统文化中的糟粕成分。比如，虽然注重天人合一，但它也过分强调顺天而为，恰如庄子教导人们"知其不可奈何而安之若命，德之至也"。还有"三纲"与"三从"都误导人们寻求"从命不忿"的顺从心态。此外，中国传统文化推崇的整体主义，并不是人人自由、人人平等的整体主义，而是一种等级式整体主义，这种保守消极的价值观自然不能演绎出一套认识自然与改造自然的科学体系，在"科学技术是第一生产力"的工业化时代，中国落后于崇尚实证主义的欧洲是必然的趋势。

因此,我们既要树立正确的文化观,也要树立正确的文化自信观。也就是说,任何文化都是由复杂的元素构成的,是一定历史阶段、一定民族、一定阶级的产物,都同时包含着合理性和不合理性,我们都要批判地继承与扬弃,要想在世界文化之林中脱颖而出,就要以海纳百川的胸怀,抛弃盲目自信和偏见,在充分吸收和积极创新世界上一切文化的先进成分的同时,努力克服一切文化中的糟粕元素,以壮士断腕的气魄勇于改正,不断吐故纳新,这样才能永葆活力,繁荣昌盛。同时,不要对文化的含义进行片面的甚至错误的解读和运用,比如,富含辩证法思想的"中庸"思想就曾被部分人误解为"不温不火"的求稳思想,从而成为不思进取、过犹不及的挡箭牌。

第二,加强爱国主义教育,培养爱国主义情怀。爱国主义是几千年来形成的对祖国的一种最深厚的感情,正如儿女对父母的感情,所以,热爱祖国是中华儿女对国家的一种自然而然的朴素情怀,正是这种感情,千百年来,每当国家在遭遇危机之际,无数英雄儿女前赴后继,抛头颅,洒热血,牺牲生命在所不辞。在今天的国际大舞台中,虽然各个国家的交往日益密切,跨国公司遍布全球各个领域、各个角落,形成了一个全球命运共同体。但是,在各种经济、政治利益及其他因素的干扰下,国家之间仍存在利益分歧与矛盾,甚至军事冲突。所以,国家依然是民族成员最安全的庇护所,是维护民族成员利益的最坚实靠山。

从外在因素来看,加强爱国主义教育,增强文化凝聚力还是应对国际复杂局势和敌对势力的必然选择。当今世界局势总体向好,人们向往和平的愿望一如既往,但是,以美国为首的霸权主义依然存在,美国凭借其强大的经济和军事实力,肆意践踏、干涉他国的主权和内政,以谋取主宰世界(或地区)事务的主导权,同时,凭借其强大的网络媒体资源,肆意歪曲事实,妖魔化中国的现象时常发生,频繁利用民族、宗教问题挑起事端,实施分裂我国的图谋与行径。因此,必须加强爱国主义教育,增强对祖国、对人民的深厚感情,从而自觉抵制不良思想的侵蚀。爱国主义教育要从孩子抓起,以文化为引领,以活动为载体,在家庭、学校与社会中形成一个浓厚的爱国、护国的氛围,从小就培养起正确的理想信念、人生观与价值观,树立为实现中华民族的伟大复兴而奋斗的人生目标,自觉抵制一切分裂、破坏国家的企图与行为,坚定维护祖国的安全、稳定和团结。

第三,在全社会培育共同的理想、信念和民族精神,共筑中华民族的精神家园。共同的理想和信念可以塑造强大的文化凝聚力，文化凝聚力所包含的吸引力、向心力与号召力反过来又可以塑造、培育共同的理想和信念，形成共同的民族精神。有了共同的理想、信念和民族精神，就能够团结广大民众朝着既定的目标前进，同心协力，战胜各种艰难险阻和国内外各种挑战。中华民族在长期的历史发展中，正是通过共同的理想、信念和民族精神塑造了勤劳、勇敢、开拓、进取、智慧、厚德的民族文化与精神，形成了强大的民族生命力、凝聚力、创造力和竞争力。

任何文化既是民族的，又是时代的，文化滋养下的民族精神和理想也具有民族性和时代性。因此，无论是考察一个民族的精神还是理想，都要从时代的角度去审视，同样，从时代的立场出发，塑造和构建民族精神和理想才具有现实意义。

伟大的事业需要伟大的精神作为支撑和推动力。面对日新月异、危机四伏的世界，如果一个国家、一个民族没有精神支柱，就会缺乏凝聚力和竞争力，就会成为一盘散沙，走向四分五裂。近代以来，由于政治腐败、军事落后，中华民族屡遭劫难，受尽凌辱，但是中华民族没有逆来顺受、自暴自弃，而是奋起抗争、团结御敌，最终将侵略者驱逐于国门之外。在中国共产党的领导下，1949 年 10 月 1 日，百折不挠、顽强不屈的中华民族最终取得了新民主主义革命的胜利，建立了人民当家做主的新中国，最重要原因就是民族精神内含的凝聚力把中华民族紧紧地凝聚在一起，包括海外华人华侨，形成了坚不可摧的钢铁长城。

心灵的沃土需要开垦、浇灌和滋养，精神家园同样需要构建、维护和巩固，真正有生命力的精神家园一定是有凝聚力与竞争力的安身立命之所，但人类精神家园并非一蹴而就的坚固堡垒，而是伴随人类发展始终的不断更新的心灵共同体。精神家园本质上是一个价值观念体系，这个体系的核心是由该共同体的主体价值观念决定的，并在长期的生存实践中逐步完善的，在一定时期内这个体系呈现出一种稳固的状态，但在社会结构动荡或重构时，则会呈现出很大的变化，特别是在外来观念的严重冲击下，原有的价值观体系甚至有被颠覆的可能。所以，构筑、滋养、守护一个民族的精神家园是该民族共同体首先捍卫的民族财富。

那么，如何实现这一目标呢？目标的实现不仅是一个理论问题，更是一个实践问题，只有在社会实践的过程中才能完成。虽然人类精神是抽象的，但它存在于人类具体的生活与实践中，甚至体现在一件件具体的事例中。因此，一个民族的精神家园需要在社会实践的浪潮中不断构筑、巩固与完善。构筑、巩固与完善可以在和平的凯歌中进行，也可能在阵痛甚至牺牲中完成。中华民族的社会主义核心价值体系这个家园是无数中华英雄儿女抛头颅洒热血，前赴后继用鲜血和生命构筑而成的。

来之不易的民族精神家园需要每一位民族成员珍惜和养护，培育和弘扬民族精神是每一位民族成员义不容辞的责任。为了实现这一目标，我们首先要坚持传统性与时代性相结合的原则。水有源，树有根，民族精神自然不是空穴来风。培育和弘扬民族精神必须立足于既有的民族精神，遵循"吸取精华，弃其糟粕"的原则，根据时代的要求加以丰富完善，以适应并服务于民族发展壮大的时代需要。其次，要坚持实事求是的原则。民族精神虽是抽象的价值观范畴，但不是虚无缥缈的空中楼阁，是社会各阶层、各群体实实在在的心灵诉求，是多元化的真实的利益诉求，在现实层面要落实到具体的生活与社会活动中。再次，要坚持海纳百川、中外融通的原则。中华民族是世界民族之林中一颗璀璨的明星，但众星闪烁，方能照耀浩瀚星空。中华民族精神要想"秀"于民族之林，必须要拥有海纳百川的胸怀，兼容世界一切文化中的优秀元素，融会贯通，吸收为自己的一部分，而且尊重、欣赏其他民族的文化及精神这也是一种美德，尺有所短寸有所长，只有以宽容、谦虚的心态看待异己，才能更好地看清、认识自己，而且一个民族的强大是离不开其他民族的，何况强大也不是永恒的。

第四，在当今时代，培育和践行社会主义核心价值观是民族凝魂聚气的根本途径。进入 21 世纪，国内、国际形势发生了深刻而复杂的变化，发展的历史机遇与严峻挑战依然是中国面临的双重问题。实践和经验证明，只有积极培育和践行社会主义核心价值观，才能更好地构筑中国精神、中国价值和中国力量，维护国家意识形态安全，抵御西方文化思想的渗透，解决核心价值观失范问题，为新时代坚持和发展中国特色社会主义、实现中华民族伟大复兴中国梦提供强大的精神动力和持续的道德滋养。

党的十八大以来，以习近平同志为核心的党中央把社会主义核心价值观建设作为强国固本的战略工程，摆在党和国家全局工作的突出位置，始终强调"一个国家、一个民族最持久、最深层的力量是全社会共同认可的核心价值观，如果没有共同的核心价值观，一个民族、一个国家就会魂无定所、行无依归"❶，社会主义核心价值观建设必将为社会主义强国提供精神支撑与动力之源。

当然，任何思想文化的产生，都有其特定的历史渊源。当代中国社会主义核心价值观就是对中国优秀传统文化的继承与创新，同样也是对空想社会主义与资本主义核心价值观的借鉴与超越。它是中国文化和世界文化相结合的产物，是历史继承和现代精神的统一体，是理论创新与实践探索的辩证统一。社会主义核心价值观既有深厚的传统底蕴，又有鲜明的时代特征，培育与践行社会主义核心价值观就是在传统中继承与创新，在现代中批判与超越。

因此，我们在培育和践行社会主义核心价值观的过程中，不仅要有中国特色，还要有世界眼光，以辩证的科学态度、开放的胸襟对待资本主义核心价值观。既要对其合理性、进步性、积极性的一面进行肯定与借鉴，又要对其局限性、虚伪性、反动性的一面进行彻底批判，敢于突破和超越。

事实上，价值观既是一个历久弥新的理论问题，更是一个实践问题。社会主义核心价值观必须在现实生活的实践中培育与践行，才能具有真实意义，否则只能是理想式的空中楼阁。首先要在现实生活中培育人的道德情怀与价值，消除现实文化中存在的对社会主义核心价值观的排斥和消解。国无德不兴，人无德不立。社会道德建设不仅要扬善，更要抑恶，要坚持扬善与抑恶并举，对社会腐败、欺诈、造假等道德缺失者既要给予刚性的"直接责罚"，也要让其承担道德舆论的"间接责罚"，形成经济、法律与道德的多重监管和惩戒机制，坚决铲除其滋生的土壤。古往今来，曾涌现出无数德高望重的仁人志士，他们都是培育人的道德情怀与价值的楷模。

社会主义核心价值观既表现为观念形态，更体现为现实形态，体现在社会主义实践和人们的社会生活、社会交往之中，所以，培育社会主义核心价值观，必须实现核心价值观从观念形态向现实形态的转化，使之真正成为社会和个人的价值追求、价值标准和社会实践，唯有如此，核心价值观才能落地生根，转化为公民意识与实践，立足于现实社会和人民生活之中。

培育社会主义核心价值观的实践还要立足于学生群体，将其融入国民教育的全过程，建立健全学校、家庭与社会三结合的立体网络，形成育人之合

---

❶ 中共中央文献研究室．十八大以来重要文献选编：中［M］．北京：中央文献出版社，2016：133.

力。学生是国家和民族的未来和希望，是国家未来建设和发展的栋梁，是社会主义事业的建设者和接班人。学生的价值观如何，不仅在很大程度上影响未来我国社会的主流价值观，而且在很大程度上决定着我国未来的前途和命运。谁赢得学生，谁就赢得未来。因此，要把社会主义核心价值观融入学生思想政治教育，用其武装学生头脑。

总之，培育和践行社会主义核心价值观是一项艰巨的社会系统工程，在当前复杂的国际国内背景下更具有长期性、艰巨性与复杂性的特点，需要经历一个长期的建设过程，不可能毕其功于一役。作为培育社会主义核心价值观的领导力量，中国共产党必须承担起这一重要责任，充分发挥新闻媒体、网络媒体与精神文化产品的渗透与辐射功能，将其落实到经济发展与社会治理的实践中，营造良好的社会氛围，推动人人参与、人人践行社会主义核心价值观的实践活动，使其转化为社会群体意识与人们的日常行为准则。

二、提高文化生产力

随着人们对文化功能认识的逐渐深入，文化被分为两个领域：文化事业与文化产业。通常，区分两者的主要根据是其所提供的产品或者服务是否以商品的形式在市场上得到充分的经济回报，也就是说，其经营活动是以公益为目的还是以营利为目的。以公益为主要目的的属于文化事业，以营利为主要目的的则属于文化产业。

具体来说，两者的区别主要体现在以下四个方面。

（1）性质不同。文化事业具有公益性特征，不以营利为目的；文化产业则具有商品性特征，以营利为目的。

（2）目标不同。文化事业的主要目的是提供公益性服务、追求社会效益，而非营利，其价值不是通过市场交换来实现的，而是通过满足人民大众对文化的需求来实现的，是以丰富和提高人们的审美水平、道德素养和才智能力，优化社会风气、行为规范以及价值趋向为目的的文化建设；文化产业是指从事文化产品的生产及出售，以满足人民群众一般性的文化消费需求，并以此获得利润的经营行业。

（3）领域不同。文化事业主要从事文化学术研究及文化产品创新（包括哲学社会科学和自然科学研究、文学艺术研究），国家意识形态的生产与传播（党报党刊、政府时政报刊及网站、国家电视台及通讯社、国家出版社等），以及博物馆、图书馆、展览馆、美术馆、文化馆、体育馆等；文化产业主要包括文艺演出业、影视业、音像业、文化娱乐业、文化旅游业、艺术培训业和艺术品产业等。

（4）运营方式不同。文化事业靠政府财政投入扶持，管理与运营主体是政府管理部门；文化产业面向市场，依法经营，自负盈亏，自我发展，管理与运营主体是个体经营者。

文化事业部门或机构是文化创新的主要渠道和力量，是文化功能的主要承担者，因此，在当前社会主义市场经济的大环境下，文化事业部门或机构必须发挥社会主义制度的优越性，更好地坚持文化事业的公益性，满足人民群众日益增长的精神生活需求。

随着人们对文化功能认识的突破，文化建设进入了一个新阶段，文化产业逐渐成为文化发展的重要力量，是文化事业的另一个重要舞台与能源补给力量，更为重要的是，文化产业已渗透于各行各业，在 GDP 中的占比越来越重，越来越成为经济发展的重要支柱。可见，文化事业是文化产业的源头和蓄水池，文化产业又反哺于文化事业，为文化事业输送新鲜血液与营养补给，文化事业与文化产业所表现出的文化力共同构成文化生产力。从生产力角度看，文化事业表现出的文化力主要是文化创新力，而文化产业表现出的文化力主要是文化经济力。

既然文化生产力包括文化创新力与文化经济力两个方面，因此，要想提高文化生产力就必须从提高文化创新力与文化经济力上下功夫。

1. 培育文化创新力

培育文化创新力的关键在于营造一个良好的社会环境。在这个环境中，人民群众可以尽情发挥自己的潜能与激情，最大限度地投入文化创新的大潮之中。在这个环境中，"百花齐放，百家争鸣"，人才济济，长江后浪推前浪。人与人之间既相互竞争，又相互合作，形成一个全民族争创文化先锋的创新氛围。

如何形成这样的一个创新环境呢？首先，要创造一个崇尚创新、鼓励竞争、宽容失败的氛围。让人勇于创新、敢于竞争、不怕失败。党的十八大报告指出："建设社会主义文化强国，关键是增强全民族文化创造活力。"而增强全民族文化创造活力的关键则是营造一个增强全民族文化创新的环境，而不仅是少数文化精英的创新环境。人民群众永远是文化创新的最强大力量与源泉，文化精英的成长环境也离不开人民群众这片沃土，文化精英的成长环境只有融入人民群众的汪洋大海，才能脱颖而出，攀上文化顶峰。创新就是突破，突破就是攻坚，就是克服困难与障碍，所以，每一次创新都意味着无数次的失败，但每一次失败也意味着距离创新更近了一步。大胆冒险，坦然面对失败，是成功者的常态，也是创新人才的必备素质。

创建良好的氛围需要全社会的共同努力，政府各部门要率先做出表率，共同参与文化建设，要高风格、低姿态调动广大文化工作者的积极性，激发他们的创作热情，发扬民主，倡导学术自由，鼓励不同学派相互切磋，针对不同观点开展平等对话，为各类文化人才勇于创新提供广阔的舞台，对优秀作品和做出贡献的文化人才予以表彰，使其获得充足的社会尊重，真正形成一个"百花齐放、百家争鸣"的社会环境。

其次，净化文化创新的社会环境，坚守文化塑造人的高尚灵魂的育人功能。在市场经济背景下，加强国民的思想道德建设，特别是领导阶层的思想道德修养，乃是第一要务。但是，长期的市场经济思维意识很容易让人养成等价交换的意识，于是，在进行交往甚至援助时，曾经的大公无私及奉献就容易异化为价值交换，甚至是以权谋利，长此以往，各种社会角色所应遵循的良知与职业操守则会蜕变成金钱的等价物，腐朽的社会不良风气四处弥漫，甚至笼罩整个社会。在污浊的社会环境下，文化想"放"不敢"放"，想"鸣"不敢"鸣"，也难以创造出先进的引领人积极向上的文化作品，即使偶有这样的作品问世，往往也是孤掌难鸣。"文化"本义就是"以人文教化天下"，因此，文化的使命就是"立人"，文化强国的主体是人，最终目标也是"强人"，也就是说，文化强国依靠人，也是为了人，提高人的素质是文化强国的核心之举。所以，文化强国的前提就是创造出大量优秀的文化作品，而优秀的文化作品离不开积极、健康的文化环境。

最后，在全社会形成一个尊重创新人才、争当创新人才的氛围，为文化人才的成长创造条件。群众是创新的基础，人才是创新的先锋。文化强国不仅需要浩浩荡荡的文化大军，更需要一支勇攀文化高峰的文化精英队伍，文化精英是文化事业与文化产业的脊梁与旗帜，承担文化繁荣与昌盛的重任，引领着文化前进的方向。

文化人才的先锋作用就在于，发挥先进文化的代表作用，指引先进文化前进的方向，创造健康的、高尚的文化作品，引领群众建设一个积极向上、有良好道德风尚的文明社会。因此，文化强国就是人才强国，文化强国战略就是人才强国战略。

历史经验证明，人才强国需要文化各领域的文化大师。文化大师是领军人物，代表着文化发展的前沿与高度，文化大师犹如领飞的春雁，引领文化大军向着文化高峰奋飞。但是，"独木不成林，百花方为春"。光有领头雁形成不了浩浩荡荡的阵容，文化的繁荣必须依靠各领域阵容强大的"德艺双馨"的文化人才群体。文化王国是由众多文艺门类组成的强大群体，每一个门类都需要一个阵容强大的人才群，特别是拔尖人才群，只有拔尖人才如林，才能推动文化复兴繁荣。

1988年9月，邓小平同志根据当代科学技术发展的现状和趋势，提出了"科学技术是第一生产力"的论断，而掌握科学技术的正是人。可见，发展科学技术从而提高生产力的关键举措还是培养人才。为此，要牢固树立人才是第一资源的人才发展观，把人才资本投入置于文化强国战略的首要位置，改革一切不利于人才成长的观念与制度，优化人才成长与创业的环境，构建公开、公正、竞争、择优的人才评价与用人机制，培养规模宏大、结构合理、素质优良的人才队伍和一大批拔尖创新型人才。

文化创新并不是单纯的文化主体行为，除了具备良好的社会环境，还必须拥有健全的文化管理体制与运行机制，这是文化创新的基础与保障。根据我国文化建设的特点、规律及历史与现状，形成一套有利于调动文化人才及工作者的积极性与创造性的管理体制与运行机制，培养出能够立足群众、瞄准市场、面向世界的多元化的文化事业与文化产业主体。同时，在我们社会主义国家，要培育文化主体为人民群众和国家服务的思想意识，在不同意识形态存在敌我矛盾与斗争的环境下，文化产品既要遵循其本身的艺术性，又必须坚守文化的意识形态属性，两者是一个问题的两个方面，而不是两个问题，这是文化发展的原则与方向，决定着文化生产力的价值与意义。

在全球经济化与信息化的今天，文化创新体现在文化生产体系、组织体系、管理体系以及服务体系等各个方面与环节。所以，无论是文化事业部门还是文化产业集团或单位，都应在坚持文化发展的"双百"方针和"二为"方向的前提下，充分发挥市场在资源配置中的基础作用，通过整合重组文化资源与力量，实现文化事业的系统化和文化产业的规模化与集团化，高效率、高质量地创新出丰富多彩的优秀文化产品，满足人民群众多方面、多层次、多样化的精神文化生活需求，不断提升国民文化素养，推进科学技术的快速发展，实现文化强国的伟大目标。

2. 提升文化经济力

20世纪90年代，人类进入知识经济时代，以高科技为主导的新兴产业迅速崛起，成为社会经济发展的重要引擎。高科技的背后支撑是人才，而人才是在教育的作用下传承与创新文化的主体，也就是说，知识经济时代的最后支撑依然是文化，因此，知识经济的振兴要依靠文化经济力的提升，文化经济力是知识经济时代的直接驱动力。进入21世纪，越是发达的国家，越是把文化产业作为提升经济的重要增长极。事实证明，文化经济力已经渗透至国民经济的各行各业，成为各行各业的血液，源源不断地为其提供能量与动力。因此，越来越多的国家把社会发展的目光转向了文化产业，无论是产业结构的转型与升级，还是人力资源的投资与开发，都越来越转向文化经济力的提升，在文化产业逐步成为各个国家的支柱产业的进程中，文化经济力将成为最重要的生产力。

当前，中国经济正在进入快速发展阶段，正在改变依赖消耗资源与牺牲环境谋求发展的模式，力争走一条低消耗、高效率的发展之路。其中，提升文化生产力，特别是文化经济力，让文化产业成为国民经济的支柱产业是中国当前经济转型的重点方向和大势所趋。为此，中国的文化产业正在经历一场前所未有的重大调整与改革，使其发展为强大的经济行业，并更好地适应与融入其他领域，为其他领域的发展提供新生力量和动力支持。

第一，要夯实文化产业发展的物质基础与技术条件。任何产业的发展都依赖于一定的物质经济条件和技术支撑，文化产业也是如此，所以，提升文化产业发展的速度与规模必须夯实文化产业发展所需的物质基础与技术条件。虽然文化产业属于市场经济的范畴，但作为一种特殊的文化形态和经济形态，文化产业的发展往往不是某个部门或单位所能独立完成的，而是需要多部门甚至多领域联动合作，共同完成。同时，文化产业中的某些领域或产品本身就是文化与现代技术相融合的产物，所以，技术创新也是文化产业创新的支撑。

从狭义的角度看，文化产业表现出的文化生产力主要体现在文化经济力上，但从广义的角度看，在人类分工日益精细的背景下，任何一件产品都凝聚着无数劳动者的智慧，而这种智慧恰恰就是文化的一种载体，因此，文化产业其实渗透于人类所有的生产力中，体现在所有的人类智能创造与制造活动中，并影响人类社会生产与生活形态及生态。比如，随着"互联网+"和数字技术在文化领域的广泛应用，动漫游戏、快手、抖音、微电影、网络文学、网络直播等如雨后春笋，成为大众文化消费的主流产品，数字文化产业逐渐成为一种新兴文化业态的集合与文化产业发展模式。虽然说其核心是文化创意基础上的文化价值创造，但数字文化产业所具有的数字化、网络化、个性化特点契合了消费群体的差异化诉求和心理诉求，使文化消费真正融入人们的日常生活，既改变了传统的文化样态和传播方式，也改变了大众的文化消费方式，因此营造了一种文化产业的新生态。可见，文化产业并非仅仅是文化本身的创新与生产，也是一个凝聚经济、教育、科技、传播媒介等诸多要素于一身的综合产业，是当代社会经济结构的重要组成部分，是社会生产力中影响力最广泛的要素。随着技术手段的日益更新，知识转化为生产力，的周期越来越短，文化产业必将在经济中发挥越来越重要的作用，成为最具活力的行业，文化、经济、科技将加速融合，构成一个相互依赖的有机系统。

第二，要坚定不移地实施"科教兴文"战略。提升文化软实力离不开教育事业的发展，离不开科学技术的力量。教育与科技越发达，文化软实力越强，越能为文化的发展提供肥沃的土壤、不竭的能量和坚实的支撑。1995年5月，中共中央、国务院在《关于加速科学技术进步的决定》中首次提出"科教兴国"战略，该战略的提出突显了科技和教育在经济、社会发展中的重要地位，表明国家将致力于通过教育增强国家的科技实力，再把科技实力转化为生产力，从而实现强国的战略构想。该战略是对邓小平"科学技术是第一生产力"论断的贯彻实施，将进一步把经济建设转移到依靠科技进步和提高劳动者素质的轨道上来，从而走一条可持续发展的道路。科技与教育属于文化的范畴，所以，"科教兴国"战略与"科教兴文"战略是一脉相承的。

进入21世纪以来，第三次工业革命余威犹在，第四次工业革命又扑面而来。在汹涌的科技浪潮中，以信息与通信技术、数字技术、机器人技术、量子信息技术、仿真技术、新材料技术、人工智能、虚拟现实、智联网等为代表的高新技术正加速与文化产业融合，成为进一步推动文化产业蓬勃发展的强劲动力。一系列数字化文化产业如雨后春笋般成长壮大，数字影像、数字音乐、数字出版、动漫游戏、网络游戏、云报纸等一大批新兴文化业态正主导着世界文化创意产业的发展方向与潮流，成为大众消费的常态模式。

2012年《国家文化科技创新工程纲要》《文化部"十二五"文化科技发展规划》相继发布，旗帜鲜明地宣示了科技在文化产业中的重要地位，成为科技融入文化产业的纲领性文件。党的十八大报告重申"促进文化和科技融合，发展新型文化业态"，进一步强化了科技融入文化、文化依靠科技的新兴文化业态的"双轮"发展机制，这既是科技进步的动力，也是文化产业特别是文化创意产业转型升级的坚实支撑点。

当前，我国文化创新与科技融合仍存在一些深层次的问题，比如，缺乏既精通本土文化特色又熟悉先进科技的复合型人才，导致文化创意在内容上与先进科技融合的深度不够；同样，科技人才往往缺乏精深的文化素养，导致生产文化产品的核心装备与技术因缺乏深厚的文化含量而欠缺灵性。除此之外，管理落后、消费低端、产销脱节等劣势也是导致我国文化产业在国际上占比较低的重要原因。总之，由于我国的文化产业起步晚，文化产业还没有形成规模化和完整的产业链，加上科技方面的差距造成产品质量的低端化，所以，要想奋起直追，就必须在战略和策略上采取全方位的改革，特别是大力推行文化与科技的融合创新，才能使文化产业快速发展，尽快赶超欧美发达国家。

第三，深化文化体制改革，为文化产业发展打造良好的制度与政策环境。"国家是企业最基本的竞争优势，原因是它创造并延续企业的竞争条件。国家不但影响企业所制定的战略，也是创造并维持生产与技术发展的核心。通常，根据技术发展的复杂程度，企业会在不同状况的国家进行不同性质的活动。"❶ 这段话体现了国家在企业发展中的基础地位与作用，或者说是企业发展对国家的依赖程度。国家对企业的基础地位与保障作用，除了制定发展战略与规划之外，主要体现在制度与政策的制定和产业结构调整两个层面，即为企业发展创造的宏观环境。

深化文化体制改革是为提升文化生产力与竞争力提供制度保障。任何制度都有时代局限性，需要因时因地而制宜。新中国成立以来，国内外形势发生了多次重大变化，文化制度也随之经历了多次改革。当前，在全球化和信息化的背景下，文化制度同样需要根据形势的变化作出变革，剔除不合时宜的制度羁绊。为此，从国家政府层面至少应采取以下两个方面的改革，为文化产业的发展扫清制度障碍。

（1）转变政府职能。政府管理色彩浓厚而服务意识淡薄是当前文化发展的瓶颈之一，所以，转变政府职能的首要举措就是"政企分开，管办分

---

❶ 曾凡．上海自贸区实现预期效应的关键因素［J］．中国流通经济，2014（7）.

离",创新政府管理文化的方式与手段,把政府对文化产业的直接干预,转变为宏观调控与指导,树立为文化服务的意识,问需于民,问计于民,一切以促进文化发展与繁荣、推动精神文明建设为宗旨,解决文化供求中的制度障碍与结构性矛盾,特别是要"为文化企业的发展构筑三个平台:平等竞争的平台、良好的生产和经营环境的平台、维护企业合法权益的平台;履行三大职能:保障职能、调节职能、辅助的资源配置职能"。❶(2)区分文化事业和文化产业的不同属性,优化政府文化管理模式。政府要重构文化管理职能系统,政府职能部门完全退出国有文化企业的管理与经营,把文化事业单位中的经营性部门或机构全面转企改制,变成自主经营、自负盈亏的市场主体。"强化自身市场监管、社会管理和公共服务职能,共同构建完整的文化管理职能体系,明确政府与各类文化市场主体之间的权、责、利关系,有效解决政府在文化管理中的越位、缺位和错位问题。"❷

第四,大力发展文化产业园区或集群。文化发展既需要人的智慧创造,也需要必要的空间环境。"皮之不存,毛将焉附?"空间环境之于文化,犹如毛发之于皮肤。在经济学上有一种"集聚效应",是指产业或经济活动在空间上集中能够吸引经济活动向一定地区靠近的向心力,因而产生更强的经济效果。"集聚效应"既能够促进同类或相近行业实现近距离智力与资源的共享与借鉴,还能够促进它们之间进行良性竞争,从而增强其群体整体优势与竞争优势。可见,文化产业园区或集群既为文化的互鉴互融、共享共赢提供场所,也为文化的互竞互荣创造条件。

文化产业园区或集群主要由复合型文化人才培养基地、文化产品生产经营企业、提供高新技术支持的研发机构、国际策划和市场推广以及信息咨询机构等相关支撑单位组成,通过网络连接、资源共享、要素整合等协同形式,实现文化产业地域资源的空间集聚,将资源、技术、信息、人才等生产要素紧密聚集和融合,实现共振和互补,形成立体化的多重叠、多维交织的文化产业产、销、学、研体系和网络,通过高效畅通的区域增长传递机制,产生强大的虹吸、辐射和扩散效应,引领文化产业实现集约化经营和规模化

---

❶ 杨维富,游祥斌,李治倩. 文化体制改革背景下的政府职能转变与整合 [J].中国行政管理,2010(10).

❷ 张琦,曲延春. 我国文化体制改革中的问题与对策——基于政府职能转变视角[J]. 中共济南市委党校学报,2012(12).

发展。

作为人口聚居最集中的文化空间组织，文化产业园区或集群对文化资源和文化市场信息具有强大的吸纳能力，能够更加便捷地充分地获取、利用文化资源和文化市场信息，并且能够及时有效地获取并消化高新技术，快速培育、形成文化产品的创新能力和潜力巨大的文化消费群体。凭借文化产业园区或集群的集聚能力与效应，将会源源不断地开发出满足群众精神需求的文化产品，这些产品的消费又反过来提高了群众的文化素养，最终转化为文化软实力。

第五，大力发展数字化文化创意产业。当前世界发展已进入一个全球数字化时代，数字经济正在成为经济发展的一种重要态势。2020年突如其来的一场新冠肺炎疫情，更让人们重新审视了数字化的重要性和现实性，也从中看到了文化数字化产业发展的未来。

在此次疫情中，文化产业线下和线上形成了截然不同的态势，原有的发展格局与节奏被打破，人们猛然认识到文化产业的数字化、互联网化是当今时代的洪流，在这场洪流中究竟被淹没还是得以生存，取决于能否顺应这股洪流，而寻求文化与科技的融合与创新就是在这场洪流中生存下来并能笃定前行的重要保障。

疫情防控期间，数字文化消费的需求急速扩展，掀起了一场数字化文化产业与传统文化产业的较量，文化产业市场重新洗牌。其间，传统文化产业遭受重击，数字化文化产业一路高歌猛进，仿佛一夜之间进入千家万户，成为大众的消费选择与消费模式，并很快成为大众的文化消费习惯，潜移默化地影响着人们的生活方式，继而改变了文化产业的产品结构与业态。

其中，各类文化场馆是受疫情影响最直接的场所之一，这种影响逐渐由消费端向产业上游蔓延。如果不及时进行数字化转型，开发线上产品，企业类文化企业就会面临业务停滞，甚至倒闭的可能。经过几个月的积极探索与创新，各类文化场馆都开发了相应的在线项目产品，部分满足了大众居家文化消费的需求。虽然说很多项目，如云上演出、云上看展、云上旅游等，是不得已而为之，但在疫情紧逼下，线下文化供给与消费已经开始转型，并取得成效，即使在疫情结束后，这种线上文化生产与消费模式，以及消费习惯也已经深入人心，成为线下文化企业多元化经营模式的一部分，甚至是一种重要形式，这种形式不仅丰富了文化企业的营利方式，也提高了未来抵御风险的能力。

从本质上说，任何产业的持续发展依靠的不仅仅是顺应时代潮流，满足市场需求，更重要的是依靠产品的高品质内容。从表面上看，数字化文化产业的核心是技术，但从本质上看，技术仅仅是支撑，是支撑其存在的骨架，而内容才是其生存的血肉和灵魂，这个内容就是文化产品的伦理观和价值观。在文化产业发展的过程中，人们也曾多次讨论，文化产业到底是侧重产业还是文化，通过辩论，对其界定越来越明晰——产业是形态、途径和方式，而文化才是真正的精神内核，是真正积淀下来滋养人类心灵的东西。所以，回归文化本体是数字化文化产业永恒不变的价值追求，在其发展过程中，要始终把握好内容、形式、技术、媒介之间的平衡关系。

第六，塑造文化品牌，提升文化产品的科技含量和附加值。品牌产品是集优质质量、先进技术、精湛管理、出色的营销策略以及愉悦的消费感受于一体的物质载体。塑造具有国际知名度和竞争力的文化品牌，推动文化产业发展是文化产业繁荣的重要举措，也是提高文化产业竞争力的关键环节。

众所周知，品牌可以为产品创造超高的附加值，但是一个成功的可持续的文化品牌不仅需要打造、培育，还需要维护、提升和拓展。打造一个文化品牌首先要进行深入充分的市场考察与调研，根据消费群体的特点与需求，进行产品定位，做到人无我有、人有我优、人优我特的独特风格，从而在市场上占据一席之地。其次要利用一切真实而非虚假的营销、宣传手段，特别是要利用"互联网+"的传播手段与媒介，提高消费者对产品的认可度、体验度和满意度，逐步扩大消费群体规模。同时，要密切跟踪高新技术的发展，对产品进行技术升级与改造，及时满足消费者的消费升级需求。

三、提升文化竞争力

竞争是大自然的生存法则，是人类进步的动力。提升竞争者的生存法则就是化被动为主动，化危机为生机，在激烈的竞争中锻造成卓越的竞争者。虽然竞争的过程充满酸甜苦辣，但对于强者来说具有无限的魅力，吸引他们前赴后继为之拼搏奋斗。在竞争中，优势和劣势是相对的，在一定条件下可以相互转化，所以，要树立正确的优劣观。竞争对弱者冷酷、对强者偏爱，但即使处在优势，也要谨小慎微，保持清醒的头脑。竞争者的竞争力体现在竞争过程之中，但竞争力的根源在于文化，文化越深厚，越能爆发出强大的竞争力，因此，提升文化力就是提高竞争力，竞争者要用文化武装自己的头脑，用文化激发与增强自己的竞争力。

文化竞争力是一种内在力，需要一定的依托主体才能存在，这个主体既可以是个体的人，可以是一个团体、机构，可以是一个领域、行业，也可以是一个国家或民族。无论是什么样的主体，知识是最重要的竞争资源，谁掌握的知识多，谁就在竞争中占据优势。当然，这里所说的知识并非指简单的知识存量，而是指能够形成强大文化力的"活"的知识。

文化竞争力，可"大"可"小"，"大"可以存在于民族或国家共同体内，"小"可以隐藏在一个人的内心之中。文化竞争力主要体现在文化人才竞争力、文化产业竞争力和文化贸易竞争力三个领域，这三个领域互为因果，相互制约、相互促进，共同组成文化制高点的决定因素，其中，文化人才竞争力是其核心要素，因为所有的竞争都由人来实施和完成，竞争的主体归根到底还是人。

所以，在上述三者中，文化人才的竞争力是最难形成和提升的，因为它需要长期的文化积累与沉淀才有可能形成，而且需要在宏伟的国家文化战略与完善的文化体制下才能够培育出来。优秀的文化专业人才犹如剑锋，剑锋是经过矿石提炼、烈火锻造、千锤百炼才形成的，同样，文化人才不可能在文化真空中诞生，也不可能在文化荒漠里成长，优秀的文化专业人才，是在广泛的具有较高文化素质的群众中，精心培育下成长起来的，没有适宜的成长环境和群众基础，就没有文化专业人才的茁壮成长。因此，必须在国家层面上实施文化人才强国战略，优化文化生态系统，提升全民族的文化素质。只有全民族的文化素质提高了，才能激发广泛的文化创造热潮，源源不断地培育出文化专业人才，提高国家的文化竞争力，实现文化人才强国的战略目标。

因此，要想提高中国文化创造力与竞争力，必须在文化人才竞争力、文化产业竞争力和文化国际贸易竞争力三个方面进行战略规划与策略实施。当前，与发达国家相比，中国在这三个方面都存在很大差距，特别是文化人才队伍亟待建设，公民的整体文化创新能力还比较薄弱，培养一定规模的具有国际一流水平的文化创新与竞争人才，将是一项长期而艰巨的任务。为此，需要在以下三个方面加强战略规划与建设。

第一，实施文化人才强国战略。提高文化竞争力需要人才去实施，没有人才，一切皆是空谈，所以，一切竞争力最终要落实到人才的竞争力上来。实施文化人才强国战略必须采取"双轨"战略布局，既要实施文化人才培养工程，又要实施公民文化素质培育工程。人才培养非一日之功，需要从教育抓起，不仅要从小重视文化素质教育，坚持到高等教育阶段，还要贯穿于终身教育当中。在高等教育的专业中，不仅要设置适度规模的文化专业，在研究生阶段还要鼓励跨专业人才的复合式培养，打破文、理、工科不交叉的传统思维定式，培养一大批既懂其他专业知识与技能，又有文化素养的复合型人才。比如"文化+技术"、"文化+管理"或"管理+文化"、"外语+文化"等方面的人才，这样才能有利于文化产业的发展，有利于文化企业的管理与经营。我国早已普及九年义务教育，据2019年全国教育事业发展统计公报统计，高中阶段毛入学率为89.5%，高等教育毛入学率为51.6%。❶如果在各教育阶段重视文化素质的培养，公民文化素质将会得到极大提高，这样就为文化专业人才的培育提供了良好的生态环境，也为文化专业人才的创新造就了肥沃的土壤。

实施文化人才强国战略还必须建设文化生态工程，优化文化创新环境。人才的成长离不开适宜的环境，教育为人才的培育提供了内生力，而文化创新环境将为文化人才成长提供外生力。文化创新环境包括政策环境、投资环境和市场环境等一系列因素，任何一项都会成为制约乃至扼杀文化人才成长的撒手锏。创设有利于文化创新的环境，要遵循"解放思想、实事求是"的原则，因时、因地而制宜，因人、因事而变通；要倡导"百花齐放、百家争鸣"的基本方针，鼓励不同派别及风格的文化自由发展与争鸣，促进文化发展、进步和繁荣；要鼓励文化首创精神，推动中国传统文化进行创造性转化与创新性发展，激活其生命力；要完善文化创新制度，激发文化创新意识，提高文化创新活力，让文化创新成为社会生活的常态与潮流；"要改善文化投资环境，建立多元投资机制，增加政府对文化投资的比例，改革文化投资制度与机制，优化投资环境，实现投资主体的多元化，保护投资主体的利益；要改善文化市场环境，积极扩大文化市场准入，努力培育文化创新市场，切实提高文化消费群体的规模与水平。"❷

第二，实施文化产业强国战略。文化产业是智力密集型产业，是知识经

---

❶ 教育部.2019 年全国教育事业发展统计公报［EB/OL］.（2020-05-20）［2020-10-15］.http：//www.moe.gov.cn/jyb_ sjzl_ fztjgb/202005/t20200520-456751.html.

❷ 何传启.提升文化竞争力三重点：人才、产业和贸易竞争力［J］.中国市场，2010（4）.

济的重要支柱，在推动社会进步中扮演着举足轻重的角色。中国历史文化资源丰富，与发达国家相比，开发、利用的资源占比却非常低，更多的文化资源并没有转化为文化生产力，没有转化为现实的物质文明和精神文明。如何让沉睡的文化资源"活"过来，让书写在古籍里的文字"活"起来，成为现代中国人的智慧滋养，并实现全球共享，贡献中国智慧，从而进一步推动世界文明进步，成为中国现代文化产业的重要使命。

在当今时代，文化产业的现代化在秉承专业化、工业化和市场化道路的过程中，必须紧跟时代脚步，融入全球化与信息化的洪流中，才能生存与发展，缩小与发达国家的差距。回顾发达国家的文化产业发展历程，文化产业的发展道路主要包括两个方向：文化经济化与经济文化化。文化经济化是指文化要素转化为一种生产要素，从而拥有经济性质，成为经济要素的一部分；而经济文化化是指生产要素与文化要素相结合，使得生产要素内含文化因子，从而使生产要素的附加值增加。这两个方向并非纵向的线性发展轨迹，而是同向、交叉存在和前行的，这两种方向共同组成文化发展的现代态势，文化产业强国战略的实现依赖于文化和经济结合与融合的广度与深度。

为此，实施文化产业强国战略应从三个方面同时着手：文化产业的现代化、市场化和国际化。文化产业现代化就是要遵循"双创"方针，对包括中国传统文化在内的一切文化中的优秀因子进行创造性转化与创新性发展，采取"古为今用、洋为中用"的实用方略，为文化产业的发展拓源开流。文化产业现代化是一项系统工程，需要全国包括国家决策部门、地方政府部门和各相关企业等多级部门、多个领域的协同合作，形成上下一条龙的管理与运营机制，降低产业成本，提高产业的产出效率与市场竞争力。在国家和各级政府部门层面，要把文化产业提高到国家或区域战略产业和未来支柱产业的高度来谋划布局，通过政策保护、制度保障、资金扶持等手段，加快文化产业结构调整与优化升级。每座城市要根据自己的历史文化资源以及现有的工业基础资源建设文化创业园区以及文化创意园区，让城市的每一个发展脉搏都充满文化创意的节奏，让城市的发展进程沐浴在文化发展的阳光和雨露中。

文化产业市场化就是文化产业的投资、要素配置、管理运营、生产销售等行为要遵循市场经济规律，以市场需求为导向，走市场化发展道路。文化产业市场化的责任体并非仅企业主体一方，而是国家、地方政府部门、各行业协会及企业等所有参与方的综合体，任何参与方都是市场要素的一部分，都构成文化生产力与竞争力的一个环节。所以，提高文化产业的生产力与竞争力是一项系统性工程，并非一己之力，也并非一日之功。

在全球化背景下，文化产业的市场化体现于国内和国际两个市场，国内市场存在企业之间、地区之间的竞争，国际市场则存在一个国家与其他国家之间的竞争，只要存在竞争就需要提升各自的竞争力，竞争不仅是一种生存环境，也是发展的内在需要。文化产业的国际化是一个国家的文化产业走出国门与其他国家的文化产业进行竞争，所以，一个国家的文化产业国际化问题就是如何提高一个国家文化产业整体竞争力的问题，但是，一个国家的文化产业整体竞争力是由这个国家的每个文化企业和部门竞争力构成的，因此，归根到底，文化产业的国际化就是提高文化企业或部门这一行为主体的文化竞争力。在全球化背景下，这种文化竞争力既是文化走出国门的能力，也是文化与其他外来文化共存、共享与共荣的能力，还是捍卫文化自身安全，抵御外国文化入侵、颠覆的能力。

当然，文化产业强国战略只是国家文化强国战略这个大系统中的一个子系统，其成功依赖于其他子系统的支持与配合。其实，即使文化产业本身也可以看作由若干子系统构成的大系统，就其现代化、市场化和国际化三个方面来讲，也是一个纵横交错的网络立体空间。

第三，实施文化贸易强国战略。提升文化对外竞争力是文化贸易强国战略的核心，也是推动文化对内竞争力的重要举措，二者在表面上貌似是对立的两种竞争力，然而在本质上却是一致的，对外竞争力强的对内竞争力也强，反之亦然，也就是说，要么都强，要么皆弱。文化产业与文化贸易有着密切的联系，文化产业是文化贸易的基础，文化产业的发展状况决定着文化贸易的规模与竞争力，反过来，文化贸易能够促进和推动文化产业的发展，扩大文化贸易是文化产业发展的驱动力之一。

制定文化贸易强国战略既要整体化规划，又要区别化对待。首先，要全面分析文化贸易的世界格局和发展趋势，把握世界文化贸易需求市场的脉搏，树立大局意识和长远观念；其次，要根据不同对象国的民族文化、心理倾向与经济状况等因素，再细化文化贸易的需求和发展方向，因地制宜才能更有竞争力和可持续性。

目前，与发达国家相比，我国文化产品贸易的结构失衡、层次较低的现象比较突出，人均文化贸易份额有相当大的差距，特别是文化服务贸易的份额更低。因此，优化文化商品贸易结构，提升贸易产品的科技含量，提高人均文化商品贸易份额，特别是人均文化服务贸易份额，是文化国际贸易的重点发展方向。在此基础上，逐步扩大文化产品的品牌数量及提升其知名度，增加其附加值。总之，多举并重是提高文化国际竞争力的必由之路。

在制定文化贸易战略时，要具备前瞻性意识，因为文化国际贸易不仅是国家之间的商业经济活动，也包含文化交流与合作的双向活动，以及思想观念的双向流动，从长远来看，还会影响政治、军事、外交等多个领域的国际交往。可见，国家文化发展战略是一个复杂的综合系统，需要每一个子系统的密切配合，才能协调推进，形成最佳合力。

从战略角度看，无论是政策还是具体层面，首先，要重点支持文化贸易的重点领域、重点企业和文化品牌，让其尽快在国际竞争中站稳脚跟，在与贸易对象国企业或产品竞争中具备较强的竞争力。其次，既要遴选具有民族特色的优秀传统文化，又要选择反映新时代的先进文化，既弘扬历史文明又传播当代价值，为改善中国现代化发展的国际环境提供正能量。

从现实层面看，文化贸易是包含出口与进口的双向贸易活动，所以，文化贸易战略既包含文化出口战略，也包含文化进口战略，这两种战略下的贸易结构与体量要总体保持适度平衡，这既有利于双方保持贸易平衡，也有利于文化的生态发展，所以，在实施文化贸易强国战略时，在文化安全的前提下，积极鼓励、组织和实施文化"走出去"和"引进来"并举的措施，鼓励国内外民间机构通过合作的方式举办各种形式的文化节和文化活动，鼓励和扶持文化中介机构的发展，在此过程中，要充分发挥海外华侨和友好人士的积极作用，搭建文化交流与合作的桥梁。

当然，文化企业是文化产业的主体力量，文化产业的竞争力最终要落实到依靠文化企业的竞争力上来，可以说，提升文化企业的竞争力就是提升文化产业竞争力。当前，提升文化企业的竞争力，一方面要深化国有文化企业改革，提升其生产力、创新力与竞争力，打造更多的国际化文化品牌，在世界文化市场上争取更大的文化贸易份额；另一方面推进民营文化企业的创新发展，激发民营文化企业的活力与竞争力，为文化的整体发展输送新鲜的血液、夯实文化发展的基础。

四、培育文化扬弃力

世上没有无源之水，也没有无本之木。中华民族的伟大复兴离不开文化的繁荣发展，而文化的繁荣发展离不开对优秀传统文化的传承与创新。对优秀传统文化的传承与创新，要树立科学的扬弃态度，以当代视野、当代社会的价值理念对传统文化进行恰如其分的科学评判。合乎时代需要的，就要继承、弘扬和创新，反之就要舍弃，这就是文化"扬弃"。文化扬弃力包括"扬"与"弃"两种能力，即对文化进行甄别、继承、融合、创新以及舍弃的能力，这些能力来自对民族文化的自觉与自信。

中华民族博大精深的文化是在悠久的历史进程中，历经无数轮回的艰难曲折和兴衰沉浮才积淀而成的，中国文化的深厚底蕴是与中华民族风雨彩虹般的历程紧密相连的。谈到中华民族的发展历程与态势，可以用《三国演义》开篇语"天下大势，分久必合，合久必分"来形容，那就是，中华民族虽然经历了几千年的风雨纷争，始终还是一个统一的国家，而且分裂纷争的时间是短暂的，合并统一的时间是久远的。那么，为什么会在几千年的悠久历史中出现这种态势呢？仔细斟酌就会发现，以儒家思想为代表的文化体系对于中华民族思想的滋养，形成了一个以"五伦八德"为核心的伦理道德体系，成为维护与稳固中华民族统一局面的最重要的原因。

下面仅以"五伦"为例，阐述传统文化中的积极内容及时代意义。五伦指的是"父子、兄弟、夫妻、君臣、朋友"五种人伦关系规范。其中，"父子有亲"指父子之间要有骨肉之亲，即父（母）慈子孝；"长幼有序"指长幼之间要有尊卑之序，即兄长照顾弟弟，弟弟敬重兄长，兄弟之间要珍重手足之情；"夫妇有别"指夫妻之间互敬互爱，各自做好分内之事；"君臣有义"指君臣之间要讲究礼仪，君王要处处为臣下着想，而臣子要处处为君主分忧，即君正臣忠；"朋友有信"指朋友之间要有诚信之德，不因朋友穷苦而疏远，不因朋友富有而亲近。同样，"八德"中的"孝、悌、忠、信、礼、义、廉、耻"也是具有正能量的人生伦理。可见，即使在今天，人生"五伦八德"规范对于社会现实中人的交往处事也具有积极意义。

有些人对传统文化中某些内容缺乏正确的解读，甚至不加区别地怀有偏见，把"精华"与"糟粕"一概而论，比如，很多人就把传统文化中的"三纲五常"混在一起加以评论。其实，"三纲"与"五常"不仅意义差别较大，其现代价值也有天壤之别。今天看来，"三纲"确有归于糟粕之物的理由，但"五常"还是极具正能量的，所以，评判伦理规范既要采取历史的态度，还应采取客观的态度。今天我们谈论对文化进行扬弃，道理也是如此。我们不能提及旧道德就认为是糟粕，不加区别地对其批判、抛弃，传统道德中的不足之处，是应予以扬弃的，但其包含的积极因素是中华民族优秀文化遗产的一部分，应该恰当地利用这些传统道德精华，根据时代新要求将其改造、创新，化"腐朽"为神奇，使其焕发出新的活力，为时代提供新鲜血液，成为激发民族凝聚力和向心力的精神食粮。

我们还是以"三纲"为例，"三纲"的伦理思想已经在封建社会存在了两千多年，深深地影响着人们的言行举止，即使在今天，仍能找到其影子。每当提到"三纲"，人们无不谈及其糟粕之处，并大加批判，好像不批判就是思想封建落后，就不是时代新人。但仔细回顾研究，"三纲"也并非一无是处，在其糟粕性的背后，我们也能发现有可挖掘借鉴的价值。我们今天提出提高文化扬弃力，对传统文化进行创造性转化和创新性发展的观念，完全可以运用到"三纲"之上，使之服务于国家与社会和平稳定的大局。比如，"君为臣纲"体现的"服从与忠诚"应该辩证地区别。无论在古代还是现代社会，下级服从上级、个人服从集体，体现的是正常的社会秩序，这在总体上是必须肯定和提倡的，否则社会就是无序混乱的。但是，应该破除"愚忠、愚效"思想，不能无原则地"服从与忠诚"，在真理与正义面前，叛逆与斗争不仅是必要的，还必须是值得鼓励的，只有这样，社会才能进步。"父为子纲"体现的父子关系也要辩证看待，在家庭中，父亲作为家庭支柱，在家庭事务中承担着首要的责任与义务，不仅奉献最多，生活经验也最丰富。从这一角度来说，父亲成为家庭中的一家之主也无可厚非，作为儿女，多数情况下理应尊重、听从父亲的意见与决定。但是，在现代社会中，这一原则也要赋予新的意义。其中，"父"的含义应扩展为"父母"，既体现了现代社会中的男女平等，也体现了对母亲在家庭中奉献的认可。在家庭中，没有绝对的"谁为纲"的问题，无论是父母，还是儿女，在家庭决策时，不是首先想到"谁为纲"，而是在相互尊重、共同商议的基础上，群策群力、共同决策。在家庭中，人人都是平等的，这是对"父为子纲"的现代突破，在封建社会是不可思议的。另外，尊重与服从是两个概念，无论在社会还是在家庭中，"尊重"并不意味着"服从"，"反对"也同样不是意味着不"尊重"，这些都与"君臣、父子"没有必然的联系。在当今，"夫为妻纲"的封建伦理关系已经消失，在理论和法律层面上，夫妻之间是完全平等的，已经不存在"谁为纲"的问题。当今，在处理人际关系、社会关系乃至国际关系时，每当遇到大的分歧，也往往采取"求同存异"的原则去解决，而如果僵化地坚持"谁为纲"的问题，不仅很难实现彼此间的和平共处，也往往会形成错误的决策。

由此可见，时代性也是文化的本质属性之一，坚持"与时俱进"是实现文化永葆青春活力的"不二法门"。培育文化扬弃力是一项持久、复杂的综合系统，有些并非战略或制度层面的问题，它与一个民族固有的精神信仰、民族心理和风俗习惯等因素密切相关。培育文化扬弃力主要从以下两个方面进行。

第一，培养民族文化的自觉与自信。中国历史证明，文化的发展轨迹是波浪式的渐进过程，那种疾风暴雨式的文化革命只是这个过程中一个响亮的插曲，而外来文化，无论多么强大，最终要么走向自灭，要么变成中国文化的一部分，让中国文化变得更加丰富多元。近代以来，铺天盖地的西方强势文化形成了一股"山雨欲来风满楼"的弥漫态势，中国文化好像处于一种无奈的被动接受状态，造成了对西方文化定位的极端化，形成了文化自大与文化自卑的两种极端论争。尤其是近代中国的国力衰败和西方列强的侵略凌辱，让国人一度对自身文化产生了强烈的怀疑，以至于在新文化运动中，虽然在知识分子阶层形成了空前的思想解放，在政治上和思想上给专制主义以沉重的打击，为马克思主义在中国的传播开辟了道路，但是对中国古典文学的一味批判以及对西学全盘肯定的极端现象，对中国传统文化造成了沉重打击，导致中国人对文化自信的动摇甚至丧失。所以，从根本上说，这场高举"民主与科学"旗帜的思想解放运动并没有成为解放与改造中国社会的思想武器，而同样诞生于西方资本主义的马克思主义却成为中国新民主主义革命的思想武器，原因就在于它是在坚持运用辩证唯物主义思想对待人类文化成果的基础上创立的理论，即批判地吸收了黑格尔辩证法的"合理内核"和费尔巴哈唯物主义的"基本内核"，同样，中国共产党坚持了马克思主义思想的灵魂，形成了"实事求是"的思想路线，在文化上批判地继承了中国与世界上人类一切优秀成果，在实践上与中国工农运动相结合，成为人口占绝大多数的中国工农阶级的政党，最终领导全国人民取得革命的胜利。

新文化运动提倡"民主与科学"，反对"专制与迷信"，提倡"新道德"，反对"旧道德"，提倡"新文学"，反对"旧文学"，这些无不具有进步意义，却为何只在知识分子这一小的阶层中引起共鸣，而没有形成"燎原"之势呢？仔细斟酌，过于崇尚西方外来之学而切断了中国传统文化之根是其重要的原因。但是，同属于外来之学的马克思主义为何受到了中国工农阶级的欢迎并在中国扎根呢？原因在于马克思主义的最终理想是实现人类大同的共产主义,这与中国绝大多数人的理想目标不谋而合。中国传统文化一直崇尚的"仁和贵中""天人合一""大同社会"的美好愿望也正是共产主义的理想目标。所以,马克思主义理论一经中国工农掌握,就变成了改造中国社会的精神力量。

中国传统文化价值观的核心思想不仅超越了西方资产阶级的价值观,而且与人类发展的终极目标是一致的,具有人类普世价值与意义。因此,在继承与创新中国传统文化时,中国人有足够的理由树立起自觉、自信、自主、自强的文化发展观。"文化具有鲜明的主体性,是特定历史主体在一定历史环境中基于自己的智慧与实践能力所创造的精神成果。"❶ 文化自觉就是一个民族或国家对自身文化的觉悟与觉醒,对自身文化发展规律的深刻认识与把握,能够清楚地认识到文化的历史、现状和未来,即知道文化从哪里来、到哪里去、怎样去。文化自信是一个民族或国家对自身文化的自我认同和自我肯定,并对其自我发展前景充满信心。文化自主是一个民族或国家对自身文化的发展目标、战略、路径拥有决定权,可以独立自主地开展文化外交,在国际上用本土话语阐释本土问题。文化自强是一个民族或国家通过自身努力,实现自身文化的独立发展,并在世界文化之林中占有重要的地位。文化自强建立在文化自觉、自信、自立基础之上,通过传承传统文化之精髓,并进行创造性转化与创新性发展,同时,也对世界一切国家、民族的先进文化、先进文明进行借鉴、融合与创新,形成具有时代价值的民族新文化、新文明。

树立对中华民族传统文化的自信心,必须摆脱 100 多年来在中国文化界存在的西方中心主义世界观和文化观,抛弃人种科学和地理决定论等狭隘偏见与思维,倡导世界一切民族、种族平等的人权平等观,尊重世界民族文化的多样化与和谐共生价值,客观认识不同文化在人类文明进程中的不同特质与独特贡献。

树立中华民族传统文化自信心,还要大力发展中国的经济、科技及军事实力。一种文化是否具有强大的文化自信,主要取决于附着其上的社会经济、科技及军事实力。国家实力的强大与否主要是靠经济、科技与军事实力来体现的,但其背后的支撑仍然是文化。一般而言,如果一个国家的经济雄

---

❶ 李永胜,张紫君. 文化自觉、文化自信、文化创新与文化自强 [J]. 北京工业大学学报(社会科学版),2019(11).

厚、科技发达、军事强大，这个国家的国际政治地位就高，附着其上的文化就更有吸引力、更强势，就会形成更强大的生命力和扩张力，那么，这个民族群体在心理上就更有优越感，就自然形成强大的文化自信心。

培育文化扬弃力必须以此为基础，以自觉、自信、自立、自强的文化态度，以海纳百川的开放胸怀与气度，以我为主、融通古今中外、博采众长、综合创新，使中华文明在新的历史征程中不断探索、开拓与进取。历史证明，唐朝盛世时期之所以对外来文化采取积极开放的态度，就是因为其强大的综合国力让统治阶层对自身的文化充满自信，从而不惧怕任何外来文化与宗教势力的渗透，事实证明，对文化的自觉、自信确实能够塑造文化的自立与自强，以其身正，化它为我。

第二，培育文化扬弃力要"扬""弃"并举。党的十九大报告明确指出："发展社会主义先进文化，不忘本来、吸收外来、面向未来，更好构筑中国精神、中国价值、中国力量，为人民提供精神指引。"这句话简明扼要地提出了在当今时代发展社会主义文化的方向、路径和目标。但是，从20世纪初的新文化运动开始，一直存在两种对立的文化观念，即"全盘西化论"与"中国文化优越论"，前者否定中国文化，而后者否定西方文化。后来，在马克思主义唯物辩证法理论的指导下，很多中国学者对文化发展道路产生了新的认识，形成"综合创新论"，张岱年先生便是代表之一。从方法论的角度看，"综合创新论"是对以往两种对立理论的折中，但从认识论的角度看，"综合创新论"与这两种理论又有根本的区别。前两种理论是肯定一方而否定另一方，是一方绝对的好，另一方绝对的差，而"综合创新论"则认为双方各有优点，又都有缺点，文化的发展应采取"取其之长，克其之短"的"扬弃"方略，这是一种辩证的批判与继承。

唯物辩证法认为，任何事物都是一个矛盾统一体，存在既相互联系、又相互排斥的两个对立统一面，文化自然也不例外。在任何文化矛盾统一体内，同时包含着相互对立的方面，即积极向上的、健康的、能够促进社会发展的成分和消极的、病态的导致社会落后的成分。这两种成分既互相排斥又互相交融，互为存在的条件。文化发展规律同样遵循辩证法原则，即新文化代替旧文化的过程是否定性与继承性的统一，一方面否定了旧文化中的消极成分，另一方面又继承并发扬了旧文化中积极的成分，这不是新旧文化的断裂，而是一个持续的渐进发展过程。

那么，旧文化中哪些东西该"扬"、哪些东西该"弃"呢？这必然涉及对文化内容合理性的判断问题,即区分文化精髓与糟粕的问题。张岱年先生的文化"扬弃"观具有很强的现实意义,他所认为的两条尺度或标准具有较高的借鉴价值,一是"真理尺度",即是否符合客观实际,或者说是否具有"客观性";二是"价值尺度",即是否符合社会发展的需要,或者说是否具有"实用性"。符合这两点即是需要"扬"的文化,否则即是需要"弃"的文化。所以,需要"扬"的文化不仅是合乎社会发展客观规律的,还是与时俱进的时代需要的文化。比如爱国主义的文化价值观。在古代,虽然没有爱国主义这个概念,但在现实生活中爱国主义的思想与壮举数不胜数。屈原是历史上记载的第一位伟大的爱国主义诗人,其诗篇《离骚》表达了对楚国炽热的爱国主义思想情怀。只要是反抗外敌入侵、保家卫国之举都可以称得上现代意义上的爱国行为。明朝抵御倭寇、清朝抵御八国联军,以及十四年抗日战争,都是在爱国主义的感召下,中华民族进行的爱国壮举,只是爱国主义的价值观还没有正式进入国家价值观层面。在今天的和平年代,爱国主义还表现在很多方面,学生好好学习掌握本领将来报效国家,社会公民在工作岗位上兢兢业业、尽职尽责,政府人员奉公守法、各司其职等的所有此类之举都是爱国主义精神的现实体现。今天的社会主义核心价值观将"爱国"作为其中一项,体现了"爱国"不仅是一种行动,更是一种民族精神,已上升到国家价值观层面。培育爱国主义的价值观不仅是培育对祖国的深厚感情,也培养了民族自尊心与自信心,增强了民族向心力和凝聚力,有利于克服民族自卑感和民族虚无主义。

回顾传统文化,有些属于民族精神层面的文化精髓不仅具有普世价值,还具有超越时代的特性。比如,《周易》的两句名言:"天行健,君子以自强不息""地势坤,君子以厚德载物",就被概括为中华民族的精神内核之一。古往今来,无论是在民族危亡之时,还是个人落魄之际,这种精神总能激励着民族或个人在困难面前不弯腰,在失败面前不低头,始终奋发向上,永远自强,永不止息。就微观层面来讲,中华民族精神崇尚个人具有"自强不息"的坚毅人格:"三军可夺帅也,匹夫不可夺志也。"(《论语·子罕》)"富贵不能淫,贫贱不能移,威武不能屈。"(《孟子·滕文公下》)这些虽是个人人格的写照,但汇集起来就成为一个民族的精神特质。同样,纵观历史,中华民族以"厚德"处世处事,用大地一样的宽厚胸怀,包容世间万事万物,以期实现人人安居乐业的"大同社会"。虽然还未能如愿,但"以和为贵""协和万邦"的"和谐"思想能够把56个民族紧密地团结在一起，实现了中华民族亲如兄弟般的团结局面。

中国古代哲学中的辩证思想也是具有普世价值的宝贵财富，虽然这些思想没有形成完整的理论体系，但丰富的辩证思维对于人类认识世界发展规律具有重要的启迪意义。中国古代先哲通过观察万事万物的生息变化，得到了对世界发展规律的认识，把天地万物看作一个相互联系的整体，整体中的各个部分既对立又统一，共同编织成一个如网络般密切相连的系统。中国辩证思维的很多命题，如"生生之谓易""一阴一阳之谓道""相反相成""一物两体""物极必反"等都是反映客观规律的真理，命题所体现的深邃智慧是中国古代哲学中最值得研究也是最应该加以弘扬的部分，在任何时代对任何民族与个人都具有借鉴意义与价值。即使在当今的全球化时代，人类仍能从古老的辩证思想中找到解决民族冲突的方法，让世界的发展步入一条合作共赢的和谐之道，但是，以美国为首的西方发达国家一直"以我为主"，推行霸权主义，面对中国的迅速崛起，心怀不轨，妄图封堵压制，他们没有想到，中国几千年的哲学思想虽然强调整体观，注重和谐团结，但是"对立斗争"也是中国辩证法的应有之义，所以，中华民族崇尚和平团结，但也从不惧怕斗争。我们坚信，中华民族有信心、有能力挫败一切与时代发展不和谐的逆流势力，最后迈入充满希望的康庄大道。

既然"扬弃"观是对待文化发展的正确态度，那么，中国文化肯定能以此态度辩证地审视自身的优点与缺点，这既是文化自觉的内在要求和文化自信的表现，也是文化自强的必由之路。

根据唯物辩证法，任何事物都是矛盾统一体，都有正反两个方面，那么，中国文化的消极方面有哪些呢？正如新文化运动的先驱者认为，中国传统文化中最主要的欠缺有两个方面：一是没有发明实验科学，二是没有形成完整的民主理论。所以，他们举起了"科学"和"民主"的两面旗帜，开启了轰轰烈烈的新文化运动。此观点获得了很多中国人的认同，事实也是如此。回顾历史，中国曾在天文历法、数学、物理学、建筑学、地理学等领域领先于世界，其成就也令他国仰慕。在近代，却没有产生实验科学，没有产生像哥白尼、培根、伽利略那样伟大的科学家。张岱年先生认为，这主要是由中国的社会环境造成的。一方面，古代社会等级划分为士农工商，在这种社会氛围中，社会精英自然追求上升为士大夫阶层，很少人愿意从事商业，而且，长期处于农业社会的中国文化造就的是农耕文明，中国先辈们"民以食为天"的思维在骨子里视农业为根本，把商业看作旁门左道。况且，古代主要的商业都是官营的，普通人从事的多是养家糊口的营生而已，从事商业其实是某些人的无奈之举，所以，商人的地位在中国古代是很低的。另外，中国文化中"重义轻利"的观念也深深地影响着人们的思想与处事原则。总之，这些重农抑商的社会思想非常不利于商品经济的发展，也就缺少近代科学发展的现实经济基础与动力。同时，历代统治者都把发展农业当作"立国之本"，对统治者而言，发展农业可使人民安居乐业，人丁兴旺，使国库粮仓充盈，有利于皇权的统治与稳固，为此，封建社会建立了严格的户籍制度，限制人口自由迁移，这种局面直到近三十年才有所改观。另一方面，与中国君主专制制度相配合的文化专制政策，束缚着人们思想与文化的多元化发展。从秦始皇"焚书坑儒"到汉武帝"罢黜百家，独尊儒术"，再到清代"文字狱"，统治阶级始终利用文化专制主义加强对人们思想的控制与禁锢，致使自由思想难以发展，难以形成实证科学发展的土壤。

刘长林对此提出了与众不同的观点，在此引用以求读者商榷和共鸣，但笔者对刘长林的观点非常赞同。他以中西医为例，认为不仅文化是多元的，科学也是多元的，而且科学是文化的产物，不同文化也就造就了不同的科学，所以，西方文化造就的科学注重实证分析、系统理论和抽象思维，中国文化造就的科学注重经验综合、实用概括和感性思维。刘长林认为"科学是认识，是获得正确知识和规律性知识的认识活动，以及经过这样的认识活动形成的知识体系"。❶中医药学"运用阴阳五行、藏象经络等理论，运用寒热升降、药物归经等药理。……是一个首尾贯通的完整的学说和知识体系"❷。可以说，中国中医理论是中国"天人合一"世界观在医学领域的具体运用，所以，中西科学的区别不仅在于科学方法和科学形态之间的差别，更在于对事物本质及其运行规律的认识与反应的差别，而后者是最根本的。所以，"中国科学传统与西方科学传统是两个源、两个流"。❸而且正如中西医学，中西科学最终也不能沟通，因为"一个要控制对象，加以抽取、分解，将整体还原为部分，一个要保持对象本始的原样状态；一个必定破坏自然整体，一个坚持维护自然整体"❹。两者各具长短，需要取长补短，才能更好地发展，所以，不能因为中国在近现代科学领域落后就否定中国的科学传统与贡献。

---

❶❷❸❹ 刘长林. 关于中国象科学的思考 [J]. 杭州师范大学学报（社会科学版），2009（3）.

降大任在其《论文化扬弃律》一文中，提出了"旧瓶装新酒"的文化扬弃观，即把传统文化中有积极意义的概念加入时代的内容，把二者有机地结合，为时代所用。❶ 上文中提出的对传统伦理中"三纲"的创造性转化与创新性发展就是对这一观点的运用。事实上，传统文化价值观中的许多思想都可以采取这种策略进行改造，使之成为新时代的社会规范。再如，"孝敬"伦理道德观念是中国人民的传统美德，但是，其思想内容在古代与现代是有显著差异的，今天，人们保留了古"二十四孝"的"孝敬"观念，对其内容进行了与时俱进的创新，形成了新"二十四孝"，经过改造之后，虽然概念形式没有变，但内容更新了，成为时代需要的价值观。

其实，早在1942年《在延安文艺座谈会上的讲话》中，毛泽东旗帜鲜明地提出了新民主主义的文化扬弃论，即批判继承论。毛泽东认为，只批判不继承，就叫文化虚无主义；只继承不批判，就叫文化保守主义。这两种偏向，都要不得。在讲话中，要求文艺家"必须继承一切优秀的文学艺术遗产"，❷ "我们决不可拒绝继承和借鉴古人和外国人，哪怕是封建阶级和资产阶级的东西"。❸ "向古人学习是为了现在的活人，向外国人学习是为了今天的中国人。"❹ 只要是对我们有益的文化都是借鉴学习的来源，但是拿来以后，不能食古不化、食洋不化，必须要经过鉴别、改造和创新。他用比喻表明了对待拿来以后的外来文化的方法："一切外国的东西，如同我们对于食品一样，必须经过自己的口腔咀嚼和胃肠运动，送进唾液胃液肠液，把它分解为精华和糟粕两部分，然后排泄其糟粕，吸收其精华，才能对我们的身体有益。"❺ 而且毛泽东深刻地认识到"过去的文艺作品不是源而是流"，❻ 人民的生活才是"一切文学艺术取之不尽、用之不竭的唯一的源泉"，❼ 所以，毛泽东鼓励文艺家"必须长期地无条件地全心全意地到工农兵群众中去，到火热的斗争中去，到唯一的最广大最丰富的源泉中去"。❽ 毛泽东的文化扬弃观是其群众路线、实践路线在文化领域的应用，也是其"为人民服务"思想的具体体现。

---

❶ 降大任. 论文化扬弃律［J］. 晋阳学刊，1995（5）.

❷❸❻❼ 毛泽东选集：第三卷［M］. 北京：人民出版社，1991：860.

❹ 毛泽东文选：第七卷［M］. 北京：人民出版社，1999：82.

❺ 毛泽东选集：第二卷［M］. 北京：人民出版社，1991：707.

❽ 毛泽东选集：第三卷［M］. 北京：人民出版社，1991：861.

当前,中国的市场经济建设已步入正轨,人们的"三观"正处于动荡摇摆的关键时期,文化建设应该担当起构建民族精神家园的重任,从传统文化这一"母体文化"中寻找"源"动力和能量,将其融入当代文化价值之中,从而得以传承和弘扬,这是文化建设的必由之路。总之,传统文化的扬弃和新文化体系的构建正当其时,这是文化发展赋予的时代任务,也是我们每一位民族成员对待文化的态度上应当具有的时代情怀。

五、提高文化传播力

文化传播力是指文化传播到受众并产生效果的能力,这种能力体现在文化信息影响受众的规模、效果以及效率上。在具体表现形式上,文化传播力包括外在的硬实力和内在的软实力。外在的硬实力主要包括:媒体技术的发展状况、传播机构和从业人员的规模与质量;内在的软实力主要包括:传播政策与机制、传播内容的性质与载体、传播机构和从业人员的影响力与组织管理。传播力是外在的硬实力和内在的软实力共同作用下产生的效率与影响力。在信息化时代,新媒体技术成为影响文化传播力强弱的最活跃因素。

(一)优化对外文化传播环境,提高文化传播力

对外文化传播是国内传播主体与国际传播对象的共同活动,两者必须相互配合、共同协作,任何一方的缺位或失衡都会导致整个活动的低效或失败,因此,优化对外文化传播环境,既要注重打造国际传播环境,为文化传播扩大生存空间,又要加强国内传播主体的环境建设,提高文化传播的内驱力与竞争力。

首先,建立并加强国际政府机构的双边或多边文化传播的磋商与合作机制。全球化背景下的跨文化传播是一个双边或多边框架下的交往活动,不仅涉及多个领域和部门,而且常常涉及相关国家的国家利益和核心价值观。在这样的国际环境下开展的跨文化交流和传播活动,活动双方仅是活动的具体实施者,其背后还涉及更多的参与方,甚至是国家层面的管理部门,所以,大型的跨文化交流与合作项目就需要通过相关层面的领导来进行商议、协调与决策。比如,在开展政治、经济、科技等领域的政府间战略合作协议时,适时"增加文化传播磋商和对话的相应条款,或者签署专门的合作备忘录,从宏观层面明确对外文化传播的基本准则和未来方向。依托各类峰会、国家

元首和政府首脑定期会晤、高峰合作论坛等国际政治经济平台，签署文化传播合作宣言、联合公报、谅解备忘录等，为与沿线国家和地区共同举办文博会、洽谈会、国际论坛等创造制度基础，实现对外文化传播的规范化和常态化"。❶

其次，建立国家、部门、行业间的协调机制。跨文化传播参与主体的多元化决定了其管理主体的多元化，所以，跨文化传播活动需要相关国家的相关部门、国际组织机构和行业机构等开展合作，充分发挥统筹协调多方资源的职能，打通实施活动的掣肘环节，实现传播过程的顺畅与高效，为此，设立由政府主管的专门的文化办事机构，根据所协商制定的多边合作机制，具体协调相关的文化交流活动，保障活动的顺利进行。这种跨国、跨部门的文化办事机构不仅负责协调双方的文化交流与合作活动，为活动的顺利进行搭建平台、提供便利，还要利用自身的信息汇集优势和组织协调优势，建立文化发展智库平台，高屋建瓴，开展文化发展与传播的战略研究、理论研究和实践研究，为国家、政府各项文化发展决策的制定和实施提供智慧支持。

再次，建立文化传播的多元化主体的合作机制。社会分工标志着人类从事各种劳动的独立化与专业化。自从社会分工产生以来，每一个行业甚至是每一件商品都形成一个复杂的结构系统，而且社会分工越精细，这个系统就越庞大、复杂。人类步入全球化以后，社会分工随之具有了全球化特性，社会生产与消费也就进入了全球化时代。全球化背景下的文化产业链直接或间接地与所有其他行业相连，文化产品的生产、销售、传播、消费涉及各行各业，构成一个牵一发而动全身的大系统。

系统论表明，系统是一个要素之间相互关联的有机整体，系统中各要素不是孤立地存在，每个要素都在系统中处于特定的位置，起着特定的作用，系统整体功能大于部分要素之和。文化本身就是一个大系统，文化的对外传播就是要融入多个系统，与多个系统发生关系，所以，文化的对外传播是一个更加复杂的系统工程。文化对外传播要打破专业和行业壁垒，组建集国内外文化界、传媒界、产业界和教育界等多种资源为一个整体，统筹调度并使用各种对外传播主体资源，处理对外文化传播中涉及宏观政策、法律法规、微观操作的制度和机制问题；要引导国内外政府机构、国际机构、文化企

---

❶ 张琦. "一带一路"背景下我国对外文化传播力的提升路径 [J]. 学术前沿，2019（12）.

业、文化院所、民间团体分工协作、发挥专长，同时整合这些主体资源形成一个文化传播的整体合力，构建宽渠道、多层次的文化传播格局；要加强文化传播的大数据平台建设，收集整理世界各国的政治、经济、文化、外交等领域与文化建设有关的各类信息数据，为对外文化传播提供充足的信息保障；要协调国际政治、外交等领域的外部资源，为对外文化传播活动创设良好的国际大环境。

最后，推进语言文字智库建设。语言是文化传承、信息传递及沟通的最主要工具。"语言文字智库是以语言政策和语言战略为主要研究对象，以服务党和政府在语言文字方面进行科学民主依法决策为宗旨的非营利性研究咨询机构。在国际格局多极化、经济全球化、文化多样化、全球治理民主化的今天，国际间合作与交流更趋密切，语言文字智库在公共外交方面所产生的作用日益凸显。将我国的政策策略更好地以其他国家所能理解的方式表达出来，对于提高对外传播能力和增强国际话语权有举足轻重的作用。"❶2015年，国家语言文字工作委员会颁布《国家语言文字智库建设规划》（国语〔2015〕1号），同年5月，教育部语言文字信息管理司组织多家语委科研机构，在上海、武汉两地开展国家语言文字智库建设首批试点工作。同年11月2日，由教育部语言文字应用研究所和江苏师范大学中国语言能力协同创新中心主办的"'一带一路'语言能力建设研讨会暨中国语言智库高峰论坛"在徐州召开，并成立中国语言智库联盟。随后，江苏师范大学协同国内外专家编撰出版《"一带一路"沿线国家语言国情手册》，该手册对"一带一路"沿线64个国家的国家通用语言、民族语言、语言历史、方言、语言状况历史沿革、语言与民族或社会的关系等都作了详细介绍，为了解"一带一路"沿线国家的语言国情提供了极大的方便。❷"一带一路"沿线的每一个国家都是这个链条上的一个重要环节，都发挥着不可替代的自身优势与作用。随着"一带一路"倡议的深入实施，语言文字智库的作用愈发重要，将为文化国际化传播以及"一带一路"其他领域的建设发挥基础性作用。

（二）传播中国价值，增强文化认同，塑造中国形象

价值观是居于文化核心的最基本的特质，凝结着一个民族最深层的精神追求，文化传播的核心内容正是价值观传播。当前，塑造中国形象，提升中国文化的世界吸引力和影响力，最根本的就是传播好社会主义核心价值观。从本质上讲，社会主义核心价值观具有很强的普适性，具有超越国界的世界意义，无论是社会主义国家，还是资本主义国家，事实上都可以把社会主义核心价值观的内容当作国家精神文明建设的重要组成部分。

今天，中国的发展举世瞩目，随着综合国力的增强，中国承担着越来越多的国际责任与义务，中国的国际形象与地位得到很大提升，对周边、亚太地区乃至世界格局都具有重要且深远的影响，所以也引起了西方发达国家的嫉妒和忌惮。某些霸权主义国家罔顾事实与世界道德舆论，直接撕下虚伪的面纱，抛弃世界贸易规则，悍然发动对中国的科技贸易战。他们之所以能够如此胆大妄为，背后的重要支撑就是舆论宣传，就是凭借其强大的文化与媒体霸权，捏造谣言，抹黑中国，诋毁中国的国家形象，误导民众。在此背景下，中国更有必要大力传播社会主义核心价值观，消除西方民众对于两种意识形态的对立与误解，改善中国国家形象，树立求同存异、共建人类美好家园的伟大目标，为世界和平与发展塑造和谐的国际环境。

社会主义核心价值观引领下的中国特色社会主义道路，是中国人民在一百多年来探索救国救民道路的过程中自主选择的结果。这条道路既深植于中国独特的文化传统，也符合中国的现实国情，反映了中国人民的独立自主、和平发展意愿，适应了时代发展的进步要求。事实证明，中国改革开放以来取得的伟大成就，就是中国人民在社会主义核心价值观的武装下取得的。在世界发展的舞台上，作为世界人口最多的发展中国家，中国的崛起和发展给发达国家带来的更多是贡献和机遇，而不是危险和挑战。中国的发展可以为世界提供更广阔的市场，可以给世界提供更充足的智力资源。因此，中国应大力传播社会主义核心价值观，向世界阐释中国特色社会主义道路，让世界人民了解中国追求和谐发展、和平共处的美好愿望和意义。通过宣传，不断增强世界人民对中国文化的价值认同，为中国和世界的和平发展提供正能量。

（三）坚持目标导向，打造差异化的文化传播模式

坚持目标导向和精准传播是提升文化传播力的首要举措。毛泽东曾指出，"射箭要看靶子，弹琴要看听众……做宣传工作的人，对自己的宣传对象没有调查，没有研究，没有分析，乱讲一顿，是万万不行的。""共产党员如果真想做宣传，就要看对象，就要想一想自己的文章、演说、谈话、写字是给什么人看、给什么人听的。"毛泽东思想中的"群众路线"是我们党的生命线和根本工作路线，同样也是文化传播的根本方法。判断对外文化传播工作的成败，不是看对外传播了多少，而是要看有多少文化被受众接受，获得受众的认同与赞赏。

在内容选择上，要不断开展以中国文化和中国形象为主题的民意调查，了解受众对中国文化和中国形象的印象，哪些是感兴趣的、喜欢的，哪些是不关心的、反感的，哪些是期盼了解的，等等，掌握了这些内容，才能在中国文化中甄选合适的内容进行创新性转化。要了解两种文化在思维方式、价值观念、利益诉求等方面的差异，继而寻求这些差异的解决之道，而不是按照自己的思维方式，一厢情愿地开展文化传播，无的放矢的传播方式不仅是无效的，还是对资源的极大浪费。因此，必须构建对外文化传播的目标定位机制与信息反馈机制，加强传播效果的科学评估，实现传播对象的精准化和效果的最大化。

在工作方法上，坚持"入乡随俗、求同存异"，以润物细无声的方式紧贴不同受众的偏好与口味，尽量提供个性化、多样化的文化需求，特别是尊重不同受众的宗教信仰。要加强与本土文化机构和媒体的国际合作，精准把握本土的人文环境、市场需求和受众心理，特别是借助新媒体对外文化传播平台与载体，把中国独特的传统文化艺术和中国人的当代精神与价值观念巧妙地融入传播内容，并快捷高效地传递到终端受众。

（四）持续推动文化传播领域内的技术创新

高新技术是一个行业的筋骨，失去高新技术的支撑，该行业的发展寸步难行。在文化传播领域，高新技术同样起着举足轻重的作用，决定着文化传播的内容质量、传播手段、传播路径、传播效率以及传播效果。因此，在文化传播过程中，必须紧紧围绕创新精神，以内容为灵魂、技术为支撑、需求为目标，以整条文化产业链为视角，提高产业链内高新技术的利用率和普及

率，提高文化传播的效率与效果，持续推动产业链的升级换代。比如，当前使用的交互技术、虚拟现实技术和触摸技术就实现了文化内容的传播方式与表达方式的颠覆性创新，提高了受众的体验感和满足感，更好地满足了受众的精神需求，提升了文化传播的影响力。

时代背景和社会环境是决定大众文化需求和审美能力的重要因素。在信息化时代，大众对文化内容的制造和传播形式的需求都发生了新的变化，这就要求以新媒体为主的传播媒介与载体必须密切关注高新技术的前沿动态，及时融入高新技术，提高新媒体的技术含量和利用率。新媒体行业融入高新技术能够促进文化产业内的资源重组和文化体制与机制的调整，推动生产方式、传播渠道以及宣发营销等方面的革新，开发满足受众多样化精神需求的创意产品，推动产业结构优化与产业转型升级，从而促进经济发展方式的重大转变。目前，国内大型文化企业都转向了"文化+""娱乐+"型创新企业，这些文化企业以"创新"为导向，密切融合高新技术，依靠自身强大的技术研发团队，针对企业特色进行技术创新，打造全新的文化产业链和文化业态，成为引领行业未来发展的风向标。

例如，2018年，兰州市文化和旅游局制作了30秒钟精彩的兰州旅游和文化宣传片，先在纽约时代广场进行为期一周的宣传片展示，随后，利用"兰州登陆纽约时代广场"的影响力将信息在国内宣传，打造新闻事件，不仅在人民网、《兰州日报》等各大网站和新闻报刊进行宣传报道，还得到大量的官方微博、微信等自媒体的相互转发，国内视频观看总数达50.7万次，兰州独特的塞北风光和人文特色受到全球媒体和全世界游客的关注，许多观众在欣赏视频之后，对兰州产生了极大的好奇心，于是便来到兰州亲身体验充满魅力的中国西北风光，所以，经过宣传之后，来兰州旅游的游客数量大幅提升。❶

2011年，党的十七届六中全会通过《中共中央关于深化文化体制改革　推动社会主义文化大发展大繁荣若干重大问题的决定》，从政策上肯定了文化产业的重要意义。其中明确要求："提高我国出版、印刷、传媒、影视、演艺、网络、动漫等领域技术装备水平，增强文化产业核心竞争力……健全以企业为主体、市场为导向、产学研相结合的文化技术创新体系，培育一批特色鲜明、创新能力强的文化科技企业，支持产学研战略联盟和公共服

---

❶ 佚名.兰州城市宣传片惊艳纽约时报广场［N］.兰州晚报，2018-10-16.

务平台建设。"文化企业应抓住机遇，大力推动内容创新与技术创新，走出一条以内容为灵魂、技术为依托、营销宣发为保障的开创型道路，提升企业的影响力和公信力，助力企业产品品牌向名牌转变，合力推动文化产业的发展与繁荣。以数字图书馆、博物馆的发展为例，近几年，大型图书馆和博物馆利用数字技术、互联网技术和信息技术，对自身进行数字化改造和建设，借助网站推出数字应用平台或移动客户端，提供图书馆和博物馆资源的网络服务，方便用户随时查看或在线阅读各类活动信息与馆藏资源，提高了资源的共享水平与效果，也为图书馆、博物馆的转型发展开辟了广阔的空间。同时，高新技术引入新媒体领域也拓展了其应用空间，为自身发展提供了动能和平台。在高新技术的支持下，新媒体不断更新换代，提升其载体功能和传播特质，极大地促进了文化产业链条的完善与发展。

（五）培养精通跨文化语境的国际传播人才

对外文化传播最核心的要素是人才，人才的素质是决定传播质量与效率的关键。俗话说，"十里不同风，百里不同俗"，何况是处于不同文化环境、政治制度以及宗教信仰的异国他乡。缺乏熟悉异国他乡的文化环境、政治制度以及宗教信仰的人才，文化传播是不可能实现的。仅以语言为例，据统计，当今世界现存的语言有7000多种，136个语系。由于人类的迁移，几乎每个国家和地区都存在不同的语言，即使在同一个国家或地区，其风俗或宗教也有很大差异，由此造成跨文化传播的难度和复杂性。可见，要实现跨文化传播，必须首先有一批能够胜任跨文化传播的人才，这些跨文化传播人才不仅熟悉双方的语言，还必须掌握彼此的历史传统、政治制度、文学艺术乃至跨文化传播的信息化技术、产业开发与宣发等多个领域的专业知识，一个人只有掌握（至少是了解）这门专业或技术才能在此基础上进行创新与突破。当然，作为个体，一个人很难同时拥有这些专业能力，但是一专多能的人才是可以培养的，如果把这些一专多能的人才组成一个团队或机构就能实施这种现代化背景下的文化传播。所以，文化传播人才的培养是一项系统工程，需要国家和地方政府、高校、企业等多个部门、多种社会力量的合力才能完成。

据统计，把英语作为官方语言的人口超过10亿，有73个国家将英语作为官方语言，联合国的标准语言也是英语。北美的美国、加拿大，欧洲的英国，大洋洲的澳大利亚，亚洲的印度，还有非洲过半数国家，都将英语定为官方语言。但是，世界上还有 70% 的人在日常生活中是不以英语为主要交流工具的。目前，世界上很多国家把英语作为第一外语来学习，主要原因是一些以英语为母语或者主要语言的国家是发达国家，这些国家凭借其经济、军事、科技上的霸权地位，强势控制互联网、影视、娱乐、新闻等领域，牢牢把握其话语权，其他国家要想分享其成果，只有学习其语言。但是，这并不意味着以非英语为通用语言的其他国家，特别是广大发展中国家的文化交流就处于被忽视的地位。事实上，这些发展中国家虽然在经济、科技领域暂时处于劣势地位，但仍然拥有丰富的人文资源与自然资源，与其开展人文交流有助于促进双方文化的发展与进步，与其进行自然资源的勘探与开发有助于资源国的经济发展，也能弥补我国自然资源的不足，实现两国文化与经济发展的双赢，这些措施既符合我国经济复兴与腾飞战略，也是人类命运共同体同呼吸、共命运的应有之义。

随着全球化的加剧，我国同世界各国开展多个领域的交流与合作的状况将逐步常态化，但目前，在外语能力培养方面，我国存在"英语"独大的不合理局面，需要尽快扭转，突破我国融入全球化的第一重障碍，为此，需要大力开设与加强小语种专业人才的培养工程。政府教育机构、企业应与国内外高校通力协作，围绕重大项目、重点工程以及重要节点，采取联合培养的方式，开展语言、文化、宣传、媒介、文创产业、市场营销以及网络技术等领域的专业型和复合型人才培训，尽快打造一大批既懂专业又熟知对象国和地区的政治制度、宗教文化、人文历史、民风民俗等传统的复合型创新人才队伍。

（六）打造文化品牌，提升国家形象

每个国家都有自己的文化品牌，品牌既是一个产品符号，更是一种民族精神、文化、情怀和气节的象征。比如，中国武术是中华民族长期积累起来的一项宝贵文化遗产。从表面看，它是一项搏击技能，是一个体育运动项目，但从实质看，它是中国文化精神与形体内外合一的整体观的统一体。其精髓就是：外动内静、动中求静、动静兼备、有刚有柔、刚柔并济、练内练外、内外兼练。再如，工艺精良、技术精密的瑞士手表代表着瑞士人一丝不苟、精益求精的敬业精神，法国的服装品牌是法国人优雅浪漫情怀的体现，好莱坞经典电影则体现着美国人崇尚独立、自由、奋斗、公平及个人英雄主义的精神。

虽然中国已经有一批世界品牌成长起来，但在品牌战略考虑上主要还是以市场为核心，而在品牌的影响力和知名度方面大多未能融入中国元素，没有与中国文化的正面形象结合起来。所以，"塑造真正能展示中国文化的品牌需要我们强化中国品牌的整体自觉意识，如果国内不同产业的优秀产品都能在其品牌战略中更加注重开发或植入中国文化精神，有意识地打造基于中国整体文化特质但又各具特色的品牌形象，那么遍及全球的'中国制造'就将成为中国文化无处不在的代言者"。● 这一思想应当成为我们国际品牌发展的战略支点与发展方向，唯有如此，品牌竞争力才有深厚的基础支撑，才会成为更具有附加值的国际名牌。

品牌就是竞争力，有影响力和知名度的文化品牌是提升文化传播力、塑造良好国家形象的最佳载体，这类文化品牌能够比较容易地被受众认可，从而接受其承载的文化。目前，我国文化产业存在研发投入不足、追求短期利益的短板现象，虽然文化产品的出口总量不低，但因文化产品徘徊在以量取胜、追求短期经济利益的短视思维之中，导致产品知名度较低、技术含量不高、缺乏创新等现象，难以形成知名度较高的文化名牌，在世界范围内缺乏较强的持续影响力和竞争力，难以获得高额回报。

作为满足人类精神需求的文化产品，不仅风格独特，还要充满文化创意，并融入现代技术，才能在激烈的国际市场竞争中脱颖而出。在文化创意和设计上，我国文化产品缺乏创新，存在产品同质化现象，导致文化产品缺乏特色。以旅游产品为例，在中国的各个旅游景点，所陈列的文化产品几乎都存在千篇一律的现象，所以，在景点出口处，多数游客对陈列的琳琅满目的艺术品熟视无睹、匆匆而过，很少驻足欣赏，更别提消费购买了，所以，旅游景点的收入主要是靠门票和餐饮，多数文旅产品只是一种摆设。事实上，各地旅游景点所拥有的自然资源都是具有独特风格的，如果深入挖掘、仔细打磨，都会开发出具有原创性、差异性、多样化的文化产品，这些亮点极易打造成具有地方特色的、一定知名度的文化品牌，引起游客的好奇心和消费欲，所以，旅游景点或旅游城市的对外销售商品不在于多而全，而在于精而特，没有购买，再多再全也是枉然。事实上，国际市场与国内市场同为一理。

所以，在西方文化品牌占据世界市场主流的背景下，中国文化产业要想

● 佟斐. 提升中国文化对外传播力的思考［J］. 中国特色社会主义研究，2014（5）.

在世界舞台上占据一席之地，就必须凭借科技创意将传统文化的独特魅力展现出来，打造有中国文化特色的商品，依靠文化品牌的力量，增强国际竞争力。为此，文化品牌的塑造要秉承中国特色和国际表达的理念，尊重受众国及人民的文化传统和价值观念，发挥创新潜能，推动多元文化交流与融合，在带动文化消费的同时，逐步打造特色品牌，提升文化产业的国际化水平和竞争力。在坚持创新导向的前提下，充分尊重和利用市场的资源配置、调节功能，通过市场竞争，筛选、调整、优化文化产品，逐步打造具有全球竞争力的文化品牌。

（七）立足周边国家，瞄准亚非拉国家，持续扩大文化传播力

任何国际交往都需要建立在双方或多方共识的基础上，如果没有这个基础，交往无法深入，也就难以取得实质性成果，文化交往亦是如此。俗话说，远亲不如近邻。地理上相邻或相近的国家，虽然存在政治、经济、宗教等方面的差异，但大部分国家在历史上都存在民族交叉、融合的现象，所以，地域相邻的国家之间在文化上必定是相互影响最深的，也是最容易认同和交流的。

众所周知，在历史上，中国就与中亚、朝鲜半岛、日本、越南、菲律宾、马来西亚等国家和地区保持着密切的贸易与文化往来，由此形成了东亚文化圈或儒家文化圈，所以，中国文化在东亚国家和东南亚相对来说比较容易传播。在近代和现代化进程的影响下，虽然有些国家的文化已经脱离了儒家文化圈，但是有些人或者是华人华侨，或者是华侨的后裔（因年代久远，无从考证，有部分人并不认同或知道其华侨身份），他们的生活习惯与风俗还带有中国文化的痕迹，比如，过春节、结婚习俗等。所以，在文化上仍具有较高的可通性，这为中国文化的传播提供了重要基础。

对于其他发展中国家来说，尽管不同国家和地区的历史传承、意识形态、文化价值观念、日常语言等存在明显的差异性，尤其在宗教信仰方面，涉及佛教、基督教、伊斯兰教、印度教、锡克教、犹太教等多种宗教，由此导致国情、民情千差万别，但是，为了寻求经济上的合作共赢，这些国家需要以经济发展为纽带开展多个领域的合作与共建。因此，中国将借此机遇把中国文化真精神与中国核心价值观和这些发展中国家的建设深度融合起来，为提高人民的生活水平与建设和平发展的环境构筑互联互通的桥梁与纽带。

可见，我们立足周边、拓展同广大发展中国家的文化交流与合作，广泛

地开展中国文化的国际化传播，提升中国文化传播力，具备较强的区域优势。中国应发挥在发展中国家的重要作用，扩大传播主体，拓展传播渠道，加强相互间文化对话与交流，针对不同受众的差异化价值需求、认同心理、媒介使用习惯和关注点等，在保持中国民族特色的基础上，将中国文化进行区域化信息解码，转化成受众理解和接受的文化符号，借助新媒体的优势，地道、生动、精准地表达中国文化价值观，缩小彼此间文化距离和文化心理隔阂，从而获得越来越多的受众的认同与共鸣，实现最佳传播效果。

第五章 中国品牌文化及其国际化交流与传播

每一个民族都有自己的经典，每一个民族在成长的过程中，都曾经历跌宕起伏与兴衰起落。兴盛之时，文化经典是其繁荣昌盛的智慧之花；衰落之时，文化经典则成为其复兴振邦的精神依托。在世界历史发展进程中，中华文化宝库发挥了重要作用，其中，儒家、道家、兵家哲学思想以其蕴含的卓越智慧成为世界文化史上影响深远的文化流派。

一、儒家哲学智慧及其在海外的交流与传播

（一）儒家哲学智慧

儒家文化源远流长、博大精深，在几千年的历史长河中，上承远古以来的中华智慧，又以海纳百川的若谷胸怀不断吸取诸子百家的文化精华以实现自身的长足发展，从而成为经世致用的经典学说。几千年来，以儒家文化为主体的思想，成为中华民族的精神支柱，其中，作出卓越贡献的是孔子和孟子，所以，儒家学说也被称为孔孟之道。孔子、孟子及其弟子、再传弟子不断著书立说，逐步将儒学发扬光大，构建了以"仁道""礼治"和"中庸"为核心的哲学思想体系。

作为中国文化的集大成者，以孔子、孟子为代表的儒家思想成为中华民族的主流文化，其"仁者爱人"的尚德精神、"天下为公"的爱国主义情怀、"浩然之气"的人格境界、"民为邦本"的民本思想既反映了中华民族特有的精神风貌和精神特征，也是世界人民普遍追求的理想情怀。孔子主张的"仁道"与"礼治"在本质上是统一的，内在是"仁"，外在是"礼"。"仁道"就是爱人之道，仁之本在爱亲，而"克己复礼为仁"，即通过"礼治"实现"仁道"，也就是实行礼乐教化，唤起人的普遍社会伦理责任，达至"天下大同"的修齐治平之目标。可见，儒家思想虽是以道德修养为目

的，但也是讲究通过外在管理与实践达到其目的的经世之学。外"礼"内"仁"便可达到合宜点的"中"，实现稳定社会状态的"和"，所以，"和"是儒家思想追求的核心目标。"和"是一种大智慧，是一种高境界。之后的孟子和荀子将儒学推向顶峰，特别是荀子提出的"隆礼重法""王霸兼用"政治主张，将德治理想主义与法治现实主义相结合，为后世儒学真正走向政治实践做了重要的理论奠基。1919 年以后，在经受了无情的批判与洗礼之后，儒学站在时代的新起点，与时俱进，勇敢地借鉴与吸收中国与西方近现代思潮中的一切先进文明成果，在融会贯通的基础上，致力于建构、发展能够积极参与中国和世界现代进程与实践的新儒学。事实证明，儒学是一门承古纳今、融会贯通、与时俱进的学说，也正因于此，儒学必将继续成为今后中国和世界人民修身齐家治国平天下的经世之学。

1. 儒家学说的合理内核

（1）理论观。即道德观、世界观及自然观。道德观即以"五常"（仁、义、礼、智、信）、"八德"（孝、悌、忠、信、礼、义、廉、耻）为核心伦理价值的仁道主义和礼治观，以"内圣外王"为人格理想、以"修齐治平"为目标、以"格致诚正"为方法的德治理念和精英修为之道；世界观即以"协和万邦""家国同构""四海之内皆兄弟""天下为公"为基本理念的天下观；自然观即以"天人合一"为基本理念的宇宙观。

（2）方法论。即中庸之道和"忠恕"之道。中庸之道讲求做人做事要恰到好处、恰如其分、恰合其人，实质上是实事求是的辩证法思想的实践运用，这是中华民族的大智慧，是中国人处事的根本原则。中庸之道是一种境界，就像圆周率一样，人只能不断接近它，但永远达不到；"忠恕"之道指"将心比心，推己及人"的处理人际关系的基本原则，是一种以"己所不欲，勿施于人"为基本原则的处世处事智慧。

（3）真精神。即"天行健，君子自强不息；地势坤，君子厚德载物"（《周易·象传》）的刚健有为精神和虚怀若谷、海纳百川的胸怀。也就是说，天（自然）的运行刚强劲健，持久不停，相应于此，君子处事，应该向天学习，像天一样，坚韧刚强，永不停息；大地的气势高高低低，能容纳万物，同样，君子应像大地一样，刚柔并济，容载万物。中国人谦虚的性格就是这种精神的现实体现。

（4）使命观。即张载的"横渠四句"："为天地立心，为生民立命，为往圣继绝学，为万世开太平。"（《张子语录·语录中》）意思是，为人类社会构建以"和"为核心的价值体系，让天下百姓都有安身立命之处，继承先贤们的学问和思想，为后世之人开创一个生活美满、安定和谐的社会环境。"横渠四句"阐明了知识分子的使命意识和责任担当，为读书人指明了实现其人生价值的重要途径。在现代化的今天，这一使命已转化为每一位中国有识之士所担当的时代使命。

2. 儒家学说的普世价值

（1）"仁"道智慧有利于培养人的仁爱精神与情怀。追求道德完美的社会，成就道德高尚的人格，是孔子的理想目标。孔子处在礼崩乐坏的社会变革时代，其最大的贡献是对周礼进行了革新与改造，重建道德伦理，因而提出以"仁"为核心概念的价值体系。其内在的人文精神着眼于对人类命运与归宿、痛苦与解脱、幸福与完善的思索，体现着对人生的终极关怀。

孔子把人类一切有价值的、内在的道德自觉都包含在"仁"之中，把"爱人"作为"仁"的核心内涵。作为人的价值，"仁者爱人"包含三个层次的精神境界："一是爱自己，即对自我生命价值的肯定、尊重和珍爱；二是爱亲人，即以'孝悌'为本，对家人的挚爱；三是爱他人，即'泛爱众而亲仁'，就是广泛地去爱芸芸众生，亲近那些有仁德的人。珍爱自我、挚爱亲人、博爱众人，构成了仁爱精神的核心内容"。❶ 因此，"仁者爱人"的境界承载着道德义务所要求的高度自觉的自我牺牲精神。为了实现道德理想，为同胞、为民族、为国家无私奉献，甚至可以牺牲自己的生命，以达"舍生取义、杀身成仁"之至高追求。孔子把"仁"看作人生的最高追求，把"仁"看作人格修养的最高境界。孔子从三个方面提出了达到"仁"的具体途径：一是"己所不欲，勿施于人。"（《论语·卫灵公》）二是"己欲立而立人，己欲达而达人。"（《论语·雍也》）三是"以直报怨，以德报德。"（《论语·宪问》）三个方面逐层递进，造就了"仁者"宽厚博大、悲悯天下的厚重情怀。

（2）以"和"为贵的情怀有利于构建"天下大同"的和谐世界。几千年来，国家政权虽屡经更迭，间有战争与盛衰，然而中华各民族在长期迁徙、聚集和相互交往的过程中所形成的民族大融合从未停止过，这就使中华各民族具有一种高度的民族向心力、凝聚力及根深蒂固的"中华"意识，以及追求祖国统一的团结精神。

---

❶ 卞敏. 中华民族精神研究［M］. 北京：光明日报出版社，2008：104.

孔子身处一个社会动乱时期，所以，特别渴望社会的稳定与和谐，其"以道自任""士志于道"的高尚胸怀，使得他对人生关怀始终是"以天下为己任"，超越一己之利害得失，而指向"道"。由于心怀"家国天下"，所以"君子动而世为天下道，行而世为天下法，言而世为天下则"（《礼记·中庸》）。从孔子的"修身齐家治国平天下"，到孟子颂扬的"穷则独善其身，达则兼济天下"，再到顾宪成的"家事、国事、天下事，事事关心"，都表明"以天下为己任"是历代儒士心灵深处的价值观念和理想追求。以"和"为贵的观念有助于塑造超越国家和民族观念的"天下为公"的普世精神，形成拯救全人类的博大情怀，儒家构想的这种"天下为公"的"大同"理想目标，是建设一个人人皆有为公之心并选择高尚情操的"大同"社会，在中国历史上具有深远的影响，以至于在中国历史上，涌现出一大批光照日月、永垂青史的民族英雄、爱国者和志士仁人。今天，人类已进入一个全球化的时代，特别是人类正处于一个需要全人类携手合作才能解决某些重大问题的时代，以"和"为贵的"天下大同"思想具有很强的普世价值，需要全人类的认同与践行。

（3）"忠信"价值观有利于培养人的诚实守信精神。在中国传统文化中，"诚"与"信"是两个非常重要的德行范畴。今天，我们通常把两者连在一起使用，其实，两者在含义上是有差别的。"如果说'诚'是内在的人格美德，强调内心的真实品性，是主观的，那么，'信'则是'诚'这种美德的表现，侧重于外在的行为，是客观的。因而，'诚'是'信'的道德基础，'信'是'诚'的表现形式。"❶ 诚在于仁，信近乎义。诚信离开了仁义就失去了价值。中国古代文明的一个重要特征，就是仁义与诚信结合起来共同构成基本的道德支柱。

道德是人类社会共同体的基础，无论社会如何变迁，诚信道德都应成为文明社会的重要伦理规范。在市场经济条件下，我们尤其需要"诚、信"精神，在立身、处世、处事过程中，熟知"诚、信"之意、秉承"诚、信"之道、践行"诚、信"之事。

（4）"气节"观有助于培养"浩然之气"的人格精神。犹如每一个原始部落都有自己的图腾崇拜，任何一个民族都在历史长河中，积淀形成了自己的理想人格，作为文化精神的象征。自古以来，中华民族就是一个崇尚气

---

❶ 卞敏. 中华民族精神研究［M］. 北京：光明日报出版社，2008：112.

节与信念的民族，从孔子、孟子到历代儒士，人人都胸怀强烈的救世热情和崇高使命感。

孔子教育弟子"苟志于仁矣，无恶也"（《论语·里仁》）。以立志为先，立志的内容是求仁，如果修行达到此种境界，则没有什么过错了。在孔子看来，人不仅要"立志"，还要"尚志"，即一个人要具备志行高尚的人格。可见，有志之士是忧道不忧贫，以"谋道""忧道"为终极关怀。所以，孔子特别强调"气节"即"志不可夺"的重要性，指出"三军可夺帅也，匹夫不可夺其志也"（《论语·子罕》）。可见"志"在人格中的地位。为此，孔子曾赞扬伯夷、叔齐"不降其志，不辱其身"。他们"不食周粟"，不屈服于外在势力，保持高尚气节，体现了独立意志与人格尊严。

任何时代和任何群体的成员，"只要有崇高的气节和坚定的信念，就会有强大的精神支柱和精神动力，就会有战胜一切艰难险阻的能力和力量，就能为捍卫真理和正义而抛头颅洒热血，就能无坚不摧、无往不胜。炎黄子孙们世代追求的这种气节与信念，是支撑中华民族生生不息、弱而复强、衰而复兴的灵魂，就是中华民族自尊自信、自立自强、经天纬地的立世法宝"。❶

（5）"义利"观有利于培养人的"崇德重义"价值取向。在中国传统文化中，义利关系一直占有重要地位。义利关系主要包括两个层面：一是道德与利益、精神追求与物质生活的关系问题；二是公利与私利的关系问题。中国古代哲学义利观中的积极因素培育了中华民族崇德重义、追求正义、先义后利、天下为公的道德传统，时刻与社会中存在的营私罔利、假公营私等不良现象进行着不屈不挠的斗争。

孔子倡导以社会为本，重视社会整体利益。其"以义为质""见利思义"的思想表达了以"义"为道的价值取向，继而升华为"生以载义""义以利生"的人生观。在伦理上，这种精神和观念更加注重国家和民族的整体利益，认为家庭、自我与国家、社会共为一体，彼此共生、共存与共荣，主张以整体的大局利益为最高的价值取向，强调个人对社会整体的道德义务，即先"国"后"家"。当个人利益、家庭利益与群体利益、社会利益发生冲突时，就要遵循"义以为上""先义后利""重义轻利"的原则。"天下兴亡、匹夫有责"表现在政治上，就是个人利益服从国家利益的爱国

---

❶ 卜敏. 中华民族精神研究 [M]. 北京：光明日报出版社，2008：117.

主义精神，这一思想意识影响和激励了一代又一代的仁人志士为国家与民族利益而奋不顾身的忘我精神。

（6）"民为邦本"思想有利于培养执政者以民为本、关爱民生的"亲民"价值观。儒家文化的民本思想起源很早。"民本"一词，最早出自"民可近，不可下；民为邦本，本固邦宁"（《尚书·五子之歌》），意思是，为政者必须亲近百姓，而不能轻视百姓；百姓是国家的根本，根本稳固了国家才会安宁。"民为邦本"思想是中国帝王践行"仁政"与"王道"的思想基础，也是中国政治清明的重要标志。

在中国古代，传统文化尤其是儒家文化的经世致用思想以及无神论传统，形成了一种求真务实的精神，这种精神深深地影响着中国人的处世、处事态度与行为。所以，中国人讲求入世，不重出世；重视德育，轻视宗教；注重经验，无视神灵；崇拜王权，压抑神权。这些观念的形成非一日之功，也绝非偶然现象，先秦儒家及道、墨等多个学派都有共识。孔子说："修己以安百姓""因民之所利而利之"，表达了安民、利民的民本思想。孟子则完整地提出了"民为贵，社稷次之，君为轻"的民贵君轻思想。历史经验也充分证明，人民是国家的根本和基础，只有安民养众，培根固本，才能治国安邦，长治久安。得民心者得天下，失民心者失天下。这些至理名言成为中国传统文化中的思想精华，深深地烙刻在中国人民，特别是上层管理者的思想意识之中。

（二）儒家文化名片——孔子学院

全球化发展为中国和世界各个领域的发展提供了新的机遇，也为孔子学院的进一步发展创造了千载难逢的机遇。2004 年 11 月 21 日，第一所孔子学院在韩国首尔挂牌成立。之后，孔子学院（课堂）如雨后春笋般在世界各国发展起来，成为传播汉语和中国文化的重要平台。截至 2018 年 12 月，全世界已有 154 个国家建立了 548 所孔子学院和 1193 个孔子课堂。

近年来，孔子学院虽然呈现蓬勃发展之势，但随着跨文化传播实践的不断深入，孔子学院跨文化传播也出现了诸多问题与挑战，这既有自身管理方面的不足，也有在文化碰撞过程中产生的难以规避的瓶颈，更有西方国家对中国迅速崛起而内生的嫉妒心理和抵触情绪。孔子学院如何在复杂的形势下，突破自身的局限与外在羁绊，充分利用这一文化交流平台，实现可持续发展，是政府、学界共同关注的重点问题。

1. 孔子学院跨文化传播的优势

孔子学院是以传播中国文化为宗旨，在海外设立的非营利性教育机构。在中国与世界各方的共同努力下，经过十几年的艰辛历程，取得丰硕的成果，规模不断扩大，管理经验不断丰富，管理体系逐渐完善，为提升中国软实力和国家形象发挥着不可替代的作用。

从当前的情况来看，孔子学院开展跨文化传播具有三个优势。

（1）孔子学院的非营利性定位有助于实现自身的发展。《孔子学院章程》明确规定，"孔子学院作为非营利性教育机构，其宗旨是增进世界人民对中国语言和文化的了解，发展中国与外国的友好关系，促进世界多元文化发展，为构建和谐世界贡献力量。其主要职能是：面向社会各界人士，开展汉语教学；培训汉语教师；开展汉语考试和汉语教师资格认证业务；提供中国教育、文化、经济及社会等信息咨询；开展当代中国研究"。❶ 孔子学院不以营利为目的，运行经费主要来自我国政府拨款和当地政府资助，这样学院就有更多的精力与时间用在教学与管理上，提高了机构运行与管理的效率。从当前情况来看，孔子学院能够以较少的人力，开展丰富多彩的教学和文化活动，也因地制宜地开发了许多适合当地需求与特色的"本土化"教材，形成了各具特色的办学模式，成为各国学习汉语与中国文化、了解当代中国的重要窗口，获得了当地社会各界，特别是学生的热烈欢迎，基本达到了国家开设孔子学院的目的。

（2）强大的综合国力是孔子学院未来发展的坚强后盾。改革开放以来，中国经济快速发展，先后超过英、法、德、日等经济强国，跃居世界第二大经济体。经济体量的增长推动中国国际地位与影响力的攀升，越来越多的国家重视与中国的合作关系，希望搭上中国发展的"高速列车"。为此，各国政府和民众认识到，无论是国家或个人，要想得到更好的发展，就必须研究中国文化，学会与中国人打交道、做生意，而掌握汉语是实现这一目标的首要条件，这些因素成为推动孔子学院进一步发展的强大引擎。在中国经济发展持续向好、全球汉语热不断升温的前提下，作为重要的汉语教育传播机构，孔子学院将在未来的中外人文交流和经贸往来中发挥越来越重要的作用。

---

❶ 孔子学院［EB/OL］.［2021-05-21］. https：//baike. baidu. com/item/孔子学院/812632? fr＝aladdin.

（3）遍布世界的华侨华人为孔子学院的可持续发展提供了人才保障。华侨和很多华人不仅精通汉语和所在国语言，而且深谙两国的文化差异，在进行跨文化交流与传播时，他们自然知道应该选择哪些内容、采取何种方式才能够被受众认可和接受，在遇到障碍或冲突时，也懂得如何进行沟通，所以，如果他们能够成为传播汉语和中国文化的中坚力量，将会起到事半功倍的效果。据不完全统计，目前，世界上约有170多个国家和地区都有华侨华人居住。随着中国经济实力的增长和国际地位的提高，世界各国对汉语教育和文化学习的需求突飞猛进，越来越多的华侨华人加入学习和研究汉语以及中国文化的大潮中，成为一支重要的对外文化传播力量。

2. 孔子学院办学的"短板"

（1）布局亟待调整。经过十多年的努力，孔子学院基本实现全球覆盖，但从区域分布来看，仍需要进一步调整和优化。总体来说，欧美地区的孔子学院分布密集，增长速度最快，而非洲、中亚、西亚、拉美的孔子学院进展较慢。毫无疑问，中国倡导的"一带一路"建设以及日益加深的全球化需要大量的掌握汉语的各类人才，才能开展各个领域的交流与合作，如果缺乏有效的语言服务与文化人才支撑，各项活动不仅效率低下，甚至连加强民心相通的人文交流活动也无法开展。然而，人才的培养既需要时间，也需要积累沉淀，因此，尽快启动培养汉语语言和文化的人才工程，特别是在那些经济不发达的国家与地区设立孔子学院或学堂，以满足我国未来经济全球化快速增长的需求，这种未雨绸缪的决策将为我国的全球化布局与发展奠定坚实的基础。

（2）师资力量不足，队伍流动性强，且素质参差不齐。师资是办学的最关键因素。目前，孔子学院的师资主要是由中国派遣，当地本土师资很少，而多数中国教师又不能长期旅居国外工作，中方外派的汉语教师和志愿者的任期一般为2年，少数为4年，其结果就是，中方教师刚刚适应了海外的环境和教学，也积累了一些经验，任期却结束了，所以，培养本土师资是孔子学院长期发展的基石，也是降低办学成本的重要举措。如果师资队伍能够以本土教师为主，不仅可以在较短的时间内提升孔子学院的品牌效应，也能快速提高跨文化传播的影响力。但是，本土师资既要精通汉语，又要熟悉中国文化和本国文化，这就需要较长时间的培养，因此，要想在较短时间内，培养较多的师资力量，需要中国政府制定倾斜性政策，比如，可以通过特别项目，由中国政府出资，接受大批本土师资来中国留学，在中国专门培养汉语教学及汉语文化方面的师资，以解决本土师资培养周期较长的问题。另外，中国汉办应成立一支职业化的国际汉语教师队伍，长期居住国外，从事汉语的教学与管理工作，以及加强外国本土师资的进一步培训与进修。

（3）传播途径单一，方式有待创新。孔子学院历经十余年的迅速发展，已遍布世界各地，为传播汉语与中国文化做出了很大贡献。但是，也让一些抱着意识形态偏见看中国的西方人颇为不安，想当然地认为当地政府主导的孔子学院就是中国政府输出意识形态的工具。诚然，在孔子学院开展的各项文化交流活动以及日常教学中，不可避免地会介绍现代中国，其中涉及新中国取得的成就很容易被这些戴着有色眼镜的人放大、歪曲，编造成中国进行意识形态输出的例证，于是，借助各种媒体捏造各种谣言，对孔子学院进行恶意攻击、诽谤。2014 年，美国大学教授联合会曾呼吁美国近百所大学取消与孔子学院的合作或进行重新谈判，理由就是孔子学院是中国政府的一个分支机构，目的是宣传中国政府的意识形态，有违学术自由。2020 年 4 月，瑞典关闭了最后一所孔子学院，成为第一个彻底关闭孔子学院的欧洲国家。

面对这些不利局面，我们很难短期内扭转那些戴着"有色眼镜"看中国的西方人士，更难阻止他们的对抗行为，但是我们是否也应该反思在孔子学院建设和汉语国际传播中的某些问题？是否应该反思自身的传播策略？是否忽视了传播方式的"技巧"？是否动作过快过猛，一味地强势推广，导致国外受众的"排斥心理"，以致带来了适得其反的效果？既然政府主导的方式容易产生意识形态的反感，那么，是否应该探索多元化的办学模式？让更多社会组织特别是本国社会组织参与办学？在进行语言教学时，课程内容能否"本土化"，多一些当地文化元素？这些都值得我们思考。

（4）经费来源单一，发展后劲不足。孔子学院经费主要来自中国的孔子学院总部，外部资金只占很少部分，几乎没有自身收入。相比之下，其他国家的语言文化传播机构的经费来源则相对多元。比如德国的歌德学院，国家拨款仅占总收入的 1/3，其主要收入来自基金会的赞助、企业或个人的捐助以及自身的活动收入。由此可见，孔子学院要想获得长远发展，就必须拓宽渠道，改变其经费来源较为单一的局面，特别是探索一条如何与产业化相结合的发展之路。

3. 孔子学院跨文化传播策略

经济全球化将为孔子学院跨文化传播提供新的契机。党的十六大以来，我国先后提出了文化"走出去""提升国家文化软实力""中国梦"等国家发展战略,特别是"一带一路"倡议的提出,为孔子学院提供了难得的发展机遇。作为世界认识和了解中国的重要窗口,孔子学院与经济全球化之间有许多发展契合点,可以为经济全球化提供语言服务与人才支撑,搭建人文交流平台,大力培养"外语+专业"的复合型人才。为此,孔子学院跨文化传播,应做好以下四个方面工作。

(1)瞄准经济全球化,优化孔子学院的全球布局。作为中国的语言文化传播机构和国家重要的文化战略资源,孔子学院的布局与发展要服务于国家的发展战略。第一,要从国家战略高度出发,优化顶层设计,制定长期规划,整合资源为经济全球化服务。第二,要以实施国家战略的人才需求为导向,创新人才培养模式与内容,加快语言人才培养,特别是"外语+专业"的复合型人才的培养,为经济全球化提供人才保障。第三,整合全国语言人才资源,创建国家级语言人才库及机构,统一为参与经济全球化的相关企业提供全方位语言服务。例如,为企业提供语言翻译服务,开设有针对性的语言文化课程,提高员工语言能力,提供所在国(地区)文化、政策等方面的信息咨询服务等。第四,利用孔子学院的文化交际职能,深入开展人文交流活动,促进民心相通,提升国家的美好形象。第五,因地制宜,走特色发展之路,形成品牌效应,在服务国家发展战略中走产业化发展道路,实现孔子学院与经济全球化的融合发展。❶

(2)以需求为导向,积极推进教学主体与内容的"本土化"。在意识形态不同的国家,孔子学院的中国身份很容易遭到抵触,因此,加快推进孔子学院的"本土化"进程,是孔子学院提高办学质量、实现跨越式发展的重要举措。一是要加强与本地学校或教育培训机构的合作,使之符合本国或本地实际发展的需要。二是要加强孔子学院本土师资的培养。孔子学院的一线师资逐渐由当地人组成,培育一支精通汉语、了解中国文化的本土教师队伍。此外,鼓励当地华侨华人从事汉语教学工作及汉语国际教育事业。三是因地制宜,支持孔子学院编写本土化教材。根据不同国别、民族、人群编写教材和设计教学资源,实现汉语教材的"量身定制",同时在教材内容的选择上尽量兼顾两国的文化元素。

(3)巧用传播策略,用"本土化"表达方式阐述中国故事。自2004年

---

❶ 李宝贵,刘家宁."一带一路"战略背景下孔子学院跨文化传播面临的机遇与挑战 [J].新疆师范大学学报(哲学版),2017(1).

第一所孔子学院诞生以来，其曲折的发展历程证明孔子学院的发展与壮大迫切需要科学的顶层设计、适宜的运营模式和有效的传播方式，只有用"巧力"才能取得理想的效果。从宏观层面上，第一，语言的传播是一个较为缓慢的渐进过程，突飞猛进的扩展模式注定会出现更多的波折。第二，语言的传播应该是一个主动接受行为，而非被动接受行为，由政府主导的孔子学院注定会在他国实现"硬着陆"。第三，孔子学院主要由中国政府主导、中国政府资助，在他国看来必然带有意识形态的"光环"，在意识形态对立的国家和地区容易遭到排斥，增加生存与发展难度。所以，以上三点必须彻底改变，才能从根本上扭转不利局面。从微观层面上，第一，要尊重文化差异和多样化，注重传播内容的甄选，充分考虑受众的理解水平和接受程度。很多中华文化价值观也是西方人认同的，应当把这些具有文化共性的思想观念作为跨文化传播的"切入点"，以"温和、间接和隐性"的传播方式，达到"润物细无声"的效果。第二，要培养"知华友华"的国际友人，利用他们特殊的身份与感召力，借助他们的话语权，提升中国故事的认知度和接受度。历史经验证明，国际友人利用其"本土化"表达，对中国形象的国际传播会收到事半功倍的效果。

（4）拓宽资金渠道，加快实现产业化融合。当前，孔子学院的办学经费、师资力量、教材资源主要来自孔子学院总部的支持和保障。然而，孔子学院想要获得进一步的发展，仅靠总部的支持显然是不符合事物发展规律的。因此，需要借鉴其他国家语言文化机构的传播经验，以产业化发展为导向，多渠道开拓资金来源渠道，提升孔子学院的"造血"功能。❶ 政府的主导与资金支持应转变为政策支持、资金补贴、平台打造、舆论造势等软环境建设，鼓励更多的市场主体和社会力量来参与，提高其适应力和竞争力。

二、道家哲学智慧及其在海外的交流与传播

道家学派源远流长，远慕巢、许，中有伊、姜，近宗老聃。道家崇尚自然，从宇宙天地的衍生运行，推演出处世之学和为政之道。道家哲学的经典之作《道德经》仅以五千言就叙述了天地万物之道，众生处世之学，其蕴

---

❶ 李宝贵，刘家宁．"一带一路"战略背景下孔子学院跨文化传播面临的机遇与挑战［J］．新疆师范大学学报（哲学版），2017（1）．

含的智慧可谓取之不尽，用之不竭，由此衍生出的道家思想是中国文化中极为重要的一环，在世界文化宝库中也是一颗璀璨的明珠。据有关资料显示，从公元 2 世纪起，在孔子思想和儒学传入越南的过程中，老子思想及道教也相继传入，并影响越南人的生活、文化、政治等各个方面。❶ 6 世纪中叶，老庄思想和佛教经典一起传入日本，在江户时代，道家思想开始在日本普及。明朝末年，大批西方传教士来到中国传教，为配合其在华传教需要，传教士译介先秦典籍并传至欧洲，其中就有《老子》《庄子》等道家经典著作。

（一）道家哲学智慧

老庄学派正式称为"道家"，始于司马谈《论六家要旨》，时称"道德家"，后又简称道家。老子是道家学派的创始人，其思想学说见之于《老子》（又称《道德经》）一书。在书中，老子以其独有的视角，探究了宇宙的形成、万物的本源、国家的治理等一系列重大的哲学和政治问题。依帛书《老子》而言，该书实可分为道论与德论两大部分。若以今人学术分类，可分宇宙、人生与政治三个方面，其辩证法思想则内含于这三者之中。老子之"道"是一种超越时空的形而上存在，是最高的存在，是万物之开端。作为万物之开端、最高存在之"道"，乃是一混成之物，先天地而生。天地、鬼神、万物以它为根据，所以，侯王、众生行事必以它为法则。其人生论分为两个部分，一是讲统治者的修身养性与治理国家、天下的内在关系；二是讲普通人的修身养性之术与安生、乐生及长生之道。老子政治论的核心是遵道贵德而无为，因而反对战争，主张小国寡民的理想社会模式。当然，老子的"无为"非无所作为，而是不违"道"乱为。老子的道又分为"天道"与"人道"，"天道"是"无"，"人道"是"有"，"无"中生"有"，所以，"人道"应遵循"天道"，而"人道"之"道"贵在"守愚、守静、守柔"，无论是人还是物，都是"反者道之动""弱者道之用"，"不道早已"，即不符合"道"的就会很快灭亡。

相对于古代中国敬天的宗教情怀，老子并不把"天"看成有道德意志的主体，而是视为孕育人与万物之母，所以，人在处世时应遵循自然法则。

---

❶ 佚名. 老子和道教对越南产生了哪些影响. 洛阳日报［EB/OL］.（2007-10-15）［2021-05-21］. http：news./yd. com. cn/systen/2007/10/15/000313298. shtml.

就思想而论，其最核心的概念是"道"，其次是"德"，整个学派皆以"道论"为理论基础，而以"德论"为处世方法，畅谈人世兴衰成败之道。《老子》一书虽为理论学说，但其阐述的思想及道理是老子根据周朝之制及社会生活所悟出的万事万物的运行发展之道，"天道"与"人道"实为一理。所以，在论述社会政治之道、人生修养之术时，其尊道贵德、离形去智、返璞归真、无为而治的主张也只是遵循"天道"的"人道"而已，人类社会生活中所出现的祸福、成败、强弱、大小、高低、贵贱、曲直、无为与有为等一系列相反现象之间的辩证关系，其实也是"天道"在"人道"中的现实体现。老子之后的道家学说，或阐扬人性的自由与生命的意义，或偏重于治国用民之道，但归根到底，都在追求一个不用礼法制度而又秩序井然、民风淳朴、生活安定自足、人生自在逍遥的理想社会，即"人道"遵循"天道"运行的结果。

下面从道论、德论、人生论、政治论、辩证法五个方面分别阐释老子学说，以窥道家哲学之真谛。

1. 道论

"道"及围绕"道"的问题而形成的道论，是老子哲学的核心。老子的"道"其实探讨的是宇宙的本源、生成与变化，并以此推演人世间的发展变化与存亡之理。所以，"天道"论可称为"宇宙论"，"人道"亦可称为"人生论"。儒、墨、名、法各家都是讲述人生与政治之"人道"，唯有道家以"天道"讲"人道"，这是道家比其他各家更为深奥的地方。王本《老子》❶一书共有十九章，73句出现"道"字及与"道"有关的论述，"道"字75个，而有些地方不用"道"，而用"谷神""玄牝之门""天地之根""一""大""玄""朴""母""大象"等词表述"道"的意思，还有上下文中用"之"字代指"道"的，这样"道"字加起来就更多了。归纳起来，"道"字有两个层面的意思：一是作为本源之"道"；二是作为规则之"道"。

（1）作为本源之道。《老子》第二十五章、第四十二章最为集中地表达了这一思想："有物混成，先天地生。寂兮廖兮，独立不改。周行而不殆，可以为天下母。吾不知其名，字之曰'道'，强为之名曰大。大曰逝，逝曰远，远曰反。故道大，天大，地大，王亦大。域中有四大，而王居其一焉。人法地，地法天，天法道，道法自然。""道生一，一生二，二生三，三生

---

❶ 王弼《老子道德经注》本的简称，本书所引皆为王本《老子》，下同。

万物。万物负阴而抱阳，冲气以为和。"这就是老子心目中的宇宙生成理论，即"道"创生万物的过程。

（2）作为规则之道。"道"是万物的源头，是永恒运转的，也是有规律可循的，是天、地、人共同效法的榜样，也就是天、地、人要共同遵守的规则。作为规则之道的"道"字首先出现在王本《老子》第八章："上善若水，水善利万物而不争，处众人之所恶，故几于道。""上善"像水，水接近于"道"，故"上善"接近于"道"，可见，最高的善是以"道"为效法的榜样。此处，"道"暗含规则之意。在第二十章中，老子称自己独异于人之处在于"我贵食母"。"食母"即"侍道"，即遵循大道，此处，"道"亦有规则之意。

细而言之，规则之道又可分为天道与人道两种类型。

第一，天道。《老子》文本中"天道"概念两处，其他地方均作"天之道"。《老子》文本中的"天道"与现代人思想中的"自然规律"是有差异的。它既有天文，即四时气候变化的自然规律，如"不窥牖，见天道"（四十七章），也有"天道无亲，常与善人"（七十九章）的亲善、奖善的道德意义，可见，在老子看来，"天道"与"人道"虽不相同，却是相通的，属于同一个"道"。"从事于道者，道者同于道，德者同于德。同于道者，道亦乐得之。"（二十三章）当人遵循了"道"的运行规律，去追求合于存在的价值时，人就能实现自己的价值目标；相反，如果违背了"道"的运行规律，不仅事与愿违，不能成功，最终还会受到"道"的惩罚。所以，何谓善人呢？善人就是那些用"道"的法则去利万物、利众人的人。这样的人，自然会得"道"。

第二，人道。为了摧毁传统的政治专制的理论基础——神权观，老子以"道"为核心概念创立了天道自然观，从"天道"过渡到"人道"，提出"人法地，地法天，天法道，道法自然"。其逻辑就是，"天道"就是"人道"，天地万物如此，人类亦当如此。天道自然，是自发的、无为的，人道亦是自然无为的。于是，就产生出"无为而治，政道自然"的政治自然观。在第七十七章中，老子提出了"人道"违背"天道"的社会现状，"天之道，损有余而补不足"，而"人之道"则是"损不足以奉有余"，社会风气衰微，"人道"出现问题。所以，老子就说："大道废，有仁义；智慧出，有大伪；六亲不和，有孝慈；国家昏乱，有忠臣。"（十八章）其中，"智慧出，有大伪"的含义多数释为：智慧出现了，于是就有了诈伪奸佞之事。

这其实是一种误解，根据语言的对仗原则，这里的"出"与"伪"应为"黜"与"为"的假借字，所以，本句的释义应为：人缺乏大智慧了，就开始大张旗鼓地有所作为。因为老子是主张"无为而治"的，真正的智慧，就是顺其自然，无所作为，"大伪"在他看来无异于瞎折腾。❶ 这一思想与他的"太上，不知有之"（十七章）是一脉相承的。

2. 德论

"德"是老子思想中的第二个概念。所以，后人将老子的著作称为《道德经》。据统计，在《老子》中，"德"字一共出现 44 次，分布在 17 章之中，其出现的频率比"道"字要低得多。从今文《尚书》二十九篇来看，"以德配天"是周人的正统思想，所谓"皇天无亲，惟德是辅"（《尚书·蔡仲之命》）。可见，"德"在周人思想中的重要地位。而老子将"道"的重要性置于"德"之上，认为"天道无亲，常与善人"（七十九章）。这是老子对周人思想的创新性突破。在《老子》中，"德"字最先出现在第十章："生之畜之，生而不有，为而不恃，长而不宰，是谓玄德。"第二十一章说："孔德之容，唯道是从。"由此可见，"德"是"道"的一种具体化、实在化的外在品性，是人践行"道"的现实体现。

最接近于"道"的"德"称为"玄德"。但在《老子》第六十五章中，"古之善为道者，非以明民，将以愚之。民之难治，以其智多。故以智治国，国之贼，不以智治国，国之福。知此两者亦稽式。常知稽式，是谓玄德。玄德深矣，远矣，与物反矣。"所以，老子之意是，善于用道治国者，是要人民质朴敦厚，不要人民以智取巧；人民之所以难治，是因为智巧诡诈太多。当然，这里的"智"是小智，而非大智，大智是若愚的。所以，以智治国乃国之灾害，不以智治国才是国家的幸福。

"道"有"天道"与"人道"之分，"德"也有"天德"与"人德"之别。所谓"天德"，即"天道"化生万物过程中的显现，也是畜养万物、决定万物发展方向的支配性力量。"道生之，而德畜之，物形之，而器成之。是以万物尊道而贵德。道之尊，德之贵也……"（十四章）"天德"是"人德"的内在决定力量，即"人德"应遵"天德"行事，任物之性而不要人为地逞强逞能。"人德"则主要指执政者的政治德行，即执政者效法天

---

❶ 佚名.智慧出，有大伪［EB/OL］.（2012-05-12）［2021-05-21］.https：//www.douban. com/note/214175977/.

道，对国家、社会、人民采取合理的管理手段。老子还用称赞水的德行"善利万物而不争"，比喻人的"不争之德"。

3. 人生论

万物都要遵"天道"运动，人是万物之灵，当然也要法"天道"而行。因此，老子的人生哲学其实就是"天道"理论在现实社会中的具体表现，概而言之，就是"自然无为"。遵循这一原则，人的行为自然合乎"道"的法则，与自然和谐，万事通达，了无灾祸。老子的人生哲学主要有以下四个原则。

（1）抱朴归真，性如婴儿。朴真是"道"的本性，人若能保持一颗朴真之心，便能隔绝外物的蒙蔽，避免私欲的诱惑，居静守柔。故老子倡导"见素抱朴"，"敦兮，其若朴；旷兮，其若谷。"（十五章）"为天下谷，常德乃足，复归于朴。"（二十八章）那何为"朴"呢？老子说："为天下溪，常德不离，复归婴儿。"（二十八章）即虚怀若谷，就像婴儿的无知无欲，最为朴真了。

（2）轻利寡欲，知足知止。人性容易受到外物的诱惑，而外物无非就是名利财货、声色犬马。人一旦迷恋这些身外之物，就会鬼迷心窍，丧失理智。正如老子所言："五色令人目盲，五音令人耳聋，五味令人口爽，驰骋畋猎，令人心发狂。"（十二章）在追逐名利财货的过程中，要劳神费思，追逐到了，只是满足了一时的愉悦与乐趣，成为一时自我陶醉的针剂而已。更何况即使得到了，也未必能长久享受，说不定还会带来灾祸，即"祸莫大于不知足，咎莫大于欲得"。何况"金玉满堂，莫之能守；富贵而骄，自遗其咎"（九章）。所以，要"轻利寡欲"，知足知止，即使追逐名利财货，也要有所节制，不要过分贪求，像圣人那样"为腹不为目"，做到"知足不辱，知止不殆"（四十四章）。如果贪欲强取，毫无节制，终会贻害自己。

（3）黜智守朴，无知无欲。老子主张无为而治，以道感化民众，反对以智治国，认为"以智治国，国之贼；不以智治国，国之福"（六十五章），"绝圣弃智，民利百倍"（十九章）。如上所言，这里的"智"是指小智，非大智，大智若愚，小智是指一些智巧与手段，可见，老子反对的是以"小智"治国，如果以"大智"治国即"无为而治"，老子是提倡的。"是以圣人之治，虚其心，实其腹，弱其志，强其骨；常使民无知、无欲，使夫智者不敢为也。为无为，则无不治。"（三章）作为普通百姓，能够"虚其心，实其腹，强其骨，乐其业"（三章）足矣。知多则欲强，欲强则社会乱。在这里,"使民无知无欲"的观点显然是一种消极思想,是需要舍弃的文化"糟粕"。

(4) 善下不争,以民为贵。"江海之所以能为百谷王者,以其善下之,故能为百谷王。是以圣人欲上民,必以言下之;欲先民,必以身后之。是以圣人处上而民不重,处前而民不害。是以天下乐推而不厌。以其不争,故天下莫能与之争。"(六十六章)这既是执政者的为政之道,也是执政者的守身法则。执政者越是善下不争,对百姓和颜悦色,以百姓的利益为重,越是能得到百姓爱戴拥护,政权越能根基稳固,长治久安。这也是历代君王总以"孤、寡、不谷"自称的缘由。所以,老子说:"故贵以身为天下,若可寄天下;爱以身为天下,若可托天下。"(三十三章)即只有把自己全部身心投入于治理天下,天下人才可把天下托付给他来管理,所以,作为有"玄德"的统治者就必须拥有"天下为公"的胸怀与担当。

4. 政治论

老子的政治论大致有五个方面的内容:小国寡民的社会组织形式;遵道贵德,无为而治的社会管理方法;"民心为心"的民本情怀;"贵民"的社会财富分配观;"贵和"的反战思想。

(1) 小国寡民的社会组织形式。在第八十章,老子勾画了一个理想国的蓝图:"小国寡民,使有什伯之器而不用,使民重死而不远徙。虽有舟舆,无所乘之;虽有甲兵,无所陈之。使人复结绳而用之。甘其食,美其服,安其居,乐其俗。邻国相望,鸡犬之声相闻,民至老死不相往来。"在这一国度里,国家不大,人口也少,人民生活简单,不使用诱惑人的欲望的器皿,也不使用各种交通工具,即使有武器也不用,人们安其所居,不愿迁徙,老百姓都自得其乐,对生活感到满意。人与人之间、各个小国之间自给自足地和平共处、互不干扰。这便是老子所向往的清明、自足的人间天堂。

(2) 遵道贵德,无为而治的社会管理方法。老子眼中最好的执政者,是"太上,不知有之"(十七章),即最好的统治者,人民都不知道他的存在,这才是"无为而治"的最高境界。这种无为而治的社会管理方法,其理论根据就是"道常无为而无不为"(三十七章),"上德不德,是以有德"(三十八章)。老子十分自信地说,"侯王若能守之,万物将自化"(三十七章),"守之"的"之"字即"上德"之德性与德行。第六十章更形象地说"治大国若烹小鲜,以道莅天下,其鬼不神"。要"其政闷闷,其民淳淳。

其政察察，其民缺缺"（五十八章）。所以，老子认为，最好的为政者是不扰民的，是"处无为之事，行不言之教"（二章）。这样百姓自然而然地生存发展，从而达到自富、自化、自正、自朴。

（3）"民心为心"的民本情怀。"太上，不知有之；其次，亲而誉之；其次，畏之；其次，侮之。"（十七章）就是说，评判一个执政者是否是一个明德之君，可以用国家是否善治、百姓是否称赞为评判标准，即百姓最有资格对执政者做出评价。如果执政者能够做到善治，即"我无为而民自化，我好静而民自正，我无事而民自富，我无欲而民自朴"（五十七章），百姓自然就"自化、自正、自富、自朴"。如果老百姓"畏之，辱之"，那就不是合格的执政者。老子眼里的圣人应该是"无常心，以百姓心为心。不善者吾亦善之，不信者吾亦信之"（四十九章）。这是老子对执政者的理想期盼。

（4）"贵民"的社会财富分配观。老子认为，社会问题的根本症结在于为政者的贪婪、妄为与妄取。"民之饥，以其上食税之多，是以饥；民之难治，以其上之有为，是以难治；民之轻死，以其上求生之厚，是以轻死。"（七十五章）所以，为政者应该"以有余奉天下"，而不是"损不足以奉有余"。在老子看来，"我无为而民自化，我好静而民自正，我无事而民自富，我无欲而民自朴。"（五十七章）即民众的自化、自正、自富、自朴是"道法自然、无为而治"的必然结果，是执政者以百姓之心为心在社会生活领域的必然体现。

（5）"贵和"的反战思想。老子认为战争是不祥之事，圣人是不会轻易动用战争手段来解决问题的。老子表达了他对战争的反对态度，"夫唯兵者不祥之器，物或恶之，故有道者不处"（三十一章），又说"兵者不祥之器，非君子之器，不得已而用之，恬淡为上"（三十一章）。他警告辅佐人君的卿相大臣："以道佐人主者，不以兵强天下，其事好还。师之所处，荆棘生焉，大军之后，必有凶年。"（三十章）因此，老子要求统治者"以正治国"，"以无事取天下"。所谓"恬淡为上"，即统治者应当以恬淡的心态去治理国家，不要轻易发动战争，战争必然造成民不聊生。对此，老子提出了衡量天下有道还是无道的准则："天下有道，却走马以粪；天下无道，戎马生于郊"（四十六章），即一个秩序良好的社会，国泰民安，马匹都用于耕地；而一个秩序混乱的社会，天下纷扰，战争不断，连母马也被征用去参战，以至于母马在荒郊野外生产小马驹。

5. 辩证法

老子学说源自其辩证法思想，其人生哲学、政治思想无不以其为宗。老子认为，任何事物都由互相对立又互相依存的两个方面构成，"有无相生，难易相成，长短相形，高下相倾，声音相和，前后相随。"（二章）但这两个方面在一定条件下又向它的对立面转化，"祸兮，福之所倚；福兮，祸之所伏。"（五十八章）"曲则全，枉则直"（二十二章），"物壮则老"等。但是，老子的辩证法思想也有一定局限性，他的"独立不改，周行而不殆"（二十五章）思想，把对立面转化看作循环往复、而不是一个螺旋式上升的过程，因而陷于形而上学的泥潭。

总之，以方法论而言，老子学说是最具辩证的思维方法，其辩证思维深刻而系统，分别从本源论或本体论、认识论、方法论、发展观等不同角度论述了辩证法思想，并以此告诉世人，世间万物产生、发展与灭亡的规律与道理，启迪世人如何看待问题、解决问题。以伦理道德而言，老子学说开具了一个个普照世人的治国处世妙方，不论是为政之道、为官之德，还是为民之策，都可以从研读《老子》中获得智慧与启迪。

（二）《老子》的海外传播与影响

老子是中国的，但他的思想属于全世界。据考证，《道德经》在隋朝传入日本，在唐朝传入朝鲜半岛；唐玄奘与成玄英将该书译成梵文传入印度，在明末清初沿着传教士的足迹传入西方。据李约瑟考证，早期有代表性的译本有3种。"一是17世纪末比利时传教士卫方济的拉丁文译本；二是18世纪初，法国传教士傅圣泽的法文译本；三是18世纪末，德国神父格拉蒙特的拉丁文译本。"❶ 之后，各种译本逐渐增多。依上所言，最早的译本均由传教士来完成，其译本中也都运用了基督教的概念和术语，《老子》（在欧洲一般译为《道德经》）经过译者本土化的翻译之后，会较容易得到西方信众的认可，自然会在思想文化上产生较大影响，因此，老子思想为西方文明进程做出了一定的贡献。在中国，《论语》的影响力超越《道德经》，但在欧洲，《道德经》的影响力反超《论语》，《道德经》在德、法、英等国家被视为畅销书，不断被重印。在被译成外文的世界文化名著中，发行量最

---

❶ 转引自：章媛. 论早期西传《道德经》的基督特性及谬误 [J]. 社会科学家，2011（1）.

大的是《圣经》，第二就是《道德经》。目前历代手稿和已出版《老子》译本总共有 72 种语言 1548 个译本。❶

法国学者狄德罗是 18 世纪"百科全书派"的主要代表，在其主编的《百科全书》中就编录了关于《老子》的条目，老子被喻为一个洋溢着伊壁鸠鲁精神的圣者。法国启蒙思想家伏尔泰引用老子"道生一，一生二，二生三，三生万物"的思想，反对君权神授和基督神学。老子"无为而治"的思想影响了法国重农学派的经济学家魁奈，继而影响了自由主义经济学。英国思想史学者克拉克认为，现代经济自由市场的原理启蒙于《老子》的"无为而治"思想。黑格尔评价老子是中国古代的唯一哲学家，把老子的"道"等同于他的"理性"。康德、莱布尼茨、谢林和尼采等大哲学家都给予了老子很高的评价，称老子哲学是真正的思辨哲学，能够深入存在的最深层。李约瑟在其名著《中国科技史》中高度评价了道家思想，认为道家思想是中国思想之源，对中国人的性格影响超过了儒家思想。美国前总统里根曾引用老子的名言"治大国若烹小鲜"来阐述自己的治国方略。

可见，老子的思想不仅影响了中国人的思想价值观念，也影响了整个世界。在崇尚技术与经济为主流的今天，老子思想可谓一剂良药，对于消解人日益膨胀的私利贪欲，缓解人与自然、人与人之间的对立紧张关系，实现人与自然、人与人的和谐相处，从而实现人类社会全面协调的可持续发展具有重要的理论与现实意义。

当今，在欧美发达国家，越来越多的人开始关注、研究《道德经》，不少大学还专门开设了研究老子的课程，政界、商界、军界和学界等各个领域都有研究者，甚至包括环保学者、医学家、养生学家以及宗教界人士等，他们试图从老子那里汲取智慧、获得灵感。在当今的全球化时代，各种危机风起云涌、此起彼伏，两千多年前的老子思想至今仍散发着历久弥新的光芒，今天的"老子热"，反映了世人对全球社会环境及生活所出现的新变化而引发的思考。现代科学技术的突飞猛进推动了生产力的加速发展，人们的思想观念、生产方式及生活方式都发生了翻天覆地的变化，很多徜徉在惯性思维的人难以接受、适应社会变化带来的改变，特别是面对环境破坏、生态危机、信仰缺失及恐怖主义等现象，精神和心理处在一个艰难的彷徨迷茫困境。许多有胆识、有担当、有作为的政治家、思想家、企业家等有志之士都

---

❶　邰谧侠.《老子》的全球化和新老学的成立［J］. 中国哲学史，2018（2）：123.

在汲取老子智慧，以自己的视角思考社会生活中出现的新情况和新问题，纷纷提出新的治国兴邦方略和发展对策，以期实现社会的和谐、稳定与繁荣。在这种背景下，老子思想自然成为启迪世人心智、迈向和谐共处、共享世界和平的经世灯塔。

当前老子文化传播媒介仍以传统媒介为主，而且没有开展大规模的对外传播。在寻求解决当今全球面临的各种危机与问题之策时，老子思想有着无比强大的现实意义与价值。为此，需要加大老子思想的传播，为世界和谐发展与人类文明进步奉献中国智慧。

三、兵家哲学智慧及其在海外的交流与传播

从中国谋略文化的角度来说，《孙子兵法》是当之无愧的鼻祖经典。诞生于 2500 年前的《孙子兵法》，虽然是当时时代条件、社会环境下的产物，但其蕴含的思想与思维却历久弥新、具有超强的时代穿透力，除了在军事领域，在政治、外交、企业、体育、生活等领域也同样有着惊人的影响力，所承载的无穷智慧成为启迪世人思维绽放的金钥匙。

（一）兵家哲学智慧

在浩如烟海的兵书中，《孙子兵法》之所以能够脱颖而出，经得起不同时代、不同文化的考验，成为兵法经典中的圣典，成为世人推崇备至的文化精品，最重要的原因是，它不仅是一部指导战争制胜的兵书，还是一部谋划战争的谋略书，且这些谋略还囊括如治国理政、外交等方面的内容，是以整体合力谋划战争，不是谋一域，而是谋全局，深刻地揭示着人类战争的内在规律，具有超越时代的恒久魅力。英国空军元帅约翰·斯莱瑟曾高度评价孙子思想，认为孙子思想具有穿越时空的永久魅力，一些语句稍加变换，就像是昨天刚写出来的。《孙子兵法》的内容可以概括为四个方面。

1. "止战、慎战"观

《孙子兵法》之所以成为历代军事家的圣典，其首要原因在于其蕴含的"止战、慎战"思维以及孙子珍惜和平、慎用暴力的"仁爱"智慧。其"上兵伐谋""全国为上"的战争谋略是最高层次的"战争"思维，超出了一般军事家的战略思想，说明孙子兼具圣明政治家与卓越外交家的睿智。孙子以政治手段而非战争手段解决国家之间争端的思想与立场，顺应了历史潮流，是不同时代、

不同民族、不同信仰之民众的共同愿望，称得上"仁爱"战争观。

为了达到"止战、慎战"的目的，孙子强调了战争理性的重要性。孙子认为，"主不可以怒而兴师，将不可以愠而致战；合于利而动，不合于利而止。怒可以复喜，愠可以复悦；亡国不可以复存，死者不可以复生。故明君慎之，良将警之，此安国全军之道也。"（火攻篇）"将军之事：静以幽，正以治。"（九地篇）这种重理性、戒冲动的思维特性，无论是在战争指导上，还是在外交斗争、商业竞争、领导实践中，乃至为人处事、家庭生活中，都是百用百胜的永恒定律。

2. "知胜"观

"知胜"是《孙子兵法》的精髓之一。从兵法内容讲，《孙子兵法》包括两大体系："知胜"与"速胜"。"知胜"是"制胜"的前提，"制胜"是"知胜"的目的。十三篇中，共用了79个"知"字，可见"知"的重要性。比如，"凡此五者，将莫不闻，知之者胜，不知者不胜。"（始计篇）"故君之所以患于军者三：不知军之不可以进而谓之进，不知军之不可以退而谓之退，是谓縻军；不知三军之事，而同三军之政者，则军士惑矣；不知三军之权而同三军之任，则军士疑矣。……知彼知己者，百战不殆。"（《谋攻篇》）

3. 唯物论与辩证法思想

《谋攻篇》中的"知彼知己，百战不殆"，《行军篇》中的"众树动者，来也；众草多障者，疑也；鸟起者，伏也；兽骇者，覆也"，以及《用间篇》中的"先知者，不可取于鬼神，不可象于事，不可验于度，必取于人，知敌之情者也"，这些都说明孙子坚持实事求是的唯物论思想。在当时天命鬼神等迷信封建思想大行其道的历史条件下，孙子能够察知客观物质条件在赢得战争胜利中的重要性，无疑具有超前思维意识。兵法的主要用途就是指导战争的，因而斗争是其主要应用领域，孙子却深刻地认识到，战争并非解决社会矛盾的最佳手段，用武力解决社会矛盾会给国家、人民带来巨大灾难，因此，孙子提出了"伐谋""伐交"以及"不战而屈人之兵"的上上策。可见，孙子的兵法思想包含丰富的辩证法，既讲矛盾的斗争性，也强调矛盾的统一性，充分体现了孙子的"战"与"止战、慎战"观的辩证统一。

4. 理性的"民本"思想

"民本"思想本是兵法之外的概念范畴，在《孙子兵法》中却是重要的谋略基础。《孙子兵法》开篇就讲："兵者，国之大事，死生之地，存亡之道，不可不察也。"（计篇）可见，孙子开明宗义地点明了他的"慎战"思想，表达了他关心国家存亡，关心人民安危的忧国忧民的情怀。既然战争是形势所迫、不得已而为之，为避免战争给国家、民众带来灾难与损失，孙子主张"上兵伐谋，其次伐交，其次伐兵，其下攻城"（谋攻篇）。如果选择了开战，那就要"贵胜，不贵久"，将战争损失减少到最低限度，以减轻民众的负担，即所谓的"役不再籍，粮不三载"。此外，孙子的爱民思想还体现在《地形篇》中："视卒如婴儿，故可与之赴深溪；视卒如爱子，故可与之俱死。"可见，《孙子兵法》的"慎战""速胜"思想反映出孙子是一位理性的为百姓着想的仁爱之人。

（二）《孙子兵法》的海外传播与影响

公元 8 世纪，日本留学生将《孙子兵法》带回日本，在武士上层逐渐流传起来，给日本历史、日本人的精神方面以较大的影响。日本战国时代的著名武将武田信玄非常崇拜《孙子兵法》，将《孙子兵法》中的谋略智慧奉为法宝。他把《孙子兵法》中"其疾如风，其徐如林，侵掠如火，不动如山"四句话写在军旗上，竖于军门。1772 年，法国人正式出版《孙子兵法》，从此它传遍欧洲大陆及美国，备受西方军事家的推崇。据说，曾叱咤风云的军事家拿破仑，在圣赫勒拿岛囚禁的最后岁月，看到《孙子兵法》时，曾老泪纵横地说："如果我早看到它，我怎么会落到如此下场。"德皇威廉二世在第一次世界大战失败后，在没落侨居之时看到了《孙子兵法》，当他读到"主不可以怒而兴师，将不可以愠而致战；合于利而动，不合于利而止。怒可以复喜，愠可以复悦；亡国不可以复存，死者不可以复生"（火攻篇）时，憾叹相见恨晚。英国的蒙哥马利元帅曾说，世界上所有的军事学院都应把《孙子兵法》列为必修课程。利德尔·哈特所著《战略论》一书的开头，共列"军事学家语录"21 条，其中引自《孙子兵法》的竟有 15 条。他坦承，自己的军事战略思想脱胎于孙子的"不战而屈人之兵"。美国前总统尼克松在反思美国在越南战争中的失败教训时，就想到了孙子的"兵贵胜，不贵久"的速胜思想。美国西点军校等著名军事院校的必修课程中，都列有《孙子兵法》。美军最高学府——国防大学，更是将《孙子兵法》列为将官主修战略课的第一课，位列克劳塞维茨《战争论》之前。

《孙子兵法》的影响力还体现在非军事领域。在哈佛大学商学院，《孙子兵法》也是必修课之一，足见其谋略智慧的影响力与重要性。日本人坂井末雄评价："《孙子》十三篇在兵书上固是不朽，即在外交术上、社交术上，亦为万世不易的定理。"❶ 世界上许多政治家、外交家、金融家、企业家、哲学家以及文学家，竞相研习《孙子兵法》，从中汲取智慧，用以指点迷津，把"兵学圣典"拓展升华为"政治秘诀""战略指南""外交教科书""人生哲学""商战要诀"，等等，总之，孙子提出的战争理论与军事原则，在很多领域都有重要的普适意义。

---

❶ 转引自：王修智. 浅谈《孙子兵法》的哲学思想 ［EB/OL］. （2009-03-27）［2021-05-21］. http：//unn. people. com. cn/GB/9041340. html.

第六章　中国和周边国家的文化交流

在广袤辽阔的中国大地上，以黄河与长江为主流的江河湖泊孕育了遍布黄河两岸、大江南北的中华儿女，历经悠悠岁月，勤劳智慧的他们创造了滋润其精神的华夏文明，相比周边国家与地区，华夏文化起步更早、更成熟，所以，处于领先地位的华夏文明率先向周边地区辐射，周边文明也成为其文明进程中的重要思想来源。这个辐射首先是与中国东北接壤的朝鲜半岛以及南面的越南；其次是与中国隔水相望的日本列岛和东南亚的其他地区。在史学界，这个以儒学为重心，加之佛教和道教而形成的儒释道为内容的文化圈，被称为"汉文化圈"，其不仅滋养着这片土地上的历代子民，也辐射影响着周围的诸国友邻，为世界文明进程作出了突出贡献。

"远亲不如近邻"，对国家而言，那就意味着邻近国家对于本国的安定与发展具有十分重要的意义。自汉朝以来，儒家思想就成为中国文化的"正统"思想，流淌在每一位中国人的血脉中，其核心理念就是"仁和"，所以，"以和为贵"与"泛爱众，而亲仁"的思想就成为中国自古以来处理与周边国家外交关系的重要法则。

一、中国与周边国家的文化交流概况

"周边外交是中国外交的重中之重，是中国战略发展不可或缺的外在力量，更是中国战略空间的基石。"❶加强同周边国家的全域性合作，是党和政府站在国家发展与外交全局的战略高度而作出的重要战略部署，也是开展外交活动的重要方向。习近平主席极为重视与周边国家的外交，在2013年周边外交工作座谈会上强调，"无论从地理方位、自然环境还是相互关系

---

❶　申险峰，朱荣生．中国周边国家文化外交［M］．北京：世界知识出版社，2015：10.

看，周边对我国都具有极为重要的战略意义"。❶ 多年来，中国始终遵循
"与邻为善、以邻为伴"的原则与周边国家进行友好交往，在互惠共赢的基
础上营造"睦邻、富邻、安邻"的和谐局面，为我国的改革开放创造良好
的国际环境。

中国的周边国家最为复杂，不仅地形地貌千差万别，在社会制度、经
济、宗教、民族、文化等方面也存在巨大差异，而且贫富差距悬殊。同时，
既然是边境接壤的邻国，彼此间就难免会出现边界问题的纠纷和争端，这既
是历史遗留问题，也是当前面临的现实问题，所以，在进行国际交流与合作
时，自然会存在一些不和谐音符，加上周边国家之间也同样会遇到类似问
题，有时还会掺杂一些复杂的民族宗教问题，所有这些因素都使得中国周边
的国际环境极为复杂。虽然大多数情况下，中国并非这些动荡因素的参与
者，但是处在这种环境下，中国自然难以独善其身，因此，中国在与周边国
家开展国际交流与合作时就会面临诸多障碍。而中国的发展离不开世界，中
国的发展进程与周边国家的发展是密切相关的，正所谓"唇齿相依"，这恰
是对中国与周边国家关系的生动写照，所以，作为负责任的世界大国，中国
更应该承担起地区大国的责任，与周边国家一道在共同发展与繁荣的道路上
前行。为了能够让周边国家与中国携手共进，必须首先构架"心灵相通"
的桥梁。

"文化如水，润物无声"，是对文化外交作用的生动描述，也是文化外
交的目的和最高境界。在错综复杂的国际背景下，文化外交是打通心灵障
碍、化解民族恩怨、增进彼此友谊的最佳手段。在"一带一路"倡议和全
球化背景下，以中国传统文化"仁和"价值观为核心的"亲、诚、惠、容"
文化外交策略将成为中国与周边国家团结合作的"润滑剂"。

"亲"是文化外交的基石。亲是人类最原始、最朴素的情感，最初的含
义是指与自己有直接血缘关系的家庭成员之间的爱。如果将这种爱升华为人
间大爱，那这种爱不仅超越了血缘关系，还会延伸到群体、民族，甚至超越
国界。事实证明，这种大爱的例子自古有之，且不胜枚举。儒家提倡德治和
仁政，以"大爱"感化天下，使天下得以归顺、和睦。"富而不骄，强而好
礼，是中国人崇尚的德行；强不胁弱，强不犯弱，强而行礼是中国人注重的

---

❶ 习近平在周边外交工作座谈会上发表重要讲话 [EB/OL]. (2013-10-25)
[2021-05-21].http：//politics. people. com. cn. /n/2013/1025/c1024-23332318. html.

文明。……亲戚越走越亲，朋友越走越多。……多做得人心、暖人心的事，使周边国家对我们更友善、更亲近、更认同，增强亲和力、感召力和影响力"。❶ 这一直是中国处理周边关系的基本原则，也是对中国传统文化中"亲"字的深刻领会与践行。如果用"亲"的理念去构筑中国与周边国家的情感纽带，就会实现与周边国家的"民相亲、心相通"的亲缘关系，在未来的合作中就会心往一处想、劲往一处使。

"诚"是文化外交的后盾。"诚者，天之道也；诚之者，人之道也。诚者，不勉而中，不思而得，从容中道，圣人也。诚之者，择善而固执之者也。"（《中庸》）"诚"是"信"的前提，"信"是"诚"的结果，诚信是人与人、国与国最基本的交往准则，失去诚信，交往便失去保障。诚信是中华民族的精神特质和传统美德，在中国的历史进程中，诚信不仅是个人安身立命之所，更是治国安邦之道。"诚"是人与人之间、国家与国家之间交往的道义所在，如果在交往中以"诚"为原则，交往就会越来越深。所以，在与周边国家交往时，必须以"诚"为底线，坚持以诚待人、以信取人的相处、交往之道。

"惠"是文化外交的最终目标。"惠，爱也""惠，仁也"说明"惠"其实也是一种"仁爱"之心。如果将"惠"的含义运用到现代国际关系中，即是"互惠"之义，就是国家之间要团结合作、资源共享、优势互补、互利共赢。2013 年，习近平主席在周边外交工作座谈会上表明了中国与周边国家进行交往合作的原则立场，"要本着互惠互利的原则同周边国家开展合作，编织更加紧密的共同利益网络，把双方利益融合提升到更高水平，让周边国家得益于我国发展，使我国也从周边国家共同发展中获得裨益和助力"。❷ 事实上，无论是与周边国家还是其他国家，在开展国际交流与合作时，只有秉承互"惠"精神，甚至是舍利取义的道义精神，才能真正建设利益共同体，实现长久的合作共赢。

"容"是文化外交的气魄。"容"具有接纳、容忍、包容之意，是指胸襟豁达、宽广的心态与情怀。"海纳百川，有容乃大"形象地说明了"容"

---

❶ 邢丽菊. 从传统文化角度解析中国周边外交新理念——以"亲、诚、惠、容"为中心 [J]. 国际问题研究，2014（3）.

❷ 习近平在周边外交工作座谈会上发表重要讲话 [EB/OL].（2013-10-25）[2021-05-21].http：//politics. people. com. cn. /n/2013/1025/c1024-23332318. html.

的重要性，"有容，德乃大""君子以容民蓄众"已经成为现代人修身养性的道德境界。今天，人的交往范围已扩大到全球，"容"的含义也有了更广、更具体的拓展与运用，其中，对世界其他民族的意识形态、道路选择、宗教信仰、风俗习惯等尊重与理解已成为"容"的价值范畴，尊重其存在和价值，以开放心胸，接受其差异，在求同存异中实现和谐共存。"要倡导包容的思想，强调亚太之大容得下大家共同发展，以更加开放的胸襟和更加积极的态度促进地区合作。"❶

二、东亚地区的"汉文化圈"

东亚地域既有广袤的高山峻岭、沙漠、草原和森林，也有纵横交错的黄土高原和肥沃的农田，其间分布着众多民族，他们有的是逐草而徙的游牧民族，有的是屯田而居的农民，有的是追求财富而远涉他乡或日夜兼程的商人，还有顶风破浪航行于大洋的船队，他们在历史的长河中，时而是惊心动魄的激烈冲突，时而是可歌可泣的民族大团结，在这些或悲或喜的过程中，形成各具特色的地域文化，衍生出错综复杂的共存关系，共同构筑起这一区域混合复杂的文化系统。特别是此起彼伏的民族冲突与战争，打破了原有的社会秩序和民族社会状态，继而整合出新的社会秩序与民族生活格局，使得东亚文化呈现出诸流交汇的复杂态势，这种态势如滔滔江河，后浪逐前浪，奔腾不息。在中与外交织、古与今变革的演化中，华夏民族形成了具有强大影响力的"汉文化圈"。即使在全球化的今天，悠悠岁月铸就的文化传统，作为一种动力定势和深层底蕴，仍或隐或现地对本地域社会产生重要的影响力。

（一）东亚地区的文化形成

国土疆域是排他的，不容许他国侵犯，也就意味着不容许对外扩张。然而，文化或思想疆域则是相对自由和开放的，只要有跨境往来，就会有文化或思想上的交流与融合，所以，任何文化或思想都有兼容并蓄的特点。从文化交流的历史来看，中国文化自秦汉以来，便传播周边，并在盛唐之际，诞

---

❶ 习近平在周边外交工作座谈会上发表重要讲话［EB/OL］.（2013 - 10 - 25）［2021 - 05 - 21］.http://politics. people. com. cn. /n/2013/1025/c1024-23332318. html.

生出一个以唐为中心的亚洲文化共同体。在当时，唐朝都城长安不仅是东亚的政治、经济、文化中心，也是首屈一指的国际大都会。据记载，整个唐代，有超过70个国家的使节，或漂洋过海，或翻山越岭，不远万里来到长安朝贡，以示崇拜或臣服之心。有些人还迷恋于长安的繁华而留居，当时的长安可谓名副其实的国际化城市。唐末诗人王贞白有一首诗《长安道》生动形象地描述了当时众国来朝、车水马龙的盛大场面："晓鼓人已行，暮鼓人未息。梯航万国来，争先贡金帛。"

唐朝不但接纳了来自各地的外国使节，而且也接纳了四面八方的外来文化。互通往来的不仅是货物商品，还有各种文化和宗教，敦煌莫高窟的壁画就是对这一现象的历史见证。当时日本到中国的留学生叫"唐学生"，中国的舶来品叫"唐物"，中国被称为"唐土"。于是，去西天取经的和尚也就称为"唐僧"。直至今天，纽约的华人聚居区仍叫"唐人街"，而不叫"华人街"。由引可见唐朝在那个时代造就的最灿烂、最辉煌的文明在世界人类史上的影响力之大，而整个亚洲，特别是东亚和东南亚的文化都深刻地烙上中国文化的印记也就不足为奇了。

除了中国，汉字和儒学在日本、朝鲜、韩国、越南、马来西亚、新加坡等国家都有着深刻影响，汉字文化已无法从他们的文化中完全脱离开来，无论书写还是发音，都烙刻着汉字的痕迹，他们的文化思想与儒家思想或亦步亦趋，或藕断丝连，无论是物质文化还是精神文化，无一不体现着这种特征。

在东亚古文化圈的形成过程中，人口迁徙起着至关重要的作用。据记载，早在殷周之际，纣王的叔父箕子带领5000余人进入朝鲜，将汉字带入朝鲜半岛，之后，朝鲜与周王朝就一直保持密切的联系。到秦汉时期，很多中国人为逃避战乱，逃亡朝鲜，其中，汉高祖时代的燕人卫满率众进入朝鲜后，还建立了卫满王朝。据《三国志·东夷传》记载："陈胜等起，天下叛秦，燕、齐、赵民避地朝鲜数万口。"这些秦汉移民带去了大量的汉字书籍，也影响了当地的文化。为征服卫满王朝，汉武帝东征朝鲜半岛，并取得胜利，之后，设立乐浪、临屯、玄菟、真番四郡，不仅促进了大量民众往来于中国与朝鲜半岛，也促进了汉字及汉字书籍进入朝鲜半岛，其中，以儒学为核心的思想也就传入了朝鲜半岛。10世纪后，儒学教育更加受到重视，朱子理学、阳明心学相继传入朝鲜半岛，在文化上逐渐占据主导地位，以礼为基准、易为基础的思想渗透各个领域，形成"劝善惩恶、抑恶扬善"的社会价值观。之后，汉字与汉字书籍相继传入日本。其中，百济派使者给日本带去了《易经》《孝经》和《论语》等儒家经典。隋唐时期，对中国文化有好感的圣德太子频繁向隋朝派遣使节希望学习儒家文化，运用儒家思想进行改革，实行儒家的"冠位制"，制定《十七条宪法》，明确群臣等级观念，强化天皇权威。经过镰仓幕府和江户幕府，儒学在日本越来越兴盛，汉字在日本越来越受到推崇，日本也在汉字的基础上创造了日本文字。随着大批移民从中国、朝鲜半岛前往日本列岛，日本政治与社会制度都发生了深刻变化。特别在天武天皇时期，不仅重用遣唐使和唐人来弥补欠缺，而且更深刻地认识到，要建设强大的国家，必须彻底地向唐朝学习，所以，文武天皇在701年下令重新向唐朝派遣大型使团。这是中断三十多年后再次派出的遣唐使团，阵容十分强大，聚集了实际执掌中央日常政务的行政、司法、军事等部门长官和地方官员，全面向唐朝学习，之后又相继派出了一批批遣唐使，以至于在日本掀起了一股"唐风"，日本全国上下，在政治、文化、法律乃至社会生活各个方面都以唐朝为样板，日本文学史称这一阶段为"唐风文化"时代，这一时期对日本文化乃至民族性格都产生了深远影响。在越南，大约从东汉开始，汉字开始有系统地、大规模地传入越南。到了宋朝，越南政府及民间已广泛使用汉字，直至1945年"八月革命"后，才使用拼音文字代替汉字。

诚然，中、日、韩三国有着稳固的文化基础。儒学思想"仁、义、礼、智、信"的道德准则、"修身、齐家、治国、平天下"的"家国"价值观以及"天人合一"的"和合"精神已深深地融入该地区各民族的文化内核之中。"自从儒学思想走出国门并为其他民族所接受，它便不再专属于中国，而是成为区域文化的主体价值观。"❶虽然日本在明治维新后把目标转向了西方，实行"脱亚入欧"政策，特别是"二战"后在美国的主导下推行了"全盘西化"的改造，但是，在悠久的历史文化中所塑造起来的以儒家思想为核心的价值认同与人伦精神，并没有发生根本改变。正如东京大学教授佐藤康邦所描述的，日本社会"从外面看是资本主义，从里面看是社会主

---

❶ 谢桂娟.21世纪东北亚文化融合的动因探析——以中、日、韩三国文化为视角[J].延边大学学报（社会科学版），2007（10）.

义"。❶

（二）东亚国家的文化特征

尽管中国、朝鲜、韩国、日本都受到儒家思想和佛教思想的共同影响，这一地区的文化具有同质性特征，但是由于受到地理、历史、社会等诸多因素的影响，这一地区的文化又表现出各自的差异性和独特性。日本在积极效仿和学习其他先进文化的同时也坚持自己的文化特色；朝鲜与韩国则对儒家文化接受程度较高，儒家思想渐渐地深入每个人的血液当中。其原因主要在于以下两个方面，一是地理因素导致的移民数量差异及文化交流的障碍，日本与中国隔海相望，古代航海技术的限制使一般中国人很难突破地理障碍漂洋过海到日本，所以，来到日本的中国移民数量极少，那么具有正统中国文化的人自然就微乎其微，而隋朝与唐朝时期的日本使团，无论如何学习中国文化，都属于接受外来文化，很难从根本上彻底改变其思想，何况这些人本身也是少数人，即使日本因这些人学习了中国文化并在制度上进行了改革或模仿，毕竟还是学习外来文化，日本人内在的民族性格及风俗习惯始终还是铸刻在其精神之中的。而朝鲜半岛与中国相邻而居，人口的流动是正常现象，所以，两者之间的文化交流与影响也是正常现象，特别是在政治动乱与战争时期，为了躲避战乱而逃避到对方的人员会大量增加，更加促进了文化的传播。如上文提到的汉朝初期的卫满王朝以及设郡管辖，都会对朝鲜半岛的文化产生深刻影响。二是从地理位置上来讲，日本是一个多山的狭长岛国，山地和丘陵占总面积的71%，耕地面积少，自然资源缺乏，又处在环太平洋火山地震带上，时常发生地震海啸等自然灾害，恶劣的自然环境造就了日本民族的独特性格。而朝鲜民族虽然地处半岛，山地高原占总面积的2/3，但毕竟与大陆相连，相互交往就比较方便，在民族性格上自然与处在孤立岛屿上的日本民族有着很大区别。下面简单介绍同属于"汉文化圈"中的中国、日本及朝鲜半岛的文化特征。

1. 中国的文化特征

第一，中国文化是大陆农耕思想和封建宗法制度相结合的文化。"任何

---

❶ 佚名. 读《三井帝国在行动》有感 [EB/OL]. （2012-12-26）[2021-05-21]. https：//book. douban. com/review/5715117/.

一种文化的产生，都离不开特定的自然条件和社会历史条件。"❶ 从地理环境看，中国东边濒临大海，是古人难以逾越的大洋，北面是茂密、寒冷的原始森林和茫茫大草原，西面是横亘的漫漫戈壁沙漠，西南是耸立的世界屋脊高原。大海、森林、草原、沙漠、高山共同围护着这块东亚大陆，使之与外部世界相对隔绝，这种地理格局使得中国在漫长的古代岁月中没有受到异质文化的干扰与冲击，从而形成了一个完整稳固而又独特的文化体系。但是，"封闭隔绝的地理环境在客观上又增加了中国人突破自然屏障、开拓海外的难度，造成了以自我为中心、自尊自大的文化惰性。"❷ 同时，地域辽阔，大河东西横贯，山系纵横，把中国分隔成许多相对独立的"国中之国"，从而造成中国文化的多元化格局，正所谓"百里不同风，千里不同俗"。

文化是人类社会所特有的现象，人类的高明之处在于，能够通过交往编制出错综复杂的社会关系和严密的组织结构，并演化出与之相适应的文化。随着人类交往能力的增强，交往范围不断扩大，人类社会的组织结构由血缘关系向地缘关系演变，但是，在人类初级阶段，以农耕生活为主的华夏民族形成了族聚生活的居住习惯，所以，中国的社会结构尽管也发生了很多变迁，但以血缘为纽带的宗法制度很稳固，以此为基础的社会政治体系也就一直延续下来，并对中国社会结构变迁产生重要影响。按照宗法制度，"天子"即上天的儿子，是社会的最高统治者，天子奉天承运，治理天下，所以，天下子民就必须服从天子的号令。"天子"是上天的嫡长子，其余王子则分封诸侯，各统治一方，于是建立了等级式的分封制度，形成稳定的政治统治网络。虽然在秦汉以后，分封制被郡县制取代，并采取了荐举制和科举制来决定行政官员的选拔与任用，但帝王君主仍由皇族确定，皇族势力仍是社会的最高统治力量。

半封闭的大陆型地域、农耕经济格局、宗法制度相互影响、相互制约，共同塑造了一个稳定的人类社会生态系统，与这个系统相适应，孕育了独具特色的中国传统文化。

第二，中国文化是重伦理、尚道德的文化。由氏族社会演化而来，又在文明社会得以发展巩固的宗法制度传统，使中国社会一向重视伦理常规和道

---

❶ 张鹏.中国的伦理文化与临终关怀 [J].医学与哲学，2016 (12).

❷ 刘念禹，杨广辉，任志杰，王玉坤.影响散打运动发展的主要因素分析 [J].体育文化导刊，2008 (6).

德教化，形成了"仁义礼智信"的道德准则、"温良恭俭让"的处世原则以及"忠孝廉耻勇"的为人品格。中国的这种以"贵和"为宗旨的伦理文化与欧洲的以"求真"为目的的理性文化完全不同，由此塑造了东西方泾渭分明的人类文明形态。在古代先贤中，孔子强调"仁爱"，就像爱自己一样去爱别人，所以，"己所不欲勿施于人"，"己欲立而立人，己欲达而达人"；孟子则说"天下之本在国，国之本在家"，他把"仁爱"思想扩展到家国同构、家国一体的更大范围，达到爱己、爱家人、爱他人、爱国的博爱情怀；张载又进一步发展了"仁爱"，明确提出"民，吾同胞；物，吾与也"的思想，不仅把所有人看成同胞兄弟姐妹，也把万物生灵看成朋友，因此，人不仅要爱自己的同类，也要爱护一切有生命的动植物，所以，张载的"仁爱"思想延伸到了整个自然界，这种思想对于保护大自然，保护人类生态平衡有着开天劈地的划时代意义，是"天人合一"思想的完美体现，这与西方探索世界的根本目的在于征服世界有着天壤之别，所以，在历史上，哥伦布航海探索为西方殖民掠夺开辟了航道，而早其近一个世纪的郑和下西洋在开辟商贸航道的同时，也一路撒下了华夏文明的种子。虽然在对比两者差异时，有些学者从不同的角度进行了分析，比如，从海洋意识、海权观念或者阶级背景、政治目的等方面，这些原因分析都有一定道理，但是，如果从民族文化的角度来分析的话，就能发现更加合理的解释，因为尽管明朝当时的经济与军事实力完全可以征服所到达的国度或对其进行经济掠夺，但是，郑和远航只是与沿途国家进行经贸往来与友好交往，所以，郑和的远洋航海是在"亲和友善"的使命下进行的商贸交往活动。

第三，中国古代是尊君敬权的集权制文化。自给自足的农业经济是中国长久以来的生活方式，这种方式容易形成彼此孤立的社会组织形态，这种极度分散的社会力量，在抗御外敌和应对自然灾害时就会暴露出这种经济形态的劣势，因此需要一种能够把分散力量整合在一起的集权政治，专制君主就是迎合这种需要而诞生的统合力量，所以，尊君传统是农业宗法社会的必然产物。同时，以君主为首的统治阶级要想维护自己的社会上层地位，就必须有一个稳定的社会环境与经济基础，才能维护宗法社会的正常运转，而重稳居、轻迁徙的农民阶层可以为朝廷提供所需要的赋税和徭役。因此，农业宗法社会的政治背景必然会形成"民为邦本"的民本传统。

在宗法制度下，古代社会把国家视为一个大家庭。封建国家的政体按照父权家长制的模式建立起来后，君主就是国家的"父"，官员就成为老百姓的"父母官"，中国的"忠孝"思想自然就是"忠孝"于他们了。如果适度，"忠孝"思想确实有利于家庭和社会的和谐与稳定，但是，如果过度，就会成为残害人民的精神枷锁，那种"君要臣死，臣不得不死；父要子亡，子不得不亡"的封建糟粕，严重地阻碍了历史车轮的前进。但历史上长期遗留的思想并非那么容易去除干净，在某些领域、某些阶层，这些糟粕思想仍会长期存在，束缚着人们的创新进取思想与行动。

中国至秦汉时期，专制主义中央集权正式形成。皇帝是国家元首，皇帝以下由三公九卿组成中央政府，共同构成国家的统治阶级。在这种专制集权的长期支配下，中国封建社会形成了普遍的臣畏君、民怕官的心理。

第四，中国文化是追求和谐统一的"中庸"文化。崇尚中庸，是追求安居乐业、和平稳定的农业自然经济和宗法社会培育起来的社会心态。"极高明而道中庸""执其两端而用其中于民"恰是中国人制衡智慧的集中概括。这种中庸之道施之于政治，是抑豪强，均田产；施之于文化，则是在多元文化中，百花齐放，求同存异；施之于风俗，便是入乡随俗，内外兼顾。❶ 中庸之道是一种顺从自然节律的处世之道，它不否定变易，但主张"过犹不及"，这也是农耕民族从农业生产由播种、生长到收获这一周而复始的自然现象中得到的启示，同样，五行相生相克学说描述的制衡辩证理论，也是这种思维方式的凝练概括。

所以，很多学者把中国文化称为"和""中"文化，不仅反映了中国人追求"和谐"的思维与心态，也体现了中国人的处世、处事的"平衡"原则与态度。这种特殊的"平和"心理，为中国与世界的和平稳定做出了积极贡献，成为当今世界，特别是发展中国家首要的外交原则。也正是因为中国的"和""中"文化，中国 56 个民族才能和睦相处，共同发展，共同构成一个和谐的中华大家庭；也正是中国的"和""中"文化，才能使中国在新的时代背景下提出建设"一带一路"的倡议，把"一带一路"沿线国家团结融合在一起，共筑人类命运共同体，为世界的繁荣与稳定作出积极贡献。

当然，华夏文明的辉煌不仅是中国人民勤劳与智慧的创造，也是因为汲取和融合了亚洲乃至世界各国的文化精髓。秦汉以来，中国先是从周边国

---

❶ 杨学印. 中国传统文化的基本特征［J］. 辽宁教育行政学院学报，2006（3）.

家，后又从世界各国学习、借鉴、融合了许多有益的东西。不仅有丰富的物质产品，还有先进的科学、技术、文化与宗教等精神财富。例如，活字印刷术发明于中国，但在传入朝鲜之后，朝鲜在此基础上又创造了铜活字印刷术，这一技术又在 15 世纪末传入中国。同样，中日文化也在相互交流中彼此借鉴、相互促进。先是日本大规模吸收中国的文化，并在一些方面有所发展与创新，随后又向中国反向输出，特别是近现代以来，中国大量输入日本文化与科技，促进了中国文化与科技的飞速发展，可见，技术的交流与传播既是双向的，也是相互促进的。

2. 日本的文化特征

第一，强烈的危机意识和竞争观念。日本是一个南北狭长的岛国，而且是由多个岛屿组成，自然资源匮乏，基本依赖进口，与他国的贸易往来主要依靠船只运输，海上航行经常遇到恶劣天气，这让船员时刻警醒着、提防着、准备着与面临的危险抗争，只有战胜危险才能生存下来。此外，地震、海啸、暴雨等自然灾害频发，也使他们时刻面临不测风云，在这种状态下自然形成了强烈的危机意识。

第二，强烈的集体意识和节约观念。日本人的"岛国"意识不仅表现在他们的危机意识上，还体现在他们强烈的集体观念上。在生存空间有限、自然资源匮乏以及自然灾害多发等不利因素制约下，日本人懂得只有团结与和睦相处才能和大自然、大海抗争，共渡难关，由此学会了利用自身条件谋取最大生存空间的本领。所以，日本人养成了齐心协力、团结合作的集体观念和节约资源的技能。

第三，忠诚的皇权思想和武士道精神。日本人的"皇国史观"是日本神道教与政治结合的产物，并且深入日本人灵魂深处。日本统治者为了获得长治久安，对日本民众宣扬，日本天皇家族是天照大神后裔，是日本至高无上的君主。同样，大和民族是天孙民族，是世界上至尊无比的民族。因此，他们将秉承神的旨意，创造一个统一的大同世界，武士道的核心思想是"名、忠、勇、义、礼、诚、克、仁"八种道德伦理，本来是一套具有积极意义的道德体系，崇尚克己、奉公、勇敢、隐忍、谦让的精神，但统治者为了宣扬自己狭隘的民族主义和侵略扩张政策，对武士道断章取义，过分突出"勇"和"忠"，甚至达到了一种疯狂的程度。比如，"武士道重视的是君臣戒律，'君不君'（君暴虐无道）也不可'臣不臣'（臣不尽臣道），即尽忠是绝对的价值"。❶ 在今天的日本，"武士和武士制度虽然消亡，但是作为一种价值观，武士道精神仍然对现代日本人有深刻的影响"。❷

3. 朝鲜半岛的文化特征

朝鲜半岛虽然与日本相近，但地理因素导致的影响相差很大。虽然南部有海洋阻隔，但北面与中国接壤，朝鲜半岛在历史上与中国有着密切的交往，所以朝鲜民族文化受中国儒家文化影响悠久且深刻，长期以来，朝鲜民族文化是以儒家文化为根基的，儒家文化的因子深深地根植于朝鲜民族文化的血脉之中。但是，朝鲜半岛的传统文化有其独有的特征，正如在中国，北方的黄河文化与南方的长江文化也具有显著差异。"二战"结束以后，朝鲜半岛分裂为朝鲜与韩国两个国家，而两国又接受了不同的意识形态，朝鲜走向了社会主义道路，韩国走向了资本主义道路，所以，虽然骨子里的文化情缘是一样的，但朝鲜与韩国的文化进一步分化，其具体特征出现了显著的差异。总的来说，朝鲜民族所共有的文化特质可以概括如下。

第一，强烈的礼仪意识与等级观念。"朝鲜民族自古就是一个注重礼仪的民族，无论在任何场合，都会秉承尊老爱幼的传统美德。"❸ 朝鲜半岛的原始宗教是阿尔泰萨满教，但随着朝鲜半岛与中国的交往，儒家思想和大乘佛教由中国传入朝鲜半岛，长期以来，这些文化思想及宗教信仰在朝鲜半岛一直和平共存，共同影响着朝鲜民族的文化及信仰，后来，儒家文化中尊卑有序、等级鲜明、礼治等理念受到统治阶级赞赏，随之成为朝鲜半岛的国家理念。在长期的历史进程中，朝鲜半岛曾经历了多个政局稳定的王朝，历代君王为了巩固统治，借鉴儒家文化中的思想建立了严格的等级制度，使朝鲜民族形成了稳固的等级观念与礼仪意识，直至今天，朝鲜与韩国社会上仍普遍存在上下级间的尊卑关系、处世中人与人之间讲关系的现象，家庭成员之间和集体内部成员之间也崇尚团结和睦的思想观念。

第二，强烈的民族自尊心。在历史发展进程中，朝鲜半岛多次遭受外来入侵和殖民，痛苦的经历与受伤的心理使其自尊心深受伤害，产生强烈的自卑感和挫折感。在处理国际纠纷和外交事务时会自然地表现出强烈的自我保

❶　许介鳞. 日本"武士道"揭谜［J］. 日本学刊，2004（5）.

❷　于文卿. 从文化功能角度看日本武士道［J］. 金田，2015（10）.

❸　陈益群，葛莹莹. 民族院校"青马工程"创新路径研究——以延边大学为例［J］. 法制与社会，2017（12）.

护意识和强烈的抵制情绪，形成了不屈不挠与刚直不阿的性格。

总而言之，东亚地区的中、朝、韩、日四国的文化虽各有特色，但文化基础是相通的，在长期的文化交往历史中，虽有波折，但主流是睦邻友好、相互交融、共生共荣。无数次历史证明，合则两利、斗则两伤。地缘相近、文化一脉相承是东亚地区加强区域交流与合作的历史基础与现实需要，在全球化背景下，东亚各国更应该求同存异，进一步加强区域交流与合作，构筑起新的文化共同体，对于各国间存在的关于历史、海岛和边界等遗留问题，都应放在谅解与和谐的框架下和平解决，当前实在无法解决的可以暂且搁置，待条件成熟时再协商解决。只要遵循和平、和谐的友好发展理念，各国就能够在政治、经济、文化等领域寻求共赢点，开展多渠道、多层次、多领域、多形式的对话与交流，就会找到合适的时机和平解决遗留历史问题。当前，中国与朝鲜、韩国、日本的交流与合作日益密切和深入，特别在经济与科技领域形成相互依存、相互融合的关系，"一带一路"倡议的实施将极大地推动政府和民间在各个领域的合作与交流，激发经济活力和潜能，助推中国与东亚各国的关系更上一层楼。

三、东南亚地区的文化特征及中国与东南亚地区的文化交流

（一）东南亚地区的文化形成

东南亚指亚洲的东南部地区，中国史书称为"南洋"。1962 年，"东南亚"才被正式确认为该地区的地理名称，包括越南、新加坡、老挝、缅甸、马来西亚等 11 个国家。独特的地理位置和地缘环境便于众多族群在此交汇，进而推动了不同文化圈的交叉重叠，使得该地区民族成分复杂、宗教众多，文化具有明显的多元化特征。在历史上，该地区受到儒家思想、佛教、伊斯兰教以及基督教的深刻影响。但在文化发展进程中，由于不同地区自然条件的差异、社会生产力水平不同及外来文化影响的强弱不同，东南亚各国家与地区的文化具有明显的差异性与不平衡性。11 世纪是东南亚文化发展的分水岭。在此之前，由于生产力水平低下，民族迁徙并不活跃，文化传播较慢，11 世纪以后，该地区对外交往日益扩大，生产力水平迅速提升，儒家文化、宗教文化传播速度加快，文化发展进入了快车道。

在东南亚文化发展过程中，自然环境和外来宗教是该地区形成多样化文化的最主要因素。首先，人类文化的形成归根到底是其适应自然环境的结果，东南亚错综复杂的自然环境必然形成多样化的文化形态。整个东南亚地域总面积只有约 450 万平方公里，但是区域跨度相当大，南北间距约 3500公里，东西间距约 6400 公里，而且土地面积少而分散。中南半岛上山脉纵横，河流密布，森林茂密；而马来群岛上 2 万多个岛屿则星罗棋布、七零八落，即使东南亚大陆地区也被山脉、河流分割成相对隔离的独立区域，加上茂密的热带森林，使得该地区不同民族之间的联系和交通更是难上加难，在生产力水平较低的条件下，沿河而居的人们处于一种相对隔绝的状态，彼此在各自不同的环境中演化出独特的民族文化，因此，该地区的文化自然就呈现出差异性和多样性特征。

其次，东南亚地处中国和印度两大文明古国之间，该地区必然会受到这两大文明古国的深刻影响。随着东西方贸易的发展，东南亚某些地区成为荷兰、英国、法国的殖民地，东南亚文化又受到伊斯兰教、阿拉伯文化和西方文化的影响。其中，"缅甸、泰国、柬埔寨、老挝以上座部佛教文化为主；越南以大乘佛教和儒家文化为主；印度尼西亚、泰国南部、菲律宾南部和马来西亚、文莱以伊斯兰教文化为主；菲律宾北部和中部、东帝汶以基督教文化为主。"❶

虽然多元化是东南亚文化的显著特征，但相对来说，毕竟是同居一隅，其文化也必然具有某些相似性。东南亚地跨赤道，绝大多数地区属热带雨林或热带季风气候，常年炎热多雨。既然人首先是环境的产物，在适应相似环境的过程中，居住此地的人们自然形成了相近的文化习性，主要体现在：第一，特殊的气候条件造就了人们以种植水稻为主的农耕生活，在进行农业生产和修建水利工程的过程中，需要整合大量的人力和物力才能完成生产，逐渐形成了一种互助合作、团结和睦的村社集体文化。第二，雨水充足有利于种植水稻，稻谷成为当地的重要农产品，由此形成了以谷神为核心的信仰崇拜，在人们创作的神话故事中，有关谷神的神话也是最多的。第三，受炎热潮湿的自然环境的影响，人们的衣、食、住、行和生活方式同样具有很强的相似特征。比如，人们都喜欢穿纱笼或筒裙、多住干栏式建筑（高脚屋）、

---

❶ 邢新宇. 中国周边文化外交·东南亚卷 [M]. 北京：世界知识出版社，2015：23.

喜欢嚼槟榔及辛辣食品等。❶

（二）东南亚地区的文化特征

复杂的地理状况造就了多样化的民族文化，从区域的角度看，东南亚是世界上民族最多、民族情况最复杂的地区之一，几乎每一个国家都不存在占绝对优势、有代表性的民族和文化，其族源、宗教、历史和文化传统以及生活方式都呈现出差异性和多样化，这其实也是多山地区民族与宗教复杂性的普遍现象。把东南亚作为一个相对独立的"区域"来看待，只是人们主观上的态度而已，所以，并不能笼统地说东南亚文化具有何种特征。当然，既然属于一个地域，在民族成分和历史交往方面必然就存在交叉的现象，在多样化的文化模式下也一定蕴含着某些相似特征。

从宗教和文化的传统角度看，东南亚地区的文化渊源主要有：佛教文化、以儒学为核心的中国文化、伊斯兰教文化和西方天主教文化四种文化类型。这四种文化都属于外来文化，但前两者存在的时间较为悠久，影响的时间相对就长。在东南亚的多元文化格局中，印度的佛教文化影响最广泛、深刻。目前，泰国、老挝、柬埔寨、缅甸都是以南传上座部佛教为主流文化的国家，其中，泰国、柬埔寨两国甚至定南传上座部佛教为国教。以儒家思想为核心的中国传统文化在东南亚的传播主要是越南、新加坡和马来西亚，这与儒家文化的非宗教特点及民族交往活动紧密相关，虽然也有人因儒家思想具有很强的伦理道德功能而将其称为儒教，但毕竟与真正的宗教具有根本的区别，所以，儒家文化就不像宗教那样容易在民众之间传播。

作为中国的邻国，越南自古以来就与中国有着千丝万缕的联系，因此，越南文化受到中国文化的影响就比较深刻。从秦朝开始，至明成祖时期，越南有四次"北属时期"，直至 1885 年《中法新约》签订前，仍与中国保持宗藩关系。公元前 214 年，秦始皇平定南越，设置南海、桂林、象郡三郡，其中象郡就在越南境地，史称"第一次北属时期"，之后，陆续还有三次，持续时间总共长达千年以上。根据统治需要，每次"北属时期"越南统治者采用中国式的制度治理国家，受此影响，大量中国文化输

---

❶ 邢新宇. 中国周边文化外交·东南亚卷［M］. 北京：世界知识出版社，2015：24.

入此地，其主流文化也就融合了儒、佛、道三教，这些思想逐渐渗透社会意识形态领域，并深入社会生活，对其文化结构与发展产生深远的影响。

从民族成分来讲，新加坡是一个以华人为主体的移民国家，华人人口占75%。中国东南沿海，特别是福建，自唐朝开始，就有人开始探索去东南亚地区谋生。唐朝末年的战乱使大量东南沿海地区居民，为了躲避战乱，纷纷搬迁到东南亚地区；宋朝人口剧增，粮食压力严重，福建人民只能通过海洋迁徙到东南亚地区；郑和下西洋之后，海路更加畅通，广东、福建等地掀起了第一次移民高峰，很多中国人来到东南亚定居，并开始繁衍生息。马来西亚平原广阔，适合农业种植，吸引了大量移民。1965年新加坡独立后，因为新加坡为华人统治区，大批马来西亚华人移居新加坡，因此，以传统儒家思想为核心的中国文化深深地影响着新加坡的社会生活。1824年，新加坡正式成为英国殖民地，1965年8月成为一个独立的主权国家，同年10月加入英联邦。所以，新加坡人口虽以华人为主，但是，在近二百年英国统治管辖之下，无论是思想还是制度，都是英式资本主义的。

泰国是一个受佛教文化影响很深的国度，逐渐形成了独有的政治文化体系——"泰体"，即国家、国王和宗教三位一体的混合格局。泰国的文化总体上呈现出既保守又开放的特点，在主要传承和保留自己的传统文化的同时，又有选择地借鉴西方文化尤其是美国文化。

16世纪以后，菲律宾被西班牙统治长达300多年，之后又被美国统治，即使在1946年7月独立之后，也深受美国文化影响，所以，菲律宾的主流思想仍效仿美国。

独特的地理位置使得印度尼西亚在不同时期多次受到外来文化的影响，在文化结构上呈现类似层积岩的结构，第一层是基于当地原生文化的原始信仰，第二层是印度文化，第三层是伊斯兰教文化和西方文化。在现实中却又呈现出一种笼统含糊、界限不明的文化融合体，但总体上是一种以伊斯兰教为主导的文化。

马来西亚在历史上也受到多元文化的深刻影响，其文化融合了一些波斯、阿拉伯和欧洲的文化色彩，呈现出多元化特征，是一种融合马来族、华族、印度族和其他原住民族文化特色的"多元种族文化"，但马来族是马来西亚的多数人口，所以马来民族文化是马来西亚文化的主干，但由于华人约占人口的20%，中国文化也是马来西亚文化的重要组成部分，在宗教方面，马来西亚以伊斯兰教文化为主导。

缅甸语属汉藏语系下的藏缅语族，缅甸在宗教、文学和政治制度等方面，深受印度文化影响，也是一个以佛教文化为主导的国家。

总之，东南亚文化以差异性与多元化为显著特征，但也具有一定的区域相似性和统一性，这正是东南亚能够结成东盟组织，共谋发展、共同繁荣的整体反映，体现了东南亚人民的精神观照与现实诉求。

（三）中国与东南亚地区的文化交流

从秦朝开始，中国与东南亚国家就开启了政府层面的政治往来与文化交流，经过隋唐到明清，长达两千多年，其间虽偶有停滞，但民间交往一直没有间断，特别是中国移民不仅给东南亚带去了水稻种植技术，也带去了各种思想与文化，其中，儒家与道家思想对东南亚的文化影响最大。

1. 历史悠久，影响深远

中国与东南亚的文化往来源远流长。据历史文献记载，早在先秦时期，岭南先民就驾乘小船，乘风破浪开始了在南海及其周边的渔业捕捞与商品贸易，开辟了先以陶瓷，后以陶瓷、茶叶、丝绸为主要商品的贸易圈。

《汉书·地理志》记载了当时海上贸易的航线："从广东徐闻县、广西合浦出发，经南海进入马来半岛、暹罗湾、孟加拉湾，到达印度半岛南部的黄支国和已程不国（今斯里兰卡）。"❶ 这是关于海上丝绸之路最早的文字记载。在隋唐以前，由于航海技术不够发达，对外贸易以陆地贸易为主，海上贸易只占次要地位。但到隋唐初期，西域各国战争频发，中国与西域及西亚、中亚的贸易通道被阻断，海上贸易就替代了陆上贸易，成为中国对外交往的主要方式。《新唐书·地理志》记载，"唐朝时，中国东南沿海有一条通往东南亚、印度洋北部诸国、红海沿岸、东北非和波斯湾诸国的海上航路，叫作'广州通海夷道'"，❷ 这条通道输出的商品主要以丝绸、瓷器、茶叶和铜铁器为主，输入的则主要是香料、花草、珍珠、象牙、犀角、玳瑁、珊瑚、翡翠、孔雀、金银宝器、犀象、金刚石及琉璃等一些供宫廷赏玩的奇珍异宝。宋代的造船技术和航海技术明显提升，指南针也普遍应用于航海作业，中国商船的远航能力获得进一步提高。在宋朝重商主义思想

---

❶ 转引自：李明山. 东南沿海疍民与海上丝绸之路 [J]. 广东职业技术教育与研究，2017（7）.

❷ 转引自：钟海. 古代海上丝绸之路的兴与衰 [J]. 珠江水运，2015（8）.

的推动下，朝廷鼓励海外贸易，提高贸易顺差，因此，中国的海上贸易路线进一步延伸，不仅频繁往返于南海周边地区，而且逐步延伸至印度洋沿线国家，这样，直接或间接与中国贸易的国家和地区越来越多，其范围扩展到亚、非、欧各大洲，海上丝绸之路进入鼎盛时期。明朝永乐年间，郑和率领舰队突破南洋、直下西洋，前后共 7 次远洋航行贸易，先后共到达亚洲、非洲 39 个国家和地区，极大促进了印度洋沿线国家的经济与文化，对后来欧洲开辟到印度、东南亚及中国的环球航行，发挥了先锋作用。因此，从长远来看，郑和下西洋的非凡壮举促进了世界经济与文化的往来与交流，具有世界里程碑意义。由此可以看出，中国与东南亚有着长达几千年的文化交流，特别是从 19 世纪末开始，中国大批沿海居民南下谋生，并与当地人通婚定居，中国与东南亚的经济与文化交流更加广泛和深入。

2. 互通有无，互利共赢

相比于东南亚各国，中国在历史上无疑是一个先进的文明大国，因此，不论在政治、经济还是文化上，都对东南亚各国产生了重大影响。而中国也同样从与东南亚各国的贸易与文化交往中受益良多。比如，造纸术传入越南后，越南交趾人根据当地材料进行了改造。先是以谷树皮造纸，后又以香树皮造纸，这种纸"有纹如鱼子，极香而坚韧，水浸不烂"❶。另有史籍记载，公元 974 年，苏门答腊的火油传入中国；14 世纪前后，爪哇就向中国提供所需的硫黄；明朝制作青花瓷的重要原料中就有苏门答腊的苏泥、加里曼丹的勃青、暹罗的风磨铜、渤泥的胭脂石等；番薯也是通过菲律宾传入中国的。在宗教方面，中国南方的伊斯兰教主要就是从印度尼西亚传入的；公元6 世纪南北朝梁陈之际，中国佛教进入兴盛时期，四位柬埔寨高僧历尽艰辛来到中国传经弘法，促进了中国佛教的进一步发展。

总之，始于秦汉，兴于唐朝，盛于宋、明朝的海上丝绸之路极大地促进了中国与东南亚国家的文化交流。船队远航不仅把中国的陶瓷、丝绸等商品销售到南洋与西洋，还带去了这些商品的生产技术，推动了沿线国家的经济与文化发展。同时，中国与沿线国家的贸易往来与文化交流，也丰富了中国的物质文化生活，促进了中国手工业的生产与发展，并吸引中国居民向南洋各国移民、谋求更好的发展。可见，东南亚地区的发展史，也是东南亚各国各民族与外部世界的以经济与文化为核心的交往史，在交往中，经过不断碰

---

❶ 孔志远. 中国与东南亚交流的特点［J］. 东南亚之窗，2009（1）.

撞、学习、借鉴、融合和创新，大大丰富和促进了经济与文化的进一步发展与繁荣。

古代丝绸之路既是一条商贸之路，也是一条文化之路，中国先民们凭借智慧与胆识把海上丝路的航线一直延伸到非洲大陆，开辟了一条前无古人的新航道，曾经在东西方文明交流史中创造出无数宝贵的人类精神财富。在科技高度发达的今天，亚欧非各民族更有信心和智慧建设好"一带一路"，进一步把海上丝绸之路推至史无前例的鼎盛时期，不仅把贸易区域更加扩大，也把贸易内容拓展到更深、更广的领域，打造一个立体化的合作网络，开创沿线国家在政治、经济、文化、外交等多领域、多层次的立体合作格局，这是全球化赋予人类的时代机遇与挑战，也是世界人民为创造美好生活而共同编制的宏伟蓝图。

四、中亚地区的文化特征及中国与中亚地区的文化交流

（一）中亚地区的文化特征

中亚地处亚欧大陆的结合部，自古就是两大洲交流和沟通的商业和军事要道。张骞出使西域为古丝绸之路开辟了通道，极大地提升了中国内陆与南亚、阿拉伯及欧洲的商贸往来，中亚地区也因此成为中国对外交流的重要枢纽。宋代、明代航海技术的提升极大地促进了海上丝绸之路的发展与开拓，加之中亚地区的动荡局势，途径中亚的丝绸之路逐渐衰落，中亚地区的战略地位因商贸的凋零而下降。"二战"以后，中亚五国成为苏联的联邦成员，经济发展附属于苏联经济政策的引导。苏联解体后，中亚五国独立建国，然而，贫瘠的土地资源和单一的经济结构成为该地区经济发展的重要掣肘，使之成为欧亚经济发展中典型的"经济洼地"。今天更是成为美俄战略争夺的重要支点，美国通过租用吉尔吉斯斯坦和乌兹别克斯坦的军用机场，直接将军事势力扩张到中亚，中亚地缘政治格局变得更加复杂。种种因素交织在一起，共同构成了中亚地区的复杂局势，基于此，中亚五国的文化发展与其他国家和地区相比也就有着独有的特征。

1. 中亚文化具有混杂性

中亚社会是一个由多个民族、多种文化混合而成的社会结构。在漫长的历史中，该地区同样经历了无数次民族交流、冲突与融合，逐渐演化成当今

的复杂状况。18 世纪前后，中亚地区的社会文明冲突主要表现为突厥文化与伊斯兰文化之间的信仰差异，之后，俄罗斯民族文化开始影响中亚，在苏联的强大影响下，俄罗斯文化及其社会力量不断巩固，伊斯兰文化和突厥文化遭受压制，直至 1991 年苏联解体才得以缓和。可见，中亚地区的文化既有各民族本土文化的交流与融合，也有多种外来文化进入中亚并产生影响，如欧洲文化、伊斯兰文化、俄罗斯文化和中国文化，这些外来文化在与本土文化的交流与冲突中，不断磨合与融合，外来文化中的某些因子因适应了本土民族的生活需要，成为本土民族文化的一部分。因此，这些并存的多元文化与社会力量，使中亚文化呈现出较强的混杂性，成为独具特色的中亚文化。

2. 中亚文化具有很强的地域性

中亚五国地处欧亚内陆，且由广袤的高山、草原、沙漠和半沙漠地带构成，该地区耕地面积与人口稀少，经济结构单一，这种独特的地理特征和社会状况决定了中亚文化具有很强的地域性。第一，游牧文化比较突出。由于地处大陆深处，海洋气流难以到达，降雨量极少，导致该地区难以开展农业耕作，绿色植被以草原为主，只适合放牧，所以，独特的地理环境与社会生活习惯造就了独具特色的中亚游牧民族及其游牧文化。第二，中亚文化受周边地区影响较深。在历史上，中亚特殊的地理位置决定了周围印度、阿拉伯、欧洲、中国要想通过大陆进行延伸发展，就必须途经中亚周转，中亚地处亚欧大陆的交通枢纽，中国文化、印度文化、阿拉伯文化、欧洲文化都在中亚交汇，给中亚带来了影响。近年来，美国利用自身的强势文化和雄厚的经济，通过教育、影视、网络等多种途径向中亚地区进行文化传播，逐渐渗透、影响中亚文化。

3. 中亚文化受宗教影响较深

中亚民族主要包括哈萨克族、乌孜别克族、吉尔吉斯族、土库曼族、塔吉克族，这些民族普遍信奉伊斯兰教，所以，中亚占主导地位的宗教是伊斯兰教。伊斯兰教对于中亚的政治格局、经济类型、文化教育、意识形态和社会生活均具有重大影响。中亚民族传统生活方式包括农耕和游牧两个文化类型，对于伊斯兰教的接受表现出不同的特点，所以，中亚地区的伊斯兰教同时又具有民族文化特点，中亚地区成为以伊斯兰教为主、多种宗教混杂的多元宗教地区。

（二）中国与中亚地区的文化交流

自张骞出使西域，中国与中亚地区的文化交流已长达两千多年。公元前60年，西汉政府在西域设置都护，西域正式归属中央政府，标志着中国与中亚地区正式在政治、经济、文化等领域开展交流。通过丝绸之路，中亚地区的葡萄、石榴、苜蓿等植物以及制糖、琉璃技术等传入中国。同时，佛教、基督教、伊斯兰教以及音乐、舞蹈也由中亚逐渐传入中国，并对中国文化产生了巨大影响。敦煌莫高窟的佛像与壁画就是中国与中亚文化交流与融合的历史见证。据文献记载，公元前5世纪，波斯帝国就盛行丝质服装，❶而中国丝绸只能是通过中亚传入，可见，在公元前5世纪，中国丝绸就早已传入中亚各地。公元6世纪，中亚学会了中国的种桑、养蚕和缫丝技术。公元前2世纪，中国的冶铁技术传入中亚费尔干纳盆地，后来中国的造纸术、雕版印刷术也相继通过丝绸之路传入中亚。可见，自古以来，先辈们凭借开拓进取、不畏艰难的冒险精神和智慧克服了崇山峻岭和沙漠的层层阻隔，开创了不同民族相互交往的局面，为人类灿烂辉煌的文化谱写了自己的画卷。

1991年苏联解体，中亚五国相继独立。1992年，中国与中亚五国相继建交，并在政治、经贸、教育、科技、军事和安全领域建立合作关系。随着上海经合组织的建立以及国家高层领导人的互访，中国与中亚各国的联系与交往越来越密切，签署了许多重要的教育与文化协议，为进一步开展文化交流与合作奠定了良好的基础。截至2019年7月，中国已在中亚地区开设了13所孔子学院和22个孔子课堂。通过孔子学院和孔子课堂，汉语及中国文化进一步传播。此外，各种形式的体育赛事、文艺演出、节日活动、学术交流和留学生互派等民间活动也加强了文化的交流与传播。在经济全球化背景下，作为中欧之间的交通中间站，中亚与其他国家的文化交流与合作必将成为新时代文化建设的一道靓丽风景线。

从以上文化交流的历史与现状可以看出，在古丝绸之路时代，贸易的交流是双向的，中国的丝绸、瓷器、漆器、茶叶等经西域、中亚，一直到达里海、黑海以及地中海沿岸，那里的玻璃、宝石、棉花、香料、胡椒、葡萄等传回中国。在思想与宗教上的交流传播却不是双向的。天竺的佛教、阿拉伯

---

❶ 古代中国和罗马帝国的交往证据：出土文物［N/OL］.（2019-02-22）［2021-05-21］.世界侨报.www.sjqbgw.com/h-nd-747.html.

的伊斯兰教、欧洲的基督教传到中国来，并在中国落地生根，之后又传播至朝鲜半岛与日本，而中国的文化思想对中亚、西亚或欧洲影响甚微。中国文化主要是向东、向南传播并产生深刻影响，但经西域、中亚、西亚传播到欧亚大陆的文化微乎其微，这一状况一直持续到 16 世纪，随着老子、孔子思想在欧洲的传播才得以改变。虽然从 12 世纪开始，造纸术、指南针、火药、印刷术相继由阿拉伯传入欧洲，直接推动了欧洲资本主义的诞生，但对于欧洲来说，更多的是技术层面而不是思想方面的影响。汉语在全世界的推广，让更多的人了解中国文化和思想，极大地改善了中国形象，中国向世界传递的"四海之内皆兄弟"的和谐理念，有助于世界各国携手共筑人类命运共同体。多元文化的共存与繁荣是文化发展的源泉与不竭动力。中华文明将乘"一带一路"倡议的东风促进欧亚大陆文明的多维交融，助力实现多元文化并存、和而不同的世界文明格局。

今天，中华文明不仅对周边国家产生重要影响，对世界文明的进步与发展也作出了杰出贡献，主要突出在两个领域：一是以高铁、5G 为代表的基础设施建设，此举堪比古丝绸之路的开创。目前，中国铁路"走出去"项目遍及亚洲、欧洲、北美和非洲，跨越欧亚大陆连通中欧的欧洲班列已经成为中国与欧洲国际贸易的大动脉。中老铁路、雅万高铁、匈塞铁路、莫斯科至喀山高铁、中泰铁路、中缅铁路等项目进展顺利，中国输出的高铁建设正成为"一带一路"建设的重要支撑。近些年我国积极参与世界各国的高速公路、桥梁、水库等基建工程。另外，以华为、中兴为代表的中国 5G 技术及 5G 建设将推动中国乃至世界在未来创造一个全新的世界，不仅改变了人们未来的工作与生活方式，也改变了中国的经济格局，进而影响人的思维方式与价值观。二是以儒家思想为核心的中国文化传播。全球各地的孔子学院以及国家文化品牌项目（中国文化中心、国家文化年、欢乐春节、相约北京、亚洲艺术节、中非文化聚焦、文化产业博览交易会、中华风韵）在世界各国的全方位推广，都在积极传播着中国文化，塑造着中国形象。

第七章　世界文化发展特征与发展态势

从历史发展的角度看，全球化是人类历史发展进程中的必然现象。马克思、恩格斯早在 1848 年就在《共产党宣言》中明确提出，资本主义大工业建立了世界市场，世界市场使商业、航海业和陆路交通得到了巨大的发展，这种发展又反过来促进了工业的扩展。由于开拓了世界市场，资产阶级使一切国家的生产和消费都成为世界性的。可见，今天的全球化也是资本主义大工业发展的必然结果，而且全球化的生产与消费一旦建立起来，就是一个不可逆的过程，只能越来越密切地存在着。在信息技术的推动下，世界的互联程度越来越高，全球分工越来越细，几乎任何一件商品都是世界生产的集合体。无论是政治、经济、科技或文化等领域，无不渗透着、展现着全球化的影子，任何国家的任何领域试图摆脱外界的影响几乎是不可能的。

一、文化的民族性与世界性的统一

（一）文化的民族性

文化在本源上是地域性的民族文化。即使在同一个时期，即使是同一个民族，在不同地域也会产生民族文化的差异性。"百里不同风，千里不同俗"表达的正是此意，只不过这种差异性相对于另一个民族来说要小得多，而且有根本的差别。因此，无论是否在同一个历史时期，在不同国家、民族、不同地域，文化都会显示出明显的民族文化特征。

在古代，由于生产力落后，人们对大自然的驾驭能力很低，对大自然的认识就比较肤浅，于是形成对神灵的膜拜观念。人们效仿人类社会的社会等级创造出了神的世界与秩序，除了有一个最高统治神之外，各行各业都有自己的神，所有的神都具有人的特征，神有人的七情六欲，同时，人（英雄）有神的神通广大，甚至有些人最后可以成为神。所以，在古代神话故事中，神和人是互通对话的，两者的关系也如人类社会的关系，有时和谐缓和，有时冲突紧张。

虽然这些神在不同的民族中有不同的称谓和不同的故事经历，但都是现实世界在人们思想中的神化，都是以神和英雄的神话故事表达对现实世界的理解和对美好理想的寄托，只是处在不同地域的民族，根据各自的社会生态、文化结构、历史经历和对世界的认知，形成不同地域的独特的民族神话，由此衍生出各具特色的文明形态，这些文明形态的差异性和多样化是多种合力的结果，是人类发展的必然，也正是这些差异性和多样性，不同文明之间才互赏互鉴、取长补短、共同发展，人类世界才变得更加丰富多彩、生机盎然。

历史证明，文化的民族性是其多样性的保障，只有保持文化的民族性才能彰显其多样性，不同的民族文化才能在交流中碰撞、互赏互鉴、交融共荣，在世界文化多样化发展过程中发挥自己的作用，获得更好的发展，才能在文化之林中立于不败之地。

（二）文化的世界性

从地理概念上讲，文化既是地域文化，又是世界文化。文化被认为是地域文化，是指任何文化都是某一特定民族在其地域范围内长期形成的对世界和社会生活的看法及其约定俗成的制度与行为习惯，因此，在一定程度上，地域文化与民族文化是一脉相承的同一概念。文化被认为是世界文化，是指任何文化都是世界文化中的一个分子，都是在与其他文化的相互碰撞、交融中生存与发展的，在这个过程中都吸收了其他文化的因素，成为自己的一部分，所以，世界上的任何一种文化都是一个你中有我、我中有你的文化的混合体，即每一种文化都包含其他文化中的某些成分，从这个意义上讲，任何文化都具有世界性。

文化的世界性表明文化具有世界普遍性与共性的特征。一方面，人类本身同属于一个物种，只是因处在不同地域、不同生态条件下才形成不同的生活方式、生产力水平、社会结构、社会制度等客观条件，导致了文化上的差异，但这种差异并非本质上的。从属性上来讲，各个民族创造的文化同属于人类文化，具有通约性。另一方面，人类各民族都是在大自然条件下衍生出来的物种，尽管处在不同的社会发展水平，从生物角度上看，仍处于一个相同的发展水平，所以，才有着相似的文化发展规律和文化发展形态，这些相似的特质使得各民族可以相互学习、借鉴、吸收、融合彼此的文化，促进人类文化的共同进步与发展。

由此可见，民族性和世界性是文化的一体两面，是不可分割的一个整体，是文化特殊性与普遍性的统一。

二、文化的多样化与全球化的统一

世界文化的多样化是人类各民族在长期的历史发展过程中适应自然与人类生活、生产方式的必然结果。文化全球化也是人类交往发展到一定历史阶段的必然产物，是在经济全球化背景下，世界文化出现交流、合作与融合的现象与行为，因为每一种文化都是人类在适应社会生活与生产的过程中积淀下来的智慧结晶，对于其他民族来说，其中的民族文化精华都有一定的借鉴意义，都可以在全球交流、传播与共享，这是人类社会发展的必然规律，也是文化发展的必由之路。但是，无论文化的交流、合作与融合多么密切，都不可能出现文化一体化的局面，文化的全球化绝不是指文化的一体化，文化多样化将永远存在，因为只要世界上存在不同的民族、国家及宗教信仰，就会有不同的文化式样。事实上，文化的多样化才是文化共生、共存、共荣的基础与源泉，文化一体化必然导致文化的消亡。随着全球化进程的加剧，信息技术的革新、互联网的发展为全球信息共享与生产要素的配置提供了前所未有的条件与通道，近几年出现的微传播又加速了这一进程。在这种趋势下，世界各民族文化也随之迈入加速交流、交叉融合的快车道，文化的多样化与全球化进入新的历史发展时期。

市场经济虽然率先在西欧资本主义国家诞生，但并非资本主义制度所独有，而是社会化大生产的产物，任何经济制度的国家都可采用市场经济的发展模式，从本质上说，市场经济只是社会资源的一种配置方式，是生产力水平达到一定阶段的必然要求。市场经济的发展必然促进经济发展的全球化，要求生产要素实现全球配置，实现生产效益的最大化。跨国公司在全球范围内配置资源、组织生产和销售产品，是经济全球化的主要力量。随着社会分工的精细化，国际合作越来越成为企业发展的一种常态模式，规模小型化的跨国公司将越来越多。跨国公司在改变人们经济活动的同时，也慢慢地影响着人们的思维方式与价值观念，进而形成一种适应其交往形式的新样态文化，比如达沃斯文化。虽然这种文化只是文化多样化中的一种新式样，它更多地存在于某一类人群或组织机构之中，但随着经济全球化的加剧，这种文化形态将会越来越普遍，范围越来越广、影响越来越深远。

（一）文化的多样化

民族是文化的载体，民族多样化决定了文化多样化，文化多样化是世界文化发展的客观规律和必然。文化多样化在促进个体和群体的发展上、在促进人与自然环境的关系协调上、在推动人类社会可持续发展上具有核心价值，保护和维护文化多样化就是保护和维护人类的生存与发展。

马克思主义文化观以唯物史观为基础，揭示了世界文化多样化存在的根本原因，认为世界文化的多样化是基于世界民族的多样化。从生物学角度看，人是环境的产物，即人是大自然的产物，作为生理意义上的人，人的一切都是大自然赋予的，所以，人的文化的多样化是人为了适应环境的多样化而进行选择的结果。由于不同地区的自然环境差异很大，而自身的能力有限，人又不能自由选择和改变环境，所以，世界各民族在适应自然环境的过程中，只能不断改造自身，以便更好地生存下来，于是形成了独特的生产方式与生活方式，并在此基础上演化出各具特色的世界观与文化体系，具体可以表现为不同民族性格、情感、气质、语言、习俗及宗教等方面的差异性，甚至在身体上也表现出不同的形体、体质与肤色。

人类进化史表明，人类在生存和发展的过程中，会遇到无数意想不到的来自恶劣的生存环境的挑战，比如洪水、地震、瘟疫等。人类在同这些灾难的斗争中，逐渐找到了应对这些挑战的对策，形成了对自然、人类社会的理解与认知。自然环境不同，人类产生的应变能力与抗御能力就不一样，所形成的理解与认知就有差异，于是形成不同的文化式样。当然，人类文化的差异性并不能否认其共性，这是由人作为其物种的同一性决定的。世界文化的多样性与同一性既是对立统一关系，也是其存在与发展的原动力，两者是矛盾的一体两面。

马克思主义辩证法表明，矛盾是事物发展的动力，正是事物之间存在矛盾，事物才会前进，这个道理同样适用于文化多样化。所以，无论是民族之间还是国家之间，文化多样化正是民族或国家发展、兴旺与繁荣的重要力量。正如2001年联合国教科文组织大会通过的《世界文化多样化宣言》所说，"文化多样化是交流、革新和创作的源泉，对人类来讲就像生物多样化对维持生物平衡那样必不可少，从这个意义上讲，文化多样化是人类的共同遗产，应当从当代人和子孙后代的利益考虑予以承认和肯定。在日益走向多样化的当今社会中，必须确保属于多元的、不同的和发展的文化特性的个人和群体和睦关系和共处"。❶ 也就是说，我们对待不同的文化就应该像对待不同的人的个性一样，要尊重和欣赏每种文化的差异，求同存异、和睦相处、取长补短和共同进步。诚然，每一种文化都具有独特的内涵、优势与价值，都是人类文明整体中不可或缺的一环，文化种类越丰富，人类文明之网就越密集，越有弹性和张力，就越能激发出创新的潜力与活力。文化生态犹如自然生态，只有像保护和维护生物物种的多样化一样，保护和维护文化的多样化，世界文明才能在多样化文化的相互交往与碰撞中不断进步，才能相互借鉴、共同提高、异彩纷呈。只有采取这种态度，人们才能把民族间或国家间的文化差异看成一种财富，而不是一种不可调和的矛盾，从而携手守护美好的生活家园、共建和谐的人类文明社会。

联合国教科文组织对文化多样化的认识之所以发生了质的转变，是基于对文化交往现实的反思和对过去文化政策的修正，顺应了文化发展的历史潮流。一方面，体现了对文化多样化问题的高度关注，认识到文化多样化对于文化自身与民族未来发展的决定性作用，在此意义上，没有第二条道路可选。另一方面，当前全球经济、政治、外交等方面出现的冲突或面临的危机，追其根源，总能找到因文化差异而导致问题出现的影子，有些直接就是文化差异造成的，而化解这些问题的根本途径正是寻找文化上的共同点，开展文化交流与合作。在全球化趋势下，世界交往日益密切，涉及领域越来越多，而且所有领域都渗透着文化因素，因此，要想顺利开展各个领域的交流与合作，文化的交流与合作必须先行一步，为其开山架桥、奠定坚实的基础，否则，不仅会产生更多的交易成本，甚至可能导致交易失败。所以，不仅要承认与尊重文化多样化，而且要充分利用文化多样化，让其成为不同民族或国家交往的磁铁石。

当然，文化的多样化自然意味着文化的差异化，文化冲突就不可避免，但关键是对待冲突的态度。冲突并非对立。如果把冲突看成对立，那两者之间的关系就是斗争，但如果把冲突看成差异或独特，那两者之间的关系就可以是包容、理解、接纳与欣赏。世界上的文化式样可谓千姿百态，但就其性质与内容而言，只有先进与落后之分，没有优劣之别，只要是能维护社会与生活的和谐与稳定，被广大人民群众认可与接受，给人以精神上的愉悦与满

---

❶ https：//baike. baidu. com/item/世界文化多样性宣言/3223037？fr＝aladdin.

足，就是先进的、优秀的文化，那种仅以科技是否发达为标准的评判是片面的，甚至是错误的，正如不能仅以学识、学历判断一个人的品质或道德。所以，把经济或科技发达国家的文化大量输入欠发达国家的做法并非明智之举。众所周知，文化是适应一定生产与生活条件的产物，即文化的生长与发展是需要一定土壤的，土壤变了，可能就会"水土不服"，所以，对外来文化的引入要实事求是地根据客观需要进行，否则对于外来文化与原文化来说，都是一种灾难。

对此，联合国教科文组织在 1993 年提交的报告中指出，文化繁荣是发展的最高目标，脱离文化背景的发展是一种没有灵魂的发展，经济的发展必须建立在民族文化发展的基础之上。2013 年联合国教科文组织在杭州召开国际会议，主题之一就是"文化：可持续发展的关键"，主题强调，文化多样化是人类发展的基本资源，是人类社会变革和创新的重要资源，倡导对其实行积极、动态的保护，"保护文化多样化意味着确保多样化持续存在，而不是让某种多样化的状态永远维持一成不变……文化多样化不只是需要保护的财产，也是一种需要得到开发的资源，尤其要重视它可能带来的益处，包括那些严格来讲与文化相去甚远的领域"。❶ 联合国教科文组织对文化多样化问题的认识逐渐深化，过去着重强调文化多样化的意义与价值，倡导尊重文化差异，共建世界文化的百花园，现在则是在此基础之上，重视不同文化的开发与创新。

遗憾的是，在经济浪潮与全球化浪潮的双重冲击下，文化多样化遭到主流文化的挤压甚至歧视，生存与发展空间不足，有些文化面临萎缩甚至消亡的危险。有些民族的文化自我保护意识较强，始终坚守着传统文化的阵地，保留着完整的文化体系，但由于势单力薄，在外界的干扰下，容易被主流文化侵蚀，如果这些民族文化过于留恋于文化传统而保持现状，不能及时地吸取其他民族的积极因子，增强自身的实力和抵抗力，长此以往，就容易落后，被主流文化吞噬。事实证明，在经济浪潮与全球化浪潮的双重影响下，有些民族的年轻人因学习和就业的需要，被迫学习主流文化的语言与文化，之后，迁移到主流文化的地域就业与生活，经过两代人或三代人的适应期，就会被主流文化同化，自己的文化逐渐淡化，留存下来的仅是外表服饰、形

---

❶ 联合国教科文组织. 世界报告：着力文化多样化与文化间对话（中文版）[M].巴黎：联合国教科文组织公众宣传局，2009.

体和有限的几个风俗习惯而已。

从理论上来讲，民族文化的开放与保护不是对立的，而是辩证统一的，开放的最终目的还是保护，开放是保护的手段。但在现实中，开放并不是一件简单的事情，有些时候，开放与保护确实存在对立的一面。虽然开放的大门并非完全打开，但有些消极的文化内容会伴随着积极的文化内容同步进入，正如开窗通风时，苍蝇、蚊子也会趁机飞进来，所以，如果不及时对消极的文化内容进行甄别并采取果断措施加以阻止，就会慢慢地侵蚀民族文化的肌理，造成严重后果。

但是，文化全球化背景下，文化多样化又意味着不同民族或族群对文化需求的多样化，即每一种文化在适应民族生存与发展的过程中需要借鉴与吸收其他民族文化中的优秀因子而使自身得以生存与壮大，在此意义上，不同文化之间的关系是一种共存、共荣关系。也就是说，从文化特质来看，不同文化之间是对立关系，但从文化共性来看，它们又是依赖关系。所以，每一种文化对其他文化来说，都有一定的合理性和不合理性，虽然这种合理性和不合理性对于自身而言恰恰相反。当然，这里说的合理性和不合理性仅是对具体民族或者个人而言，并非其客观上的合理性和不合理性。之所以倡导不同民族之间应该保持相互尊重和开放心态进行有效对话，并相互学习，从而推动文化的发展和创新，就是基于任何文化都存在积极文化因素这一事实，而不是其"合理性"，因为这里的"合理性"本身也包含着事实上的"不合理性"，这些"不合理性"是需要抛弃的，我们需要学习和弘扬的是那些在客观上和事实上都属于"合理性"的积极内容。比如，中国的"义"（義），这是个会意字，《说文解字》释为：从我、从羊。羊在古代是美物和吉祥之物。那么，"义"的意思就是我手里拿着好东西给别人，引申为一个人对另一个人做好事、肯牺牲的精神，也就是讲"义气"。这在客观上是一种具有"合理性"的需要弘扬的道德品质，但在现实中，也出现了过度的"义气"行为，比如，为了"义气"而不顾事情本身的曲直对错，无原则地帮助所谓的朋友，甚至助纣为虐、犯错误。可见，不同文化间的学习与借鉴必须基于其客观上和事实上都具有"合理性"的内容之上。

从国际关系的角度看，承认与维护文化的多样化是国际关系民主化的重要标志，是以实际行动构建和谐共处的国际文明新秩序、反对霸权主义和霸凌行为的重要基础。如果一个民族或国家不能保护自身文化的独立性，就会丧失民族或国家精神的独立性，进而沦为他国的政治附庸。因此，同居地球之上的我们，要想实现持久和平，就必须认可并欣赏人类存在的文化差异，并且肯定和赞赏因这些文化差异互动而形成的共同价值观。在此基础之上，开展平等的政治对话和经济、科技等领域的交流与合作，共同推进人类文明的进步与繁荣。因此，在世界已进入全球化的背景下，我们必须以辩证的观点看待与处理文化多样化与全球化，客观对待不同文化在交流与发展过程中遇到的机遇与挑战。一方面，在文化的交往中，不同文化之间会因各种原因出现冲突甚至是对立，造成在文化领域甚至其他领域的紧张或摩擦；另一方面，不同文化也有相互吸引的方面，它们会在越来越频繁的交往中有更多的机会求同存异、取长补短，通过吸收彼此的优点，把积极的因素融合为自己的一部分，从而使自身获得提升。这两个方面相伴共存，共同推动人类文化的文明进程。

（二）文化的全球化

全球化是在新科技革命背景下生产力发展到一定阶段的必然现象。全球化首先是经济领域的全球化，随着经济活动所渗透的领域，全球化思想与活动也就扩展到这些领域，改变着人类生产与生活的方式与现状。所以，没有经济全球化，就没有文化的全球化，而且经济全球化的发展程度也决定了文化全球化的发展进程。全球化表明人类社会进入了全球互联互通的交往时代，全球社会必将呈现出既相互冲突又相互依存的双重局面。

文化全球化是指各民族或国家的文化打破以前彼此隔离的封闭状态，从而实现全球交往的动态过程。对此，马克思曾根据地区生产与市场已转变为世界生产与市场的事实作出过精辟的论断："过去那种地方的和民族的自给自足和闭关自守状态，被各个民族的各个方面的互相往来和互相依赖所代替了。物质的生产是如此，精神的生产也是如此。各民族的精神产品成了公共的财产。民族的片面性与局限性日益成为不可能，于是，由许多种民族的和地方的文学形成了一种世界性的文学。"❶虽然马克思没有使用文化全球化这一术语，但是，其中的"精神产品、文学"等术语与今天的文化具有相同的内涵与范畴，因此，所谓的世界性的文学就是指世界性的文化。

但是，对文化全球化的理解和界定，全球学者还没有形成一致的观点。目前，中国学者存在的三种观点颇具代表性。文化全球化的怀疑者认为，全

---

❶　马克思，恩格斯 . 共产党宣言［M］. 北京：人民出版社，2017：31.

球化只能指经济全球化，不应把这个概念扩大到各个领域。（经济）全球化就是指资本、商品、技术及劳动力等生产要素跨国自由流动和配置。人类社会在政治、文化、意识形态、生活习俗方面一直是多元的，经济全球化不能改变这种多元化局面，只是加强这些领域之间的相互联系。文化全球化的拥护者认为，全球化首先是指经济全球化，继而也是政治、文化领域的全球化，就是"通过国际金融资本、信息技术的联合与组织，在全球范围内，国与国之间形成一种紧密的联系以及相互制约的政治、经济、文化的关系，使各国在政治、经济、文化上走向同一化或一体化"。❶ 文化全球化的反对者认为，全球化的本质是某些国家或国家集团所推行的霸权主义的产物，经济全球化和文化全球化就是帝国主义的经济霸权和文化霸权在现实中的表现形式。

可以看出，文化全球化的怀疑者是从生产力的角度分析的，文化全球化的拥护者则是从生产关系的角度分析的，而文化全球化的反对者是从国际政治博弈的角度分析的，三者是从不同的角度看待问题，都存在合理性。无论从何种角度来分析，他们都是承认存在全球化这一现象的。从客观事实来说，世界交往的全球化是毋庸置疑的，它必然会在涉及的领域产生作用与影响。所以，全球化是世界发展的一个必然的历史过程，世界的普遍联系性也决定了全球化进程中必然会增强各个领域间的关联性和依存性。

马克思主义认为，经济是基础，政治与文化是上层建筑，经济基础决定上层建筑。经济全球化不仅对全球经济形态与结构产生影响，而且会或迟或早地传递到作为上层建筑的政治与文化，导致政治和文化上层建筑的相应调整与变革。也就是说，在经济全球化的推动下，整个社会的生产要素配置与结构发生了变化，社会经济运行的模式与系统结构也随之发生变化，这些变化最终会传递到文化层面，引起社会文化系统的变化，继而引起社会文化的重构和再生，形成一种新的与经济基础相适应的文化体系与结构。

之前，第三次工业革命已经揭开了科学技术对社会结构与秩序改造的序幕。当前，第四次工业革命又乘势而起，掀起了更加激烈动荡的世界浪潮，这是一场以互联网产业化、工业智能化、工业一体化为代表，以人工智能、清洁能源、无人控制技术、量子信息技术、虚拟现实以及生物技术为主的全新技术革命，在其影响下的经济发展模式与态势将以迅猛发展之势席卷全

---

❶ 钱中文. 文化全球化的展望和思考 [J]. 民族艺术研究，2002（3）.

球，渗透每一个领域、每一处角落。人类的生产方式、生活方式以及经济基础将发生彻底改变，与此相适应，人类的文化必将随之改变。与第三次工业革命开始之时相比，世界已发生很大的变化，第四次工业革命将带来更加惊人的改变。经济全球化已将世界交往与活动连为一体，信息、资金、科技、人员、文化的跨国流动将成为常态，而且会越来越加剧。上文说过，文化全球化并非全球文化的一体化，而是指文化要素的全球流动。经济从来不是一个单独的领域，而是一个以经济特征为主的社会现象和行为，经济全球化中必然有文化因素的渗透，所以，经济全球化也必然蕴含着文化全球化，而且随着经济全球化的发展，文化全球化的过程也会加速，这是不可阻挡与逆转的时代潮流。

其实，有些分歧只是来源于对文化全球化内涵的界定不同。比如，有些学者把文化全球化理解为文化一体化或文化同质化。赵景来认为，"文化全球化是指不同生活方式、消费方式、观念意识的相互认同、相互渗透、相互吸收，从而呈现出文化发展的某种同一化趋势"。❶ 蔡拓也持相同的观点："毋庸讳言，文化全球化的内涵是文化的同质化或趋同化。"❷ 毫无疑问，这就是一个伪命题。只要世界上存在不同的国家、民族、政治制度与宗教信仰，就不可能实现文化上的一体化或同质化。只要世界民族是多元的，文化也必然是多元的。即使地球统一为一个单极的政治体或国家，也不可能出现文化的一体化或同质化。

还有学者认为，文化的全球化意味着文化的殖民化，这显然是狭隘的文化民族主义。持这种观点的学者显然是反对文化全球化的，认为文化全球化就是文化霸权的产物，是霸权国家借助经济、政治、军事、科技等领域的霸权地位，通过各种手段，强势推行其社会理念或文化价值观，实施文化殖民，弱势国家则被动接受其文化，自身的文化随之被强势文化同质化。正如王毅指出的："文化全球化实质上是美国作为唯一的超级大国的强势文化的扩张，尤其是对古老民族文化的单向挤压。"❸ 诚然，以美国为首的发达国家利用其在经济、政治、军事、科技等领域的优势地位，不断向别国渗透自己的生活方式与价值观，挤压其他国家，特别是发展中国家和不发达国家的

❶ 赵景来．文化全球化研究论略［J］．当代世界与社会主义，2003（5）．
❷ 蔡拓．文化全球化的三重涵义［N］．天津日报（专副刊），2001-08-06．
❸ 王毅．文化全球化的实质与消极后果［J］．理论与改革，2004（5）．

文化生存空间，从实质上来讲，这确实是从经济霸权延伸到文化霸权领域，从而达到文化殖民的意图，如果文化自身缺乏强大的生命力与抵抗力，在强势文化的影响下，弱势文化很容易被侵蚀并失去自主权。诚然，适者生存的自然法则在文化领域同样发挥作用，这也是文化发展过程中的必然规律，如果某种民族文化一味模仿发达国家的文化模式，而放弃其民族文化的独特性，必然会造成文化趋同或者被同化现象，事实也证明在人类历史发展过程中，也存在一些民族丧失自己的文化独立性和民族身份而融合为其他民族的现象。但是，在全球化成为一种时代发展潮流的背景下，那种盲目拒绝全球化，幻想置身于全球化之外，成为一块"飞地"的想法是不切实际的。历史证明，任何一种民族文化都是时代的产物，都必须与时俱进，积极地参与世界民族文化的交往和对话中来，吸收自身传统文化与其他文化的精华，形成强大的新文化，为本民族的生存与发展提供精神动力与支撑，否则就会有被边缘化或同质化的危险，甚至会被吞并或淘汰。

从辩证法的角度看，任何文化都具有两面性，即同时存在积极的和消极的成分，而且，如果从客观与主观两个不同的角度来界定的话，所谓"积极的"和"消极的"成分仅具有相对意义。比如，公平、正义、自由以及在此基础上的民主、法治、博爱，这显然是人类普遍追求的，但在现实社会中，在不同的利益群体或民族中，会有不同的阐释标准和实践标准。所以，角度不同，界定就有差异，这也正是文化冲突的根源所在。但从客观的角度来说，任何文化都必须坚持开放的态度，以海纳百川的胸怀彼此尊重、互相理解，在民族交往中，通过不同形式、途径、范围、程度的互相影响、互相渗透、互相融通，能够在某些方面或部分达成某种价值共识和价值共享，从而实现自身文化的进步与繁荣，这种超越民族、种族、国界和信仰的文化交流与共享就是文化的全球化。

可见，文化全球化与文化民族性、多样化之间并非相互矛盾的，而是具有内在的逻辑联系。一方面，文化多元化是文化全球化形成的基础，也就是说，没有文化的多元化，文化就没有在全球流动的基础和需求；另一方面，文化全球化又可以促进文化多元化的发展，即文化的全球化使得多元文化在接触、认知、理解、接纳、吸收、融合的过程中，纳入新鲜的元素，获得新的活力，从而获得进一步发展，可见，文化的多样化与全球化是互为条件、相互促进的。所以，文化的全球化以文化的民族性和差异性为基础，而文化的民族性和差异性又因文化的全球化更丰富、更显著，文化全球性与文化民族性非二元对立的关系，而是辩证统一的关系。

联合国教科文组织在其报告《多种文化的星球》中对文化的多样化与全球化给予了全面的概括："发展有一个特征对于人类的未来至关重要，那就是统一性与多样性之间的平衡。这种平衡对于所有的发展和进化形式来说都是基本的，在自然界和历史中也是如此。一旦离开了一定形式的统一性和多样性，任何事物都不能发展。……真正的统一性只能补充而不是损害多样性，因为它发生在一个共处、共享的水平上，在那里整个系统的所有因素都是平等的参与者。……全球水平上的统一性不需要削弱民族、亚民族和地区水平上的多样性。相反，民族、地方和地区的多样性是在全球水平上的整合的一个持久的先决条件。"❶ 该报告客观地表达了文化多样性与文化全球化的辩证关系，也指明了文化发展的前提条件或生态基础，即统一性与多样性之间的平衡问题。当今的文化全球化其实是为文化多样性的进一步发展创造条件，搭建平台，而不是消减多样性，抹杀异质文化的存在。当然，对于文化全球化过程中出现的对于民族文化的冲击，应当视为正常现象，民族文化应该抓住机遇，把挑战视为契机，在迎接挑战中实现自身的现代化转变与创新，顺应时代潮流，积极参与全球文化的交流与创新，共享人类文明成果。

三、文化与其他领域的密切融合

在现代化条件下，国际竞争越来越表现为以科技为核心的综合国力的竞争。作为科技的源头，文化日益显示出其无穷的魅力，各个领域、任何行业都明显地呈现出两者相融合的现象。相对于经济、政治、军事方面的硬实力，文化力是一种看不见、摸不着的无形软实力，但它可以通过转化为科技力表现为一种客观的真实力量，能在现实生活中体现出来的力量，特别是在人工智能、石墨烯、量子技术、基因、虚拟现实、可控核聚变、清洁能源以及生物技术为突破口的第四次工业革命中，这种科技力不仅对人类的经济形态、政治结构、国际关系产生革命性影响，而且通过传递效应，改变人类的价值观念，进而再次改变文化形态与结构。

为什么文化能有如此神奇的力量呢？原因可从四个方面来分析。

---

❶　欧文·拉兹洛. 联合国教科文组织国际专家小组的报告：多种文化的星球 [M]. 北京：社会科学文献出版社，2001：1-3.

第一，作为文化之魂，民族精神始终激励着该民族砥砺前行。文化的核心是民族精神和价值观。"民族精神是一个民族在长期的历史进程和积淀中形成的民族意识、民族文化、民族习俗、民族性格、民族信仰、民族宗教以及民族价值观念和价值追求等共同特质，是指民族传统文化中维系、协调、指导、推动民族生存和发展的精粹思想，是一个民族生命力、创造力和凝聚力的集中体现，是一个民族赖以生存、共同生活、共同发展的核心和灵魂。"❶ 文化建设的核心内容就是培育民族精神、增强民族凝聚力，从而焕发民族号召力，实现民族的发展目标。在维护民族独立与安全的使命中，内在于文化中的民族精神具有其他力量不可替代的作用。"价值观是基于人的一定的思维感官之上而作出的认知、理解、判断或抉择，也就是人认定事物、辩定是非的一种思维或取向，从而体现出人、事、物一定的价值或作用；在阶级社会中，不同阶级有不同的价值观念。"❷ "冷战"以来，资本主义国家与社会主义国家之间"和平演变"与"反和平演变"的斗争在本质上就是意识形态和价值观的保卫战，是话语权的争夺战，赢家就会塑造起更强大的民族精神和凝聚力，输家就会涣散其民族精神和凝聚力，丧失在若干领域的话语权，甚至在政治上成为另一方的附庸。民族精神和价值观是维护民族独立和文化安全的坚实屏障，失去这一屏障，最终会丧失民族主权。

第二，作为文化范畴的教育在综合国力构成诸要素中发挥着基础性作用。在这里，我们先对教育一词的含义进行考察。"教育"一词最早见于孟子的"得天下英才而教育之"。虽然这句话透露出当时社会教育的不平等现象，即非"英才"是不能够接受教育的，但是当时社会条件的无奈之举，大可不必计较。这里面的"教育"包括"教"与"育"两个方面，"教"的是知识，"育"的是思想与伦理道德。之后，唐代文学家韩愈《师说》中对"师"的作用进行了阐释："师者，传道受业解惑也。"仔细比较，这些说法虽然措辞有异，但与今天的"教书育人"有异曲同工之妙。

今天，狭义上，教育是指学校教育；广义上，泛指一切对受教育者的心智发展进行的教化培育，包括影响人的身心发展的社会实践活动。本节所讲的教育是指广义上的教育，只要是施教者通过传授其经验、学识及认知，对

❶ 白度百科. 民族精神［EB/OL］. https：//baike. baidu. com/item/民族精神/3163？fr＝aladdin.

❷ 百度百科. 价值观［EB/OL］. https：//baike. baidu. com/item/价值观.

被施教者施加影响，为其解释各种现象、问题或行为，增强其认知能力、理解能力、审美能力、批判能力以及实践能力，那么，施教者的所有活动都可以被称为教育行为。从这个意义上讲，施教者的范围也可以扩展至更广泛的对象，除了教师是传统意义上的施教者之外，所有能对被施教者的思想、行为、心理产生作用的一切人都可以被视为施教者，甚至包括一切与被施教者有联系的"人"和"物"，比如，一件塑像、一本书、一首歌、一件艺术作品、一个影视形象，甚至一处自然风景都可能在无意之中对他人产生影响。所以，整个社会环境中的一人一物、一草一木都承担、发挥着一定的教育使命，成为施教群体中的一个组成部分。

从群体角度看，教育可以培育出自强不息、仁和中庸、礼义廉耻、爱国敬业、勤劳智慧、艰苦奋斗、风雨同舟的民族精神，在激励民族成员进行改造社会实践的过程中，民族精神就可以转化为巨大的物质力量，为民族的生存、发展与繁荣发挥出巨大的作用，成为壮大综合国力的坚实支撑。

从个体角度看，教育可以塑造一个人的优良品格，使其养成崇高的人生价值观、掌握先进的科学技术以及习得精湛的劳动技能。所以说，教育是一种提高人的综合素质的实践活动。没有或缺乏良好的教育，就不可能培养完整的人、健全的人。也有人说，教育就是培养一个人的情怀与责任心，使其能够理解他人、关心他人，能够热爱他人的生命如同自己的生命。

从生产力角度看，教育就是培养劳动者具备获得先进科学技术的能力，并把这种能力转化为生产力。教育可以通过劳动者促进劳动生产率的提高，能够促进生产总量的扩大，进而促进经济发展方式的转变，最终导致生产关系的变革，这一切变革归根到底取决于教育的质量。可见，教育处于生产力与生产关系的中心位置。

马克思认为，科学技术是推动社会进步的最强大杠杆，是生产力中最活跃的因素，每一次科学技术革命都会促使生产力的飞跃和人类社会生活的深刻变革。历史上的每一次工业革命都是由科技革命吹响的第一声号角，当前刚刚开始的第四次工业革命的核心动力依然是日新月异的现代科学技术革命，而作为文化范畴的广义上的教育正是科学技术发展的最重要的推动力量。教育可以使劳动者掌握科学技术，内化为劳动者的素质与技能，进而运用到劳动对象上去。因此，没有先进的教育，就不可能有大批的科学技术人才，就谈不上先进的生产力。它们之间是相互促进、共同提高的共生关系。邓小平提出"科学技术是第一生产力"的论断间接地表明了教育对于生产力的重要意义。从世界发展的历程看，科学技术越来越成为经济发展的决定性因素，科技力量成为综合国力的主导力量，全球竞争的焦点已经聚集在科学技术的竞争上，谁能占领高科技的制高点，谁就能在经济、军事领域占据主动权，夺取国际话语权甚至霸权，实现这一切的关键因素就是科学技术人才，而人才正是通过教育培养的。教育还是文化传承与传播的重要手段，特别是教育的国际化为文化的国际交流与传播创造了机会与条件，使不同民族之间的文化，特别是科学技术能够彼此共享，在交流中碰撞，在碰撞中迸发创新的火花，进而形成燎原之势。

第三，文化既是经济发展的动力资源，也可以转化为现实的经济资源。从经济学意义上讲，文化可以分为经营性文化和非经营性文化。可以用产业方式运行的那部分文化就是经营性文化，即产业性文化；不能用产业方式运行的那部分文化就是非经营性文化，即事业性文化。所以，文化产业是经营性文化转变为经济资源的活动业态，是文化资源与经济资源相结合的衍生物，当然，在文化资源转变为经济资源的过程中，其经营活动必须遵循市场经济规律，即适者生存，不适应者即被淘汰的规律，所以，营利是其存在的理由；文化事业是非经营性文化在经济领域之外的社会领域的业态，非营利性即公益性特征是其存在的根基，投资者或经营者一般为政府机构或社会慈善机构，其根本目的不是经济效益，而是社会效益，从事实践活动的主旨就是为了满足人民群众的精神需求，其经济来源主要是政府财政或社会资助。

经营性文化所形成的文化产业在客观上同样能够满足人民群众不同层次的文化需求，促进文化艺术的发展和繁荣，同时，作为一种产业形式又丰富、壮大了经济发展的业态，而且在与其他领域融合的过程中又促进这些领域的发展，但其主旨是实现经济利润。因此，文化产业作为一种经济行为，不可避免地带有自身难以克服的缺陷和弊病。但通过与事业性文化活动的互补，文化产业必然在社会发展与繁荣的过程中发挥重要的推动作用。

事业性文化的特性和本质就是它的公益性和创造性，其目的不是获取经济利润，自然不能形成文化产业，但它是经营性文化发展的基础和前提。如果所有的文化都通过产业方式运行，以追求利润为目的，那文化的发展必将走向低俗和无序，陷入不可持续的误区。所以，为了文化的持续发展和繁荣，为了社会的全面进步，必须区分哪些是经营性文化，哪些是事业性文化，进一步完善这两种类型文化发展的政策与法规，既要为经营性文化发展创造宽松的社会环境，也要加大国家对事业性文化发展的支持力度，使其各司其职、沿着各自的道路健康发展，杜绝因追求利润，把事业性文化也当作文化产业来经营的混乱行为。比如，教育、学术研究、文学艺术等这一类非经营性文化，以及图书馆、博物馆、文化馆等这些公共文化服务场所，必须依靠国家或政府的财政投入，除此之外，国家也可以制定相应的政策，引导和扶持社会资金投入，扩大参加社会公益事业建设的社会力量。

事实证明，事业性文化的繁荣是文化产业发展的前提条件。没有发达的事业性文化，包括小说、诗歌、戏剧、电影、音乐等原创性文化的繁荣，文化产业必将变成无源之水、无本之木。同样，如果没有发达的文化产业，没有相当购买力的文化消费者，事业性文化的发展就会变得缓慢，甚至萎缩、没落。因此，事业性文化与经营性文化是相互依赖、相互促进的关系，二者互为补充，共同促进文化的发展与繁荣。

第四，来源于文化积淀的管理理念与管理制度在生产力的发展中显示着越来越强大的连锁力。随着生产力水平的提高，生产力因素也处于不断发展和变化之中。当今，新工业革命的推进使得生产力的构成要素及其作用发生了巨大的变化，生产力三要素（劳动者、劳动资料与劳动对象）本身发生了量与质的变化，曾经的三要素得到扩充，变得更加多元。比如，在新的工业革命背景下，劳动资料则退居次要地位，而劳动者越来越成为生产力要素中关键性的因素，而劳动者中的智力元素在新的条件下发生了分化，其中一部分和劳动资料与劳动者相结合，成为劳动资料与劳动者中的一部分，于是，生产力的三要素之间越来越相互渗透，界限越来越模糊。也就是说，生产力的发展使原来要素的构成成分发生了变化，甚至是质变，其地位和作用也会发生位移。当然，科学技术已融入生产力诸要素之中，成为各要素发挥作用的核心因素，在生产力中的作用越来越大。比如，以劳动工具为主的劳动资料从来不是简单的物质资料，而是包含科学技术的物质载体，而且科学技术越发达，劳动资料的科学技术含量就越高，就越会产生更高的生产效率。再如劳动对象，最初的劳动对象是手工工具时代的未经加工处理的自然物质。随着科学技术水平的提高，劳动对象逐渐从初级的经过浅加工的物质向经过深度加工或人工合成的新型劳动对象过渡，而且在社会分工日益精细的背景下，劳动对象本身越发成为包含多重要素的聚合体。可见，生产力越发达，其要素之间的联系越紧密，越纵横交错，形成要素之间分类越来越模糊的状况。

当然，在生产力诸要素中，劳动者永远是具有主观能动性的要素，在其他要素条件不变的前提下，发挥劳动者的主观能动性同样可以提高生产力水平。这种主观能动性可以通过优化管理制度、组织框架与手段，从而提升劳动者的劳动效率来实现。比如管理，虽然它不能独立构成生产要素，但在生产力中的地位与作用越来越显著，越来越成为一种新的蕴藏着巨大潜力的重要因素，激励着劳动者在生产过程中迸发出强大的主观能动性，成为提高生产力其他要素发挥巨大潜能的重要因素。事实证明，通过提升管理理念、改善管理制度与方法以及调整管理组织与结构，管理要素所创造的价值与其他要素相比毫不逊色。同时，生产力诸要素改变和提升之后，生产关系的变革与改善所产生的积极作用更是难以估量，特别是由此导致的社会变革往往是生产力发生跨时代质变的关键力量，而这些都是与文化的直接或间接作用分不开的，甚至说，是包含在生产力与生产关系中的文化因素持续演进的结果。

四、一种新的文化形态："微"文化

随着信息传播技术的发展，媒介传播形式也发生了很大的变化，形成了以微博、微信、微视、微淘、抖音、快手等自媒体为媒介的信息传播方式，掀起了微传播的新浪潮，在微传播背景下，形成了一种新的文化形态：微文化。"作为一种全新的传播方式，微传播集合了自我传播、人际传播、组织传播、大众传播的特点，在互联网平等、去中心化和反权威精神的基础上，融入了个人性、即时性、互动性。"❶ 微传播的核心"微"，是通过"微"媒介向"微"受众传播"微"内容，其中，"微"媒介主要是指手机，"微"受众的"微"是形容传播对象的分散性，而"微"内容的"微"是形容内容的短小精悍。

微传播开创了信息传播技术与信息传播方式的新格局，使人类同时进入一个新的文化时代。在微文化时代，从琐碎的生活小事到惊人的国际动态，从悲切的世态炎凉到大爱无疆，从草根平民到明星大腕，还有数不尽的奇人奇艺，可以说，微传播上至国际社会，下到黎民百姓，无微不至、无孔不入，所以，微传播涉及面之广泛、速度之迅猛、影响力之强大完全出人

---

❶ 百度百科. 微传播 [EB/OL]. https：//baike. baidu. com/item/微传播/3880643？fr＝aladdin.

意料。

　　总之，现代社会的发展与进步提高了大众的消费水平，而科学技术的日新月异也不断地改变着大众的消费观念与消费方式，促使社会呈现出"碎片化"趋势。在这样的社会背景下，人们的思维方式和价值观念也随之改变，人们的需求日益个性化和精细化，社会条件与环境也不断变化以适应这种社会需要，这种社会趋势不断传导，渗透于政治、经济、文化等各个领域，成为一支不可小觑的新生力量，形成了独具特色、影响深远的微文化。

（一）微传播必然形成"微"文化

　　纵观人类文化传播史，传播工具与手段的每一次改进都对人类社会产生深远的影响，在改变人们现实生活的同时，也影响着社会文化结构与生态。在微传播时代，快捷的传播速度、多样的传播方式、丰富的传播内容、复杂的施众与受众成为其时代特征，微传播如滔滔洪水将信息渗透于人们的碎片化生活，成为人们生活中必不可少的一部分。碎片化的内容和多元化的传播方式在碎片时间给人们带来了丰富多样的认知与情感体验，形成了丰富多样的"微"文化。"微"文化不仅增加了社会文化的多样化，也必将促进社会发展的多元化。

　　正如任何事物都具有两面性，碎片化的微传播形成的"微"文化对社会文化具有积极的和消极的双面影响。积极的影响主要体现在：提高了碎片时间的有效利用率，为施众与受众提供了跨越时空分享与接受信息的机会，为多元化草根文化的发展提供了广阔的舞台，开拓了信息传播与接受的自由渠道。总之，碎片化的微传播为个性化时代提供了条件，解放与释放了个体的潜能，为个体思想潜能的发挥与实践创新创造了条件与环境，加速了人们思想交流与碰撞的机会与频率，使其越来越不受时间和地域上的限制。

　　在传统媒体时代，主流话语权是由精英阶层控制的，传统媒体所宣扬的只能是上层统治阶级的价值观念，草根阶层只能被动接受，处于一种失声的状态，因此，信息的传播是单向的。但在微传播时代，每个人都处于整个信息网络之中，既可以是受众，也可以是施众，也就是说，每个人不仅是信息的接收者，也可以成为信息的创造者与传播者。普通大众由"沉默"的大多数变为与精英阶层具有平等表达思想和展示自我的权利与机会的平等者。微传播的去精英化、低门槛、方便快捷为信息生产和传播创造了自由和自主的公共话语空间。随着微传播的广泛流行，平民化、草根化的"微"文化

163

兴盛起来，草根阶层积极参与社会文化的生产与传播当中，成为引领"微"文化生产与传播的中坚力量，碎片化的微传播使得人人都可以是信息生产者与传播者。微传播使网络变得更加开放和多元，所创设的虚拟环境深深地影响着受众与施众的思想和行为方式。微传播激发了草根阶层创新的激情与灵感，使草根获得了发声和展示智慧的舞台和传播空间，为社会文化的创新与繁荣孕育了深厚的土壤。

（二）微传播的显著特征就是碎片化

碎片化不仅是传播信息的"碎片"，还指施众与受众的"碎片"。正是这种"碎片"满足了施众与受众多样化的个性需求以及多样化的信息需求，"碎片"传播改变了施众信息传播与受众信息接收的方式和习惯。施众与受众已不再是一个大的群体或团体，而是一个个分散的"碎片"，微传播将改变传统媒体的"中心"地位，成为大众传播方式的主流。

碎片化的微传播为受众提供了海量的信息资源和丰富的情感体验，正如双刃剑，微传播的碎片化对社会文化也产生了消极影响。众所周知，碎片化的微传播因缺乏严格的审核，带来了传播内容及传播方式的碎片化，造成信息价值的千差万别和良莠不齐，其中也夹杂着众多的泡沫化、低级化、谣言化的负面信息，对于鉴别能力差、防范意识不强的受众来说，容易造成误导，甚至是价值观的低俗化。另外，碎片化的信息因其微小，承载的内容十分有限，容易造成受众习惯于采用浅阅读、浅思维的方式获取信息，使受众逐渐养成快餐式的碎片阅读及浅阅读习惯，从而缺乏深度阅读的耐心与定力，难以进行深入思考，久而久之，就会养成受众的浅层思维。而且随着移动化传播终端、多功能传播技术的不断进步，碎片化微传播会越来越加剧，其受众数量也会相应地增加，那么，受众在碎片时间内的信息需求和娱乐需求会越来越大，而且娱乐性内容因其给受众带来愉悦的情感与心理体验，需求会更大，长此以往，受众就会迷恋于这种浅层次的蜻蜓点水般的阅读过程，难以进行深度阅读，也就无法形成深层思考。加上为了吸引受众，获取点击量，微传播往往充斥着众多商业性、娱乐性的内容，这样容易导致草根文化的盛行与精英文化的式微，长此以往，那些博大精深的文化就会失去赖以生存的社会文化环境，逐渐被人习惯性遗忘，出现粗俗文化的泛滥。可见，虽然碎片化的微传播为碎片时间的利用以及草根文化的发展提供了广阔的空间，为文化的快速、便捷传播带来了前未有的机遇，但是也挤占了传统文化及精英文化的发展空间，使人们面临捍卫、传承、创新、发扬优秀传统文化与精英文化的挑战。

（三）微传播与微文化之间的多元互动

由于传播施众的多元化，微传播形成了丰富多彩的微文化，对多元化微文化的需求又反过来促进了微传播的扩张与发展，两者形成了多元互动的共生关系。

借助多样化的传播平台，微传播将碎片化的信息内容及时、便捷地传送给受众，受众则利用微传播媒介的优势，实现了碎片时间的充分利用，在等人、等车、坐车等闲暇时间获取了自己需要的信息资源，实现了个人的知识积累与提升，拓宽了个人的视野，为其素质的提升创造了条件。微传播的移动性为微阅读、微社交、微购物等社会活动提供了广阔的空间平台，而微传播的便捷性则使得这些活动可以随时随地进行，在改变人们行为方式的同时，也悄悄地改变着人们的心理与"三观"，这些行为方式、心理与"三观"会慢慢地稳定下来，最终形成稳固的社会文化，最初的"微"文化也就演变成大文化。可见，碎片化的"微"文化催生了新的多元化的文化形态与式样，促进了文化的多元化发展。

第45次《中国互联网发展状况统计报告》显示，截至2020年3月，网络视频、网络音乐和网络游戏的用户分别为8.5亿户、6.35亿户和5.32亿户，使用频率分别为94.1%、70.3%和58.9%。网络视频已成为仅次于即时通信的第二大互联网应用类型。手机网络新闻用户、购物用户、支付用户规模分别达7.26亿户、7.07亿户和7.65亿户，占手机网民的81.0%、78.9%和85.3%。❶ 从这组数据可以看出，我国网络用户和手机用户在利用网络、手机时，除了即时通信、购物、支付等实用性功能外，其他的功能主要是娱乐性消费，对于消费者来说，虽然可能是为了打发闲暇时间，但是这些碎片化的娱乐消遣活动往往干扰人们的整体性思维活动，影响人们的实践活动，并慢慢地改变着人"自身"。

现在的孩子是聪明的一代，但是迫于应试的压力，大多数孩子重视的是与应试内容紧密相关的学业内容，而对于在短时间内难以看到明显效果的阅

---

❶　第45次《中国互联网络发展状况统计报告》[EB/OL].（2020-04-28）[2021-05-21].www.cac.gov.cn/2020-04/27/c_ 1589535470378587. htm.

读缺乏足够的重视，而阅读恰恰是孩子最重要的学习途径，不仅可以益智开慧，还可以塑造一个人的品格与"三观"。在学校教育阶段，阅读是最重要的教育手段，因为阅读可以培养、提升一个人的学习力，而学习力是伴随一个人终身的成长力，是创新力的活水源头。

据第十八次全国国民阅读调查报告，2020年，我国成年国民各媒介综合阅读率持续稳定增长，其中，手机阅读和网络在线阅读是成年国民数字化阅读的主要方式，数字化阅读方式（网络在线阅读、手机阅读、电子阅读器阅读、Pad阅读等）的接触率为79.4%，从数字化阅读方式的人群分布特征来看，主力是18~49周岁的中青年群体，占78.4%。❶ 那么，手机阅读是否可以代替书籍阅读呢？答案基本上是否定的。确实，无论是等车还是坐车，大多数人都在拿着手机阅读，但其内容多是时政新闻、八卦消息、网络小说、穿越剧等内容，目的就是娱乐或者消遣打发时间。很难想象在公交车这样一个嘈杂的环境中，有报站声、开门声、聊天声，还有车子的晃晃悠悠，一个人会用手机专心阅读那些需要精心体验和思索的经典名著，所以，手机难以成为高端阅读的工具。

在碎片化语境中，狂欢式的娱乐化信息充斥在受众周围，无时无刻不对受众的心理、思维产生影响，慢慢地吞噬着受众的理性思考，代之以娱乐化、无营养的"快餐"信息，逐渐养成受众思维的惰性，并打破整体思维的连贯性。信息泛滥导致受众首先要花费时间对信息进行解码，做出判断，判断信息的价值与意义，然后才能决定是否进一步认知并接受信息，在浩瀚的信息中进行筛选不仅浪费大量的时间，也必然干扰、中断了有效信息之间的关联，不同语境的不断切换必然会打断受众思维的连续性，使受众缺乏深度思考。不同语境切换越是频繁，思维的流动性就越强，越是缺乏、丧失思维的连贯性和复杂性。美国作家尼古拉斯·卡尔在其著作《浅薄：互联网如何毒化了我们的大脑》中公布了一项神经科学研究成果，成果表明："平心静气、全神贯注、聚精会神"是人的一种线性思维，但是随着计算机和互联网的飞速发展，这样的线性思维正变得岌岌可危，被一种新的思维模式取代，可以说，计算机和互联网的运用弱化了人的思维训练，使人的深层思维缺乏足够的动力。虽然时代变化了，但高尔基"书籍是人类进步的阶梯"

---

❶ 第十八次全国国民阅读调查［EB/OL］.（2021-04-23）［2021-05-21］. http://www.sohu.com/a/462577763_120060294.

的名言永远是人们遵循的至理名言。

2014 年十二届全国人大二次会议上，李克强总理代表国务院向全国人大作政府工作报告时，首次提出"倡导全民阅读"。在这里，虽然没有明确阅读的内容，但倡导的肯定是阅读那些经典名著，而不是网络上低俗的言情小说、无聊的八卦段子。

《论语》让我们明白做人的规范与道理，《苏菲的世界》让我们明了自己是谁、为谁而活，高尔基的《海燕》让人全身充满力量，焕发着战天斗地、不惧任何困难与危险的革命斗志。这就是经典名著的力量，为人类的进步与发展提供动能的摇篮。

不可否认，作为新科技革命的时代产物，微传播方式以及碎片化的内容已成为时代不可抗拒的潮流。如何改变微传播中信息文本的碎片化所导致的信息泛滥与内容低俗化？如何规避微传播碎片化带来的消极影响，更好地发挥其快捷、多元的优势，让绝大多数碎片化的内容成为广大受众益智开慧、提升精神素养的重要资源？这已成为政府有关部门、学者及社会有识之士亟须思考和解决的现实问题。

众所周知，碎片化的微传播使得人人都可以是信息的传播者，从而为草根文化的创造与传播提供了广阔的舞台，如果加以正确的引导和监督控制，就会形成大众文化创新的燎原之势；反之，就会呈现出不同程度的反文明化倾向，对文化传承和创新造成伤害，甚至对整个文明体系构成极大的挑战与威胁。为此，要加强对商业化微传播内容的监督与约束，避免为博取受众的眼球和点击率，导致内容的低俗化，从而降低人们对高雅艺术的审美情趣和鉴赏力。

正如文化分为经营性文化与非经营性文化，碎片化的微传播也应该进行区分。当然，这种区分只是概念上的，实际的传播内容是模糊的，传播媒介与方式也是交叉的。但是，有一点是明确的，就是那些商业化的、娱乐性的微传播内容应该归于经营性文化，目的就是营利，而那些非经营性文化也应该顺应时代潮流，积极拓展、更新传播媒介与方式，在微传播领域抢占阵地，使微传播成为社会主义核心价值观的传播阵地，为社会公众传播正能量，成为深层次的、具有底蕴的社会精英文化的传播乐园。在微观层面，加强传统媒体和新媒体之间的合作与融合，实现不同媒介资源的优势互补和碎片资源的整合，提升传统媒体的微传播力和微传播内容的价值含量与可信度，实现两者传播效益的最大化。

目前，新型微传播媒介正在朝着多功能、全方位的媒介交叉、融合的趋势发展。无论是微博、微信，还是 QQ、淘宝，都在突破原来比较单一的社交平台服务功能，正努力实现多种媒介资源的整合，向多功能、全方位的方向发展。比如，人民日报、央视新闻的微博、微信以及新闻客户端也率先做到了与时俱进，成为传统媒体与微传播资源融合的典型代表。这些新的传播媒介与平台利用其受众广、传播迅速即时的特点，发布短平快信息，为及时传播正能量、引导积极健康的舆论发挥着越来越重要的作用。微信从一个即时通信的短信软件，逐步发展为融合语音对讲、视频聊天、支付、朋友圈、二维码扫描搜索等多个信息平台，为使用者提供了多方面的便捷服务。再如，作为中国乃至世界互联网巨头，阿里巴巴旗下的交易平台及子公司不仅为客户提供了商务平台，也包含影视、音乐等文化领域，其业务已跨越了商业领域，迈向文化、科技等领域，也就是说，阿里巴巴集团业务不仅通过互联网商业模式影响着受众的生活方式、价值观念，还借助自身平台与影响力直接进入文化与科技领域。可见，不同平台、碎片资源之间的合作与整合，可以促进微传播碎片资源的有效利用，实现微系统、小系统、大系统、更大系统的整体机能提升，节约了社会成本，自然提高了社会效益。

为了提升微传播的社会效益，发挥微传播对构建和谐社会、建设精神文明的积极作用，必须加强对微传播信息质量的严格审查与把关。新媒体诞生之前，传统主流媒体肩负着信息把关和正确引导舆论的重任。新媒体诞生以后，传统媒体在业务上开始与新媒体合作与整合，力争实现优势互补，两个舆论场之间差距逐渐缩小。随着新媒体的日益普及，新媒体理当担负与传统主流媒体同样的使命，为文化建设提供更多的正能量，为促进人类文明进步发挥更大的作用。

只要对微传播信息的真实性、准确性进行严格审查与把关，就会提高其信息的权威性和公信力。为此，要加强监管措施和宣传力度，不断提升微传播主体的媒介素养，提高人们对传播媒介的正确认识及参与，加大对媒介积极作用的开发和利用，规避和排除媒介的消极影响。但是，新媒体的监管往往具有滞后性，某些动机不良的媒体，特别是自媒体，会利用监管漏洞，为了获取关注或点击量，或者商业利益，发布一些低俗、无聊，甚至违法的信息，误导、坑害受众，毒害社会舆论的健康环境。当前，微传播还是新生事物，随着新媒体技术的发展，媒介传播工具与手段不断涌现，必须对新媒介传播工具与手段加以引导、规范和监控，提升媒介施众的素养，从源头进行约束。当前，最普遍的问题就是因媒体施众的个人素质差异，而出现信息内容质量参差不齐，甚至信息内容虚假与欺骗的现象，为了避免因舆论失控而导致舆论混乱的局面，必须把好微传播信息质量的入口关，这是一个最关键的环节。另外，在信息传播和接收过程中，如果绝大多数受众能够理性对待碎片化信息，自觉识别虚假信息，不信谣、不传谣，不盲目跟风，主动屏蔽虚假信息和垃圾信息，虚假信息和垃圾信息就会因失去市场而销声匿迹，微传播领域就自然而然地成为一个健康、积极、和谐的文化环境。这是一个问题的两个方面，需要同时加强管控与引导。当然，邪恶的力量总是与正义的力量相伴而生，这就是矛盾辩证法，但是正义战胜邪恶同样是颠扑不灭的真理，这些问题无论在碎片化的微传播领域，还是整个网络传播领域同样适用。

第八章　中国文化传播的国际化策略

国际文化交流与合作是国家文化战略的重要组成部分，也是一个复杂的系统，涉及多元价值体系、国际关系及利益主体，其目标与路径的实现同样是一个复杂的系统工程，因此，需要从国别、文化、宗教等多个方面开展有针对性的研究，建立起多层次、多渠道的差异化交流与合作机制。

一、在政府层面，强化顶层设计，实施整体发展与协调推进战略

政府文化战略与政策能够为国家文化发展搭建重要平台，直接影响其发展的广度、深度与速度。中国文化内容庞大，由多个地域文化群组成，每个文化群都具有鲜明的文化特征和开发价值，国家和地方政府应当高度重视文化中长期发展战略及近期实施策略，为文化发展创建良好的发展环境与平台，各文化主体部门及企业、机构应借助平台资源优势，整合开发与创新这些文化群，为其可持续发展创造条件与提供资源。以齐鲁文化为例，它虽是地域文化，但其"修身齐家治国平天下"的思想已成为历代君王志士的经世致用法宝和中国文化的象征。作为中国文化的重要名片，齐鲁文化产业与其丰富的文化资源相比，存在严重错位与失衡现象。我国的文化产业无论是在国内 GDP 总量中的占比，还是在世界贸易总额方面，与发达国家相比，都处在较低水平，对外竞争力相对较弱。因此，在文化"走出去"的战略背景下，必须制定一系列鼓励文化产业创新发展及文化产业对外贸易的政策，以最大限度地保护、挖掘与创新文化资源，为文化产业及贸易开源拓流。

第一，政府应积极加入国际或者区域性涉及文化内容的经济贸易与合作组织。不同区域、不同领域都存在权威性的贸易组织和文化机构，这些组织机构出于各自的利益需要，在文化产品的定性、文化贸易政策的选择、法律约束力等方面均存在很强的偏颇性。成为组织成员就可以参与文化规则与标

准的制定，更好地协调与其他国家的文化贸易矛盾，降低文化产品的出口贸易壁垒，从而降低文化贸易成本。

第二，健全文化领域的立法，为文化产业发展及贸易活动保驾护航。目前，我国文化领域的立法相对滞后，缺乏明确细致的法规，法律执行效力低下，对违规违法者的约束力不强，在动漫、网游等新兴文化领域甚至存在空白。因此，要尽快建立、健全文化特别是文化产业领域的法律体系，根据不同文化部门及企业发展的实际需要制定相应的行业法规，重视知识产权保护，为文化各领域的发展保驾护航。

第三，实现政府职能从"管理型"向"服务型"的功能转变。因文化事业与产业涉及众多的政府部门与管理机构，易出现各部门与机构之间制度缺失、管理脱节、信息不通畅等问题，造成文化整体活动运转效率低下。为此，政府要将文化各个部门分散的职能整合统一起来，建立统一的文化管理部门，负责为文化的发展、生产、贸易及创新等环节提供服务与监管。比如，建立文化行业的大数据信息平台，为企业决策与管理运营提供翔实的数据资料，使企业能够及时深入地了解和把握国内外市场动态与需求，及时创新文化产品。

第四，改革文化领域的投融资机制，构建全方位、宽领域、多元化的投资环境与平台。由于文化资源转换成经济资源的周期较长，甚至有些文化资源难以直接转换成经济资源，所以，在某些领域需要由政府主导甚至进行直接投资，并承担起市场开拓的主要责任，为此，政府应大力拓展文化产业的多元化投资渠道，特别是国际投资主体的多元化，这样既丰富了融资结构和市场渠道，对产品创新也是另辟蹊径，使其自然地融入国内外文化元素，从而高效快捷地开拓产品的国际化市场。

第五，政府应科学规划、扶持文化产业集群建设，营造产业的集聚和共振效应。无论是硬件设施还是软件资源，任何产业集群的形成，都必须依靠国家与政府的整体协调和大力推进。特别是文化软件资源建设方面，政府应借助其信息方面的优势，收集各地文化优势与特色，充分发挥其管理与协调职能，将生产相同文化产品或产品相关性较高的文化企业聚集到同一个产业区，发挥企业的集聚和共振效应，充分挖掘文化产品的内涵，共同促进文化产品内涵的提升与创新。

二、在企业层面，注重科技元素在产品创新中的融合，实现文化品牌向文化名牌的升华

企业的组织结构与管理运行就像一架精密的钟表，任何一个部门或个体的低效或失败都会导致整个组织的低效甚至破产。企业是文化产业的主体，文化产品的研发、生产与销售是企业最主要的活动。但是，在每一次生产活动中，任何环节的失误都可能会导致整体的失败，因此，企业必须重视生产活动的每一个环节。

第一，传承与创新是文化产业的金钥匙，是产品和企业的第一生命力，渗透于产品的所有环节和企业的各个组织机构。"文化的创新需要对旧文化进行深入的了解，取其精华去其糟粕，融入新鲜思想和技术，形成全新的文化产品。"❶ 但是，作为国际化文化产品，创新不仅是对原产品的改造与创新，其创意理念必须首先建立在文化受众的文化心理之上，充分调查国际市场的需求和消费者心理，满足受众对异域产品的认知兴趣和价值认同，只有在此基础之上的改造与创新才是现实有效的。而且，随着社会的发展与进步，人的兴趣和价值观会随之改变，所以，产品创新还是一个持续不断、永无止境的过程。不仅如此，任何一种创新产品也只能满足一部分人的需求，在个性化日益张扬的时代，对同一种原型产品创新，就必须因不同的国别和受众人群而做差别化改进。此外，文化企业生产出的很多产品是单一的，缺乏连续性和系列性，所以难以形成完整的产业链和规模化的消费市场，因此，中国文化企业既要注重文化产品本身的内涵创新，还应注重其相关衍生产品的综合研究与开发，将其打造成完整的产业链，实现多重经济效益。

第二，品牌是企业的制胜法宝，企业必须走品牌发展道路。品牌不仅可以增加产品附加值，还可以降低产品成本，获得更高的利润价值。作为文化产品的生产主体，文化企业必须实施品牌战略，把品牌意识根植到企业文化的灵魂中，当作企业的首要竞争力，持续推进文化产品的原创性、特色与质量。只有这样，才能培育和打造一批文化含量高、原创性强、有国际市场竞争力、有中华民族特色的文化品牌。在打造文化品牌的同时，还要持续提高产品的知名度，逐渐形成品牌文化，引导消费理念与潮流，主动吸引、带动

---

❶ 张虹. 中国文化对外贸易的地位分析与政策建议 [D]. 合肥：安徽大学，2016：45.

更多的消费人群。

第三，品牌的宣传既要靠媒体，更要靠口碑。好的口碑可以使品牌拥有长久的生命力和竞争力。文化产品具有其他商品相同的特性，"回头客""熟客拉新客"也是文化产品销售领域普遍适用的策略，因此，文化产品的创作要以消费者为中心，切忌闭门造车，要提前对目标市场进行充分的调研，把握市场的需求，迎合消费者心理与消费习惯，有针对性、目的性地生产消费者满意的产品。在产品销售环节，媒体宣传是迅速扩大知名度的有效途径，但不是保持产品持久的生命力和竞争力的根本方法。"酒香不怕巷子深"说的就是产品质量的重要性，毫无疑问，这里的"酒香"等同于产品的内在品质，但如果加以强化巩固，其实"酒香"还可以形成消费者因对产品的心理惯性而形成的产品认可习惯，所以，产品持久的生命力和竞争力其实隐藏在产品用户的真实体验与感受之中，而媒体宣传只是一时的造势而已。

第四，借助"互联网+"，建立对国际市场需求进行研究、宣传与推广的专业化机构。对国际市场而言，庞大的产品销售渠道与网络是其生存与发展的重要支撑，而构建强大的销售渠道与网络必须建立在对市场信息的全面、精准把握及谋划的基础之上。目前，由于文化产品的国际化程度较低，国际竞争意识与国际竞争力就自然淡薄，中国很多文化企业只是更多地关注文化产品的国内市场，缺少足够的国际市场培育意识，极大地制约了中国文化贸易的发展潜力。再看国外市场，经过多年市场经济的发展，在调研文化市场、开拓销售渠道及创新营销手段等方面，发达国家已经形成一套与市场经济体制相适应的成熟的市场运作模式，例如，电影帝国好莱坞在世界范围内的成功与其高超的市场营销策略与手段是密切相关的。因此，政府要鼓励国内品牌知名度高、经济效益好、发展潜力大的文化企业"走出去"，向国际名牌企业学习其先进的营销观念和营销技巧，提高国际竞争力，使其成为开拓国际市场的先锋。政府还应鼓励各类企业通过新设、收购及合作等方式开展境外文化领域的投资，借助其优势资源，建设国际营销网络，开发满足国际市场需要的技术密集型的、具有高附加值的核心文化产品。对于实力较弱的中小型文化企业，政府应在出口税收等环节制定相应的优惠及减免政策，提高其开拓海外市场的积极性和实力。

第五，加强高科技元素在文化产业中的融合，提升文化产品附加值和竞争力。在中国的文化产品中，劳动密集型的文化产品比重较大，高科技元素的集成度较低，造成文化产品产量高、成本高、利润低的状况，企业的竞争力因此被削弱。在"科学技术是第一生产力"的时代，文化企业要把高科技元素的运用贯穿于文化产品的全过程，即使在宣传和消费环节也不例外，要通过提高文化产品的科技含量来提升、延伸文化产品的质量、内涵以及生产与消费。

三、在文化外交层面，争取主动，提升国际舆论引导力

当前，在文化霸权主义和贸易保护主义的高压下，中国所处的国际环境不容乐观，因此，大力提升国际舆论引导力，为国家发展营造良好的国际环境，是目前我国文化海外交流与传播的重要责任之一。在新时期，引导国际舆论的一个重要措施就是加强文化传播力，增强对中国文化的认同感。随着综合国力的增强，中国进入了文化主动外交的关键时期，所以，加强文化的海外交流与传播，提升我国的国际形象和文化认同感，为改革开放、社会主义现代化建设营造良好的国际环境，是新形势下文化外交的另一个使命。

总体而言，要积极创新文化海外交流与传播机制，增强主动性。利用各种信息平台掌握中外文化认同点、差异点与敏感点，对于能够产生认同与共鸣的领域要积极对话交流，扩大共识与利益关切点，增进彼此间的友谊，而对于有可能出现误解或容易出现误解的领域，应提早主动进行交流沟通，避免事后辩解。实践表明，增强主动性能有效提升对国际舆论的引导力。近年来，我们采取了"针锋相对""有理、有利、有节"的方针，美国用"人权"作武器，我们也用"人权"来回击，在国际舆论上取得了一定效果。

当然，"先发制人"并不意味着不分具体情况地进行"对抗"。对于国外媒体有关中国的负面舆论我们要做具体分析。这里面，既有恶意的攻击，也有尖锐的批评。我们要着力于沟通交流，用事实说话，尽量让国外媒体和民众了解实际情况。从客观的角度看，中外生活环境与文化背景存在显著差异，看问题的立场、角度也不同，认识上自然会产生偏差，所以，国外媒体对待一些问题的认识出现与我们不一致甚至相反的情况是在所难免的，我们要用辩证的观点与态度对待，并进行积极沟通，努力使外国媒体的报道客观公正。因此，需要针对不同的国家与地区、宗教信仰、社会阶层、具体问题采取灵活的策略，做到外外有别、事事区分。

（1）按政治意识形态区别受众。中国与欧美国家在政治意识形态上存

在显著差异，有些甚至是比较尖锐的对立关系，这种状况决定了双方在文化领域上存在巨大偏差与矛盾，所以，在进行国际文化交流与合作时，要从战略高度进行重点规划，避开敏感的政治话题，以共同感兴趣和互补性的科技、教育、非物质文化等文化项目开展交流与合作，比如，举办国际学术论坛、互派留学生、承办体育赛事、举办文化艺术节等。这些具体活动可以让不同国别的人士，通过直接交往，真实感受中国的人文风情与精神面貌，消减欧美国家恶意诋毁中国的舆论，进一步树立良好的国家形象，为中国的现代化建设及参与全球事务创造一个良好的国际环境。

（2）按地域区别受众。作为亚洲大国，中国是经济、科技、文化等多个领域的重要输出国，与周边国家存在巨大利益交汇点。随着全球化的进一步深入，已经形成你中有我、我中有你的依赖关系，甚至是唇齿相依、荣辱与共的关系，团结合作是民心所向，特别是在东北亚，地缘的接近促成了频繁的民族交往，形成了相似的文化价值认同，成为彼此交流合作的牢固基石。在东南亚，地缘相近加之众多的华人华侨，在一定程度上减弱了文化折扣，也就减少了与本地区开展文化交流与合作的很多障碍，因此，东北亚和东南亚的国家与地区是我们开展文化交流与合作的首选，容易取得成果，在此基础上，逐步拓展到其他国家与地区。

（3）按经济发达程度区别受众。相对于欧美发达国家，在亚非拉发展中国家开展文化交流与合作的"硬件、软件"条件都较落后。但是，很多亚非拉国家与中国保持了悠久的友谊，跟这些国家开展文化交流与合作有良好的民意基础，这对于进一步深化与这些国家的关系，提升中国形象有重大的促进作用。但是，要想取得良好的文化交流效果，需要全方位、多层次地施以援手，在人力、物力、财力等方面提供支持，与他们分享中国在发展文化产业过程中积累的经验和教训，特别是要帮助他们培养所需要的文化人才，提高他们的文化生产与消费能力，逐步扩大与深化双方的文化交流与合作领域。

（4）按文化折扣度区别文化交流与合作的先后顺序。为了减少文化交流与合作过程中出现的各种障碍与壁垒，必须按照文化折扣度对文化项目进行选择，从低到高逐步推进。像"武术、京剧、杂技"等"国粹"级的非物质文化遗产，不掺杂任何意识形态的内容，不会受到受众的排斥与反对，且已经在全球具有广泛的影响力和知名度，可以作为首选项目，在世界各地加以推广。其中，武术是文化折扣度最低的项目之一，武术在多数外语中被直接音译，可见其特色以及受欢迎的程度。具有中国特色的舞蹈、杂技也是文化折扣度较低的项目，在国外表演时颇受欢迎，都可以成为外国观众了解中国文化的重要媒介。另外，在数代大师们的努力下，京剧也已走出国门，成为世界戏剧中的一颗瑰宝。

四、在人才建设层面，打造一大批既精通文化产业发展又通晓国际规则的复合型人才

"工欲善其事，必先利其器"，中国文化"走出去"必须依靠专业化的国际文化人才，为文化产品的研发、生产、销售、服务提供可持续的人力资源保障。就目前从业人员的专业水平与综合素质来看，中国高素质的文化复合型人才严重不足，造成文化产业链的不完善，成为文化产品走向世界的巨大障碍，因此，大力加强对文化产业中复合型人才的培养和引进成为当前背景下的当务之急。

1. 高校应改革教学体系，实现"单一制"向"多元制"格局的转变

首先，突破单一的专业课程体系，构建跨专业复合型人才培养体系。比如，通过双学位培养机制和选修课课程体系，打造一个跨专业、宽领域的学习体制，为学生的个性化需求构建一个自由的宽松环境。其次，提升教师的跨专业素质与国际化视野，通过政策性手段鼓励语言文学类、文化贸易类和国际传播类等专业教师进行跨专业进修，提升其复合型素养，并鼓励他们"走出去"，通过参加国际学术交流、学术访问及学业深造等方式，提高自身的专业素质。同时，创造条件引进优秀外籍教师，借鉴其先进的教学理念与方法。最后，在联合办学方面，政府应制定政策并提供资金，鼓励与支持产学联合办学、优势互补、资源共享，有针对性地为文化企业培养所需人才；政府还应积极推动国内外高校开展合作办学，直接开展国际化文化人才的联合培养。

2. 政府应该建立文化产业人才培训基地，加强复合型职业技能教育，为文化贸易人才的持续发展打造平台

由于中国文化产业市场化时间短，还没来得及培育出大批量的高素质人才，具体到不同的文化领域更是凤毛麟角，但是，培养大批高素质的文化人才队伍需要较长周期，因此，加强对现有人才的复合型培训成为一条快速培养急需人才的捷径。比如，改革开放以来，中国已培养了一大批经验丰富的

国际贸易人才，如果配合优惠的政策支持，对其中一部分人才进行一些文化艺术方面的培训，他们就能很快加入文化贸易行业中来。同样，激发文化艺术人才在国际贸易方面的兴趣，也能吸引一部分人才加入文化贸易行业中来，特别是演艺圈中有名望的艺术家、导演与演员，他们的转型或兼职加入能够在短时间内营造出产品的知名度，形成文化品牌。

3. 借鉴美国文化人才培养模式，加快形成有中国特色的国际化文化人才培养机制

美国的大型跨国文化巨头之所以能够层出不穷地生产出创新产品，并占据国际文化市场，原因之一就是，美国高等教育非常注重复合型文化人才的培养，源源不断地为企业输送高素质文化人才。另外，美国文化产业雄厚的实力和广阔的就业市场，吸引着大量的全球人才涌进美国文化市场，使得美国文化产业一直保持旺盛的市场活力与竞争力。比如，好莱坞之所以能够在世界各国的电影票房中独占榜首，主要原因就是其汇集了全球最资深、最著名的电影制作人、导演以及明星演员，能够共同拍摄一流的影视作品，所以，好莱坞无可比拟的全球知名度是与其人才队伍的全球化密切联系在一起的。可见，对文化产业及贸易人才进行复合式培养，或直接引进企业需要的国外文化人才，都是获得急需文化人才的途径。

五、在文化传播层面，采取"四步走"战略：
本地化→本土化→区域化→全球化

任何事物都有一个从产生到逐步成熟的渐进过程。中国文化的海外传播也不可能一蹴而就、急于求成，就当前形势来看，可采取"四步走"的发展战略。

（1）本地化。中国文化资源丰富多样，门派众多。无论是戏曲、杂技、绘画、雕刻还是武术，绝大多数属于地域文化，有的甚至仅在很小的地域流行，信奉或使用的人数也不多，但是对于当地的信众或使用者来说，这种经过长时间传承下来的文化已经成为其生活的一部分，对他们的思想具有很强的凝聚力和塑造力，加强此种文化建设是当地精神文明建设的重要内容，对于稳定社会生活以及弘扬精神风貌具有不可替代的作用。

在对此类非物质文化遗产进行保护和发展时，首先要在其发源地和流行区营造浓厚的文化氛围，培养大批的传承人和创新人，这是非物质文化遗产

177

的原始土壤，如果失去了原始土壤，就会失去根基，它的传承与创新就无从谈起。针对这一问题，各地政府应当采用立法、政策以及"申遗"等手段成立协会等官方或民间机构组织，为非物质文化遗产及传承人进行官方认定，为其树立招牌、设立园区，并辅以务实的经济政策或便利条件，鼓励、资助文化传承人或创新人开展文化活动和组织产业运营，为文化的生存与发展铺垫物质基础。

（2）本土化。对那些保护得完善、有一定影响和规模的非物质文化遗产，国家与当地政府应当加大政策倾斜和资金扶持力度，有步骤、有重点地进行全国性推广。在当前的信息化条件下，政府和文化部门可以借助各种媒体及旅游、艺术节、文艺演出等多种形式，开展文化遗产的宣传与交流，让更多中国人全方位、多角度地了解各地文化遗产。虽然受各种条件限制，能够身临全国各地，尽情游览祖国大好河山的中国人毕竟是少数，大多数人了解中国各地的风土人情主要靠新闻媒体、报刊书籍，甚至是教科书，但是，当前的《走遍中国》《航拍中国》《四海漫游》等电视系列节目在让中国人欣赏祖国大好河山的同时，也让人领略到各地的非物质文化遗产，这也是各地文化推广宣传的快捷方式。虽然各种媒介宣传给人的感受不如实景实物真实强烈，但它们发挥的作用确是非常巨大的，能够让人随时随地以间接方式领略祖国的大好河山以及各具特色的民族文化，也为将来条件成熟时能亲临其境做好了铺垫。

（3）区域化。中华文化是东亚地区的母文化，有史以来，在语言、文字、礼仪及音乐等方面，对周边国家的文化有着很强的辐射效应。因此，在中国周边国家，特别是朝鲜、韩国、日本、越南、新加坡以及马来西亚等国家，在重要节假日总能比较容易地发现中华文化的影子，这些影子是其民族长期学习与模仿中华文化而逐渐沉淀下来的共同文化心理的映照，反映出该地区群体对于中华文化的价值认同。由于东亚及东南亚地区所特有的文化传统以及在这种文化传统之上所形成的价值认同、伦理道德观念、民俗习惯等具有地区通约性，各民族间也就形成了相互认同的基本文化要素。比如，儒学、汉字、毛笔、筷子等皆为东亚和东南亚多数国家所认同和使用，因而也积淀成相互认同的文化及习俗。此外，从文化价值来看，"天人合一"的自然观、"以人为本"的道德取向、"尚中贵和"的处世之道都是这些国家普遍认同与遵循的文化价值观。在21世纪的全球化背景下，东亚和东南亚国家共居一域或一衣带水，更需要求同存异、和谐相处，携手开展国际合作、共谋发展、为人民谋福祉。

（4）全球化。如上面所提到的，一些"国粹级"非物质文化遗产，如武术、京剧、杂技等可以率先走全球化道路。这类非物质文化遗产是人类共同的精神财富，因此，在开展国际化文化交流时，已被视为首选项目。目前，这些项目已经在全球产生了较大影响，具有一定的知名度，成为非物质文化遗产国际化的"领头羊"。以武术为例，中国武术源于古代的争斗，是训练人的一种搏击术。但武术的内涵绝不限于搏击术，武术其实是一门学问，这就是在武术已退出现代战争手段的背景下，仍被大众喜爱的主要原因。首先，习武可以强身健体，使人精壮神足、延年益寿；其次，武术拥有独特的东方传统运动形式、深邃的哲学思想和厚重的文化，习武过程可以让人从身及心、由魂而魄得到全面提升，从而获得安全感、满足感 以及安然自胜的心理愉悦；最后，武德是武术的灵魂，中国人讲究的是习武先习德，即习武还是中国人修行的方式之一。所以，武术之所以成为中国的国粹，并被许多现代人喜好，不仅在于它是一种搏击术，以及它刚健柔美的外在形式，而是在于武术"刚柔相济、以柔克刚"的招式中渗透着博大精深的中国文化思想，特别是"太极拳"功夫，一招一式都渗透着中国道家哲学思想的奥妙。可以说，武术两大流派："内家拳""外家拳"恰恰是中华民族"刚柔兼具"的民族性格的体现。在大多数语言中，"武术"这个词都是从中文直接音译传入的，这是武术在全世界具有极高知名度的标志。我们应该借助武术将中国文化的精神传播到世界各地，让武术成为架起中华民族与世界其他民族友谊的桥梁。近年来，在国家体育总局和各级武术协会及民间团体的努力下，全国各地举办了很多场次、多种形式、不同派别的武术搏击争霸赛以及世界传统武术文化节，对于弘扬武术精神，促进世界传统武术的交流，增进各国人民的友谊与团结，都发挥了重要的积极作用。随着各种媒介与传播技术的创新与发展，武术的传播也应走出一条突破传统的创新之路，除了要多举办活动外，还要大力加强新闻媒体的宣传、武术影视的内容创新、世界著名运动品牌的介入等市场化运作与经营，只有这样，武术项目才能获得更广泛的群众基础，拥有众多的爱好者和支持者，成为真正意义上的国际运动项目。

再如，京剧被西方称为"北京歌剧"（Peking Opera），在全世界享有极高的声誉和知名度，所以，京剧也很适合传播到全世界。虽然京剧是在北京形成的中国戏曲剧种，也仅有二百多年的历史，但它是在徽戏和汉戏的基础上，吸收了昆曲、秦腔等一些戏曲剧种的优点和特长逐渐演变而来的，它集文学、音乐、舞蹈、美术、武术及杂技等多种艺术形式于一身，而且它名字中所含的"北京"二字使它更加自然而然地成为中国文化的典型代表。

京剧大师梅兰芳于 1919 年首次将京剧带到日本进行公开演出，开启了京剧正式走出国门，迈向世界的先河。有媒体用三位京剧大师的海外演出活动，形象地将京剧的全球化过程概括为三个阶段：第一个阶段是 20 世纪上半叶，1919 年、1930 年、1935 年，梅兰芳先后到日本、美国和苏联演出，展示了中国京剧的神奇魅力，并获得了巨大成功；第二个阶段是 20 世纪 80 年代，杨秋玲把京剧带入夏威夷大学，开始用外语演唱京剧。第三个阶段是 20 世纪 90 年代，孙萍将京剧同西方的戏剧和交响乐相结合。1990 年，孙萍和丈夫、著名京剧演员叶金森被邀请去匈牙利进行文化交流。在匈牙利的 9 年里，她把京剧中的动作表演融入欧洲的歌舞剧中，将京剧成功地推向了欧洲的艺术舞台。1999 年，她应美国多所院校邀请赴美讲学。在美国讲学的过程中，孙萍萌发了一个大胆的构想：将京剧的演唱与交响乐结合，也获得了成功。三位京剧大师的事例为中国文化的国际化提供了样板，表明了文化国际化发展的必由之路。❶

六、在传播区域层面，做到外外有别

在文化海外传播中，我们要始终坚持"外外有别"的原则，对传播地区和传播受众采取宏观谋划、微观布局的策略。既把握全局、统筹安排，也根据不同的国别与受众，区分传播重点和非重点；既要区分对象国，也要区分一国内部的受众，根据其不同意识形态、文化特点、宗教信仰、接受习惯及心理需求，有针对性地开展文化交流与传播。

（一）区分对象国

中国海外文化交流与传播的对象国不仅在政治、经济、文化方面差异很大，与我国交往的历史、形成的友谊也千差万别，各不相同的背景必然形成截然有别的国际关系。面对现状，文化的海外传播就需要针对国别、历史文化、经济状况及友好程度，做出不同的调整，采取不同的策略及措施，做到

---

❶ 梁岩. 中国文化外宣研究［M］. 北京：中国传媒大学出版社，2010：184.

外外有别。

第一，重视与美国的文化交流与传播。美国与中国是世界上经济体量最大的两个国家，两国的合作对自身与世界的发展起着举足轻重的作用。基于此，要站在战略高度对待与处理中美关系，积极开展各领域的交流与合作，为中国的发展获得最大的空间与资源。因为和平与发展是人类永恒的愿望，所以，谋求和平稳定的政治环境与经济发展条件，从而实现人民生活水平的改善与提高，理应成为所有国家追求的目标。作为追求和平与发展的世界大国，中国义不容辞地担当起这一责任，为争取实现这一目标作出应有的贡献，为此，吸收与借鉴世界上一切先进文化因素及最新科技成果，为人类创造更多的成就与财富，是包括中国在内的所有正义国家的历史使命。所以，处理好中美关系，不仅是中国自身发展的需要，也是加快世界文明进程的必然要求。

但是，受意识形态和霸权思维的影响，以美国为首的西方资本主义国家把中国视为潜在的竞争对手，不仅在科技领域对中国进行压制和封锁，在文化领域也制定了对抗战略与政策，利用其在语言、网络、媒体等文化传播领域的优势地位，实施文化霸凌，利用其影响力不断抹黑中国形象，削弱中国的国际影响力，企图控制整个世界文化市场。为了化解这些无端指责，我们更加有必要采取相应的策略与美国开展文化交流与合作，将中国的文化价值观传播出去，让世界人民认识真实的中国，一个爱好和平、珍视友谊、恪守诚信、敢于担当的中国，让造谣歪曲、诬蔑中伤不攻自破。同时，采取有力手段，对其恶劣行径，坚决回击。比如，自 1977 年以来，美国不顾自身糟糕的人权状况，自诩为"人权卫士"，并以"世界人权法官"自居，其国务院每年都发布"国别人权"报告。在对中国的人权状况报告中，不仅对中国人权进步事业视而不见，还进行全面抹黑，诋毁中国形象。对此，从1998 年开始，每当美国发表"国别人权报告"时，中国随即发表《美国的人权纪录》，以其人之道还治其人之身，并采用同美国报告类似的格式和语调，反唇相讥，对其进行反驳。

第二，重视与美国之外的其他发达国家的文化交流与传播。与美国一样，这些国家与中国的意识形态、历史文化差异甚大，但是，由于它们在经济体量、军事实力、科技水平等方面逊于美国，并且与美国以及其他国家之间也存在竞争的局面，所以，在面对日益强大的中国市场时，它们自然需要与中国合作从而在竞争中赢得优势。同样，这些国家拥有先进的文化、发达的科技以及成熟的管理经验，中国也需要向它们学习、借鉴，才能尽快追赶、缩小与它们的差距。但是，这些国家因意识形态、历史文化等差异，长期以来也存在潜意识的敌对心态，对中国的社会制度、文化发展存在误解，特别是面对近年来中国经济的迅速崛起，更是产生畏惧与嫉妒心理，所以，这些国家对中国普遍怀有既爱又惧的心态，因此，尽管这些国家与中国的贸易总额日益扩大，合作领域也越来越广泛，但在高科技领域，一直处于冰封状态。要想破除当前的封锁局面，除了在经济上寻求最大共赢点，还要开展文化领域的交流与合作，让其民众，特别是国家高层决策者放弃"冷战"思维和敌对情绪，逐渐理解、认可中国的意识形态与社会制度，欣赏、接纳中国文化中"以和为贵""天下大同"的民族精神，从而放弃抵制、提防中国崛起的敌意，携手共建人类命运共同体，共享绿色和平的地球家园。

第三，重视与亚非拉发展中国家的文化交流与传播。绝大多数亚非拉国家都是发展中国家或不发达国家，尽管政治制度千差万别，但很多国家曾与中国有着相似的被压迫、被殖民的历史遭遇，他们与中国很早就建立了友好的外交关系。与亚非拉国家开展文化交流与传播有助于树立良好的国家形象，对于中国国际地位的提高以及软实力的提升具有重要的战略意义。

近年来，随着中国综合国力的提升，中国不仅需要更广阔的市场以获得自然资源及销售产品，也想承担更多责任，与这些发展中国家共享资源与科技，共同发展与进步，让更多的人享受人类文明的发展成果，所以，中国积极扩大同这些国家的人文交流，特别是帮助他们从文化与教育层面获得提升。但是，亚非拉发展中国家复杂的政治、宗教因素使得跨文化交流难以广泛展开，这样就限制、延缓了其他领域的进程，所以，文化交流一方面要稳步推进，不能操之过急；另一方面，也要积极采取措施，提高效率。为此，要根据不同国家的实际情况与需要，分别采取不同的文化交流内容与方式，即使是相似的内容，也要因不同的受众对其进行改造，使之符合受众的认同心理、认知习惯及理解水平，切忌一概而论，仅凭国别或语言划分受众区域。例如，多数电视频道或期刊只是按照区域划分为亚洲、欧洲、美洲三个版本进行播出或发行，这样做的效果与之前相比有了很大改进，但还远未达到理想的效果，应该再细化，当然，这需要投入很大的人力、物力与财力。为了有的放矢地开展文化交流，必须把工作做得更细、更实，为此，政府必须转变观念，将以政府为主体、企业为辅助的方式转变为以政府为主导、企业为主体的方式，增强文化交流的目的性与实效性。政府主要给企业提供政策支持、信息服务、资金扶持以及搭建交流平台等辅助手段，充分发挥企业主体在市场中的灵活性，使文化交流与传播真正接地气，其中，加强与当地文化企业或机构组织的合作也是一种便捷、有效的方法。

（二）区分受众

除了区分不同区域、不同国家类型之外，对一个国家内部的受众也要进行具体分析、区别对待。严格来讲，不能笼统地按照区域或国家来区分对待中国的观念和态度，应该从对待中国的观念和态度来区分外国人，因为即使在一个国家内部，人们对待中国的观念和态度也是有很大差异的，敌视我们的国家，其内部也有喜欢我们的人，同样，喜欢我们的国家，其内部也有敌视我们的人，因此，按照人的态度区分受众更有现实意义。这样，大体上可分为三种人。一种是喜欢中国，愿意和中国交朋友的人；另一种是仇视中国，压制中国，把中国当敌人的人；还有一种是又喜又怕，喜的是和拥有巨大市场的中国交往会为自己带来巨大利益，利益面前难抵诱惑，怕的是中国的崛起会对自己构成威胁，于是既和中国密切交往获取利益，同时又想方设法对中国发展使绊子、进行牵制。❶ 因此，中国文化国际化交流与传播要针对不同的受众采取适当的方法与策略，而不是笼统地针对某个区域或国家。

经过改革开放40多年的发展，中国的综合国力有了很大提升，经济体量已跃居世界第二，但就人均而言，距离中等发达国家仍有一段距离，所以，相对于国家实力和社会资源而言，海外文化交流与传播难以四面出击、面面俱到，近些年的工作重点主要集中在某些重点国家和地区的重点受众，这既是策略也是现实所迫。

就地域而言，亚洲和欧美都是重点区域。中国是亚洲的一分子，且是区域性的大国，无论从历史还是地域的角度来看，都应当与睦邻国家友好相处、紧密合作，担当起应有的大国责任，成为地区和平稳定的锚定器。所以，中国的发展战略是以亚洲为轴心，逐渐向周边地区扩展，这是中国外交战略的必然选择。欧美地区是全球的政治、经济和舆论中心，拥有最先进的文化与科技，是中国学习、借鉴的主要对象。我们也应积极推动与欧美国家的友好合作，以争取自身发展所需要的各类资源，争取更多交流与合作的机会，不断丰富壮大自身的力量。

---

❶ 梁岩．中国文化外宣研究［M］．北京：中国传媒大学出版社，2010：174.

从受众来看，主要"以对象国的中上层人士作为重点交流与传播的对象，包括政界、商界、军界和科技界人士，因为他们或掌握着国家的政治权力，或操纵着国家的经济命脉，或影响着国家的思想舆论"。❶ 因此，通过他们传播的有关中国的信息和印象往往具有更大的影响力，能够更广泛地被本国民众所信任和接受。如果能够更多地与这类人士进行文化交流与合作，就能起到事半功倍的效果。总之，文化交流与传播要做到具体问题具体分析，既要区分国别，也要区分受众，要紧紧"围绕中国发展战略目标，密切关注国际环境的变化、适时预测不同类型受众的关注焦点，科学规划，及时调整海外文化交流与传播内容及形式，不断增强文化交流与传播的针对性和有效性"。❷ 此外，要改进文化交流与传播的策略技巧和艺术。在表达观点、立场时，中国媒体一般比较直白，语气比较生硬，而且意识形态色彩浓厚，有时感觉像是政治宣传，因此，国外受众会认为这种表达带有强制的思想灌输倾向，往往产生下意识的逆反心理。而西方媒体在表达观点时则比较含蓄，善于将观点和宣传意图隐藏在貌似客观、公正、中立的新闻事实中，受众就容易接受这种方式，很多时候也恰好吻合了自己的判断，这样的传播效果就更加理想。

七、在文化遗产层面，加强"非遗"资源的保护、开发及国际化

物质文化遗产是具有历史、艺术和科学价值的文物，非物质文化遗产——"非遗"是指各种以非物质形态存在的与群众生活密切相关、世代相承的传统文化表现形式，包括口头传统、传统表演艺术、民俗活动和礼仪与节庆、有关自然界和宇宙的民间传统知识与实践、传统手工艺技能等以及与上述传统文化表现形式相关的文化空间。国务院于 2006 年通过下发的正式文件《国务院关于公布第一批国家级非物质文化遗产名录的通知》（国发〔2006〕18 号）中，将首批发布的 518 项国家级"非遗"分为十大类，这是中国首次对"非遗"的官方分类，分别为：民间文学类、民间音乐类、民间舞蹈类、传统戏剧类、曲艺类、杂技与竞技类、民间美术类、传统手工

---

❶ 梁岩. 中国文化外宣研究［M］. 北京：中国传媒大学出版社，2010：175.
❷ 梁岩. 中国文化外宣研究［M］. 北京：中国传媒大学出版社，2010：176.

技艺类、传统医药类、民俗类。❶ 在首批公布的国家级"非遗"名录里，入选项数排名前三位的"非遗"类别分别为传统戏剧类（92 项）、传统手工技艺类（89 项）、民间音乐类（72 项）。这一分类原则既参考了国际惯例，也考虑了我国的具体国情，获得了学术界及相关传承群体比较广泛的认可，目前，全国各个地区基本沿用这种分类方法。

（一）保护与开发"非遗"的现实意义

"非遗"是历代先民智慧的沉积与结晶，蕴含着民族文化的生命基因，是每个民族特有的精神产品，是维护文化身份和文化主权的基本依据。"非遗"是国家和地方人类活动的信息资料库，是展示人类文明的卷轴，既具有历史价值、艺术价值、科学价值和社会价值，又包含未来发展趋势的某种启示。因此，在当下保护和利用好"非遗"，对于充分挖掘各地深厚的文化底蕴，继承和弘扬民族文化精神，发挥着"硬支撑"和"软助力"的现实作用。

1. 保护和创新"非遗"是文化建设的重要组成部分

如果国家文化是一本相册，地区文化就是相册中的一页，同理，国家文化就是世界文化这本大相册中的某一页。在全球化时代，文化作为塑造国家形象的重要主题，正一步步走向世界舞台的中央，其中，文化遗产资源越来越发挥着不可替代的作用，成为吸引外地游客、学者及爱好者的重要资源。许多文化遗产特别是"非遗"属于绝对稀缺资源，具有不可复制性，保护、利用好这些遗产具有非凡的意义。在当前"一带一路"倡议和全球化背景下，中国文化遗产，特别是"非遗"，已成为中国对外开放的闪亮名片，正逐步通过政府间和民间交往发挥着越来越重要的作用，向周边、沿线和全世界传递着"亲、诚、惠、容"的外交理念，全球"命运共同体"正通过文化的互联互通而获得越来越广泛的认可。

2. "非遗"是开展国际文化交流的重要载体

世界万物总是千差万别、异彩纷呈。在世界文化大花园里，多种文明熠熠生辉，各种文化多元并存。人类不同民族、不同文化在相知相遇中携手前行，共同缔造了灿烂的人类文明。世界各国、各民族、各宗教之间虽有冲突

---

❶ 刘桂兰. 民艺类非物质文化遗产的特征与旅游价值评价——以河南为例［J］. 河南师范大学学报（哲学社会科学版），2010（6）.

和矛盾，但经贸上的合作共赢与文化上的互学互鉴，成为促进不同文明合作与发展的重要动力，成为异质文化交流、吸收与融合的桥梁和纽带。作为我国优秀传统文化的重要内容和历史载体，"非遗"资源时刻唤起有关民族的美好回忆与憧憬，不仅是中华民族的宝贵精神财富，也是世界人民了解中国历史的一把钥匙，"非遗"的开发与共享同样是世界人民的共同愿景，承载着世界人民对文明复兴的渴望，将助推中国与世界各国、各民族文化的交流和融合，重现世界文明绚丽多彩的盛况。

（二）"非遗"资源的保护与开发

近年来，"非遗"的重要性及保护"非遗"的紧迫性得到了社会各界的广泛关注，保护"非遗"的理论研究与实践探索取得了前所未有的成果，达成诸多共识。社会各界一致认为，"非遗"既是民族的，也是世界的；既是"遗产"，也是"现产"，应该在传承中获得可持续发展的内在动力，因此，"非遗"项目不能仅仅局限于历史的封号之中，必须融入社会生活，被广大社会成员认可与赏识，成为人们精神生活的一部分，这样才能获得新生，持续发展。从这个意义上讲，"非遗"的保护与共享需要以整个世界为视角，世界各国人民应携手共进、共担责任，联手保护、开发"非遗"资源，才能最大限度地共享"非遗"资源，为世界文明的发展贡献力量。为此，需要协力采取以下措施。

1. 充分调动社会资源的广泛参与，加强"非遗"资源传承人的培养

通过挖掘、抢救、整理、传播等手段，加大"非遗"资源的保护力度，特别是在信息化时代，先进的数字技术与手段为"非遗"保护与开发提供了无限潜能，对那些面临工艺萎缩、后继乏人的"非遗"资源更具有非凡的意义，但这只是一种文物式的保护，数字技术并不能将其转化成活的文化，唯一的途径就是通过文化产业，培养大批的具有创新思维与能力的传承人。

"非遗"资源的产业开发与创新应该遵循以政府为主导，以企业、基层的文化机构和社会公众为参与主体的原则。因为就区域而言，很多"非遗"项目在经济欠发达的远离城市的地区，有些还是在乡村地区，如果要想"非遗"资源得到很好地继承与发展，就必须有广大的固定队伍，而当前最广泛的传承队伍主要是民间人士，其行为往往是自发的，具有非职业性，且面临后继乏人的窘境。对于当地民间人士来说，"非遗"资源的保护、产业开发不仅增加了自身收入、改善了经济条件，还不自觉地参与了文化事业的

建设，但仅仅依靠非职业者队伍是很难实现"非遗"的根本性开发与创新的，扭转这种局面至少要从专业化人才队伍建设和"非遗"资源产业化两个方面来开展，而"非遗"资源的产业化或者商业化是吸引更多的爱好者加入这支建设队伍中来，形成职业化队伍的最切实的途径。从目前看，要借助国家的乡村振兴战略，扶持、建立一定规模的民间手工艺专业村（镇），在这些民间手工艺失传之前，制定保护、鼓励性政策，把更多有技术、感兴趣的民间艺人培养成专业人才，尽快将这些特有的文化资源、智力资源整合到"非遗"资源产业的开发与创新之中，其中，要设立专项资金，定期选派这些专业人才到高校、研究院所及国外进行理论学习深造和技术交流，加快提升其对"非遗"资源进行创新的专业素质与技能。另外，灵活运用市场规律，发展并优化"农户、协会+公司"的合作发展方式，充分优化各种资源，调动多方的参与积极性，实现资源共享与共赢，加快实现整体规模的互动共鸣效应。❶

2. 秉持"非遗"资源传承与开发的辩证理念，以文化为灵魂、以市场为驱动、以科技为载体，实现"非遗"资源的产业化

"非遗"资源意在传承、重在创新，必须坚持传承与创新并举的双轮发展模式，才能让古老的文化艺术复活，并焕发生机。一名优秀的"非遗"传承人不仅具有深厚的文化艺术修养，还要熟练掌握和运用现代技术与手段对"非遗"资源进行创新，通过注入现代化元素，开发与时代潮流相一致的文化艺术作品。如果是外销产品，就必须融入对象国的文化元素，以迎合受众者的审美取向与价值偏好。要坚决反对因过度桎梏于"非遗"资源的历史传承，而忽视对其世界性、现代性价值的赋予。当前，我们应首先及时抓住"一带一路"倡议与全球化的历史机遇，开发和创新"非遗"资源，实现文化产业与文化事业的双赢。

以山东"非遗"资源为例，悠久的文化历史使山东积淀了极为丰富的"非遗"资源。据统计，"山东境内尚存优秀民间音乐、美术、戏剧、舞蹈、杂技等各门类民间艺术390多种，有140余种民间舞蹈在各地流传，仅秧歌就多达30余种。山东民间传统美术品种繁多、琳琅满目，高密扑灰年画、曹县面人、嘉祥石麟、曲阜楷木雕刻等远近闻名，潍坊寒亭区杨家埠木版年画与天津杨柳青、苏州桃花坞齐名。戏曲文化更是历史悠久，地方剧种多达

---

❶ 王媛 . 以丝绸之路资源的共享性开发促进非遗保护与发展 [J]. 丝绸之路，2017（1）.

24 个，柳子戏、柳琴戏、吕剧、五音戏、山东梆子等魅力独具，具有浓厚的地域特色。山东一向有'书山曲海'之誉，山东琴书、山东大鼓、山东快书、胶东大鼓在全国有着广泛影响。梁祝、孟姜女、牛郎织女、鲁班、八仙等传说，丰富了我国的民间文学宝库。在国家已经公布的两批非物质文化遗产项目中，山东共有 70 个项目，涉及十余门类，在全国是比较多的。"❶这些"非遗"资源对于丰富、活跃山东人民的文化生活具有重要的意义，是山东精神文明建设的重要资源。遗憾的是，这些"非遗"资源的市场化程度较低，资金不足，难以维持一支专业化的职业队伍。在市场化和现代高科技背景下，如果传承人没有现代化的专业学习与培训，传承人的素质很难得到根本性的提升，很多工艺还是仅局限于传统的继承上，缺乏现代化元素，面对越来越精湛的机械化技术，手工艺产品在技术上显示不出明显的优势，有些艺人的工艺甚至难以与流水线工艺品相比，在成本上更是难以匹敌，如果工艺与技术得不到突破性更新或创新，很多艺人就会被迫放弃自己的手艺而经营流水线工艺品，其手艺就会失传，继承人队伍就会不断萎缩。为此，必须采取以下三个方面的系统性措施，以便及时抢救、保护与开发"非遗"资源。

第一，借助数字技术与手段对濒临失传的"非遗"资源进行抢救式保护，使古老民间艺术得以完整保存，把整个工艺流程记录下来，特别是艺人的制作心法和创意想法，为今后发掘、整理、学习、研究、借鉴留下宝贵的原生态资料。

第二，利用现代化数字技术与管理手段，建立"非遗"数字博物馆，对"非遗"资源进行信息收集、学术分类、信息化存储与管理，逐步完善"非遗"数据库和"非遗"数字化系统，这样人们就可以借助互联网打破时空限制，随时随地从网上获得需要的文化资源。

第三，利用现代科技武装"非遗"文化产业传承人，这是保护"非遗"最重要的措施。政府部门应该制定政策与措施，鼓励、资助"非遗"传承人去相应大学、研究院所甚至国外深造，开展艺术技能交流与培训，提高其理论水平与专业技能，实现传统艺术的高水平传承与创新，让古老的传统艺术在现代科技的武装下获得新生，大放异彩。

---

❶ 杨海波. 数字技术与山东非物质文化遗产保护［J］. 山东社会科学，2008（9）.

（三）"非遗"资源的国际化

"非遗"资源不仅是当地及所在国的文化资源，也是世界人民共同的精神财富，理应成为世界人民的共享资源。"非遗"资源的稀缺性和独特性是吸引外地人的主要原因，但往往也是造成其知名度不高，不被外地人所知的主要因素。已经纳入世界遗产名录的"非遗"资源在世界上具有很高的知名度，成为世人的热门旅游景点或研究对象，但是，这些毕竟是少数，多数"非遗"资源仅是区域性资源，仅在本国或本地具有一定的知名度，外国人基本上无从了解，甚至连外地人也鲜有耳闻，如果这些"非遗"资源能够得到充分宣传，其实对外国人或外地人也是很有吸引力的，所以，非常有必要扩大"非遗"资源信息的交流与传播，让更多的"非遗"资源得以共享。

但是，任何"非遗"都不能故步自封，依靠自己的独特性和稀缺性而坐享其成，"非遗"的前途更多的是挑战而不是机遇。无论哪种"非遗"资源，如果不能与时俱进，根据现代化条件进行改进与提高，提升其生命力和竞争力，培养更多的传承人和开发者，就会走向没落。所以，对于纳入世界遗产名录的"非遗"资源，要尽量利用其知名度进行重点宣传，这既需要"非遗"资源本身的内涵，也需要当地文化管理部门、旅游部门甚至每一位当地居民的共同协作，携手打造整个"非遗"资源的生态环境与人文环境，让外来游客慕名而来、乘兴而归，甚至流连忘返。对于没有纳入世界遗产名录的"非遗"资源，也要加强自身特色的传承与创新，同时进行积极的宣传。这类"非遗"资源也可以像文化的国际化传播路径一样，采取"四步走"战略：本地化→本土化→区域化→全球化。其实，随着我国综合国力的提高，这类"非遗"资源实现本地化与本土化是具有很大优势的，虽然它们知名度不高、规模不大，但是，往往给人别有洞天的感觉，很容易获得人们的认可和赏识，这对于促进当地精神文明建设、陶冶人们情操以及经济增长同样具有积极意义。

全球化背景下，经济贸易中的文化元素越来越多，文化与其他领域的融合度也越来越高，成为彼此不可分割的一部分。因此，发展文化产业，就是发展经济、发展科技，就是增强国家的综合国力，使中国在国际上获得更大的话语权。由此可见，民族要想复兴，文化复兴必须走在前头。中国要充分利用政治和平优势、经济发展优势以及文化资源优势，把中国的"仁和、诚信"思想以及人类命运共同体理念传达给世界人民，用文化中的正能量破解不同民族间的文明冲突与矛盾。只有这样，中国文化才能更快、更好地融入世界，提高在世界文化市场中的竞争力，才能变文化大国为文化强国。

八、在国际借鉴层面，学习、借鉴日本的文化发展战略

文化产业化与全球化趋势使得文化输出日益成为国际争夺的重点目标，特别对于发达国家来说，借助文化输出，在全球宣扬其价值观并主导国际话语权。另外，文化具有超强的渗透力，与任何领域相结合都会产生强大的创造力与竞争力，它所形成的产业力既能直接转化为经济力，还会对政治、科技、外交等领域产生间接甚至直接的影响力。发达国家之所以在经济、军事、科技等领域领先于其他国家，关键因素之一就在于其文化具有超越其他文化的先进性，从而形成更强大的经济力和影响力。因此，研究发达国家的文化发展战略与特点对于发展中国家，特别是对处于赶超阶段的中国的文化发展具有很强的现实意义。

（一）借鉴发达国家文化发展战略的意义

文化的交流、借鉴与创新是人类文化发展的普遍规律。任何民族或国家，离开与世界文化的交流与对话，在封闭的状态下发展是没有前途的。文化发展史表明，文化的交流与借鉴是文化创新与繁荣的捷径，不同文化只有在交流碰撞中才能激起创新的火花，没有外力的撞击，文化在封闭的环境中只能缓慢地前进。所以，要建设先进的中国文化，实现文化强国的战略梦想，就必须破除中西文化对立和盲目排外的保守思想，以海纳百川、有容乃大的心态与胸怀，积极对待外来文化成果，充分借鉴、吸收世界一切优秀文明成果。

文化人类学家弗朗兹·博厄斯认为："一个社会群体，其文化的进步往往取决于它是否有机会吸取邻近社会群体的经验。"❶ 事实证明，文化的交流与借鉴永远比自己创造容易和便捷，而且异质文化中的优秀成分是弥补本文化缺陷最好的营养。所以，不同民族文化应在相互交流中求同存异、相互

---

❶ 马雪松. 新全球化思潮对合作抗疫的重要价值 [J]. 人民论坛, 2020 (11).

借鉴、取长补短，从而实现各自的丰富与完善，这才是文化发展的正确道路。

1. 加速文化交流、融合与创新

回顾早期人类文明的发展轨迹，较早出现的几大文明体系都是诞生于大江大河流域，因此，早期人类文明也被称为"大河文明"。中东两河流域的古巴比伦文明、尼罗河流域的古埃及文明、印度河流域的古印度文明、黄河流域的中华文明都是依河而兴的文明。但是，限于各自独特的地理环境与自然条件，他们都形成了个性独特的文化体系，也正因其独特性，在比较时就凸显出其优势与不足。由于当时生产力水平低下，交通、通信条件落后，这些文明因相距遥远而处于彼此孤立隔绝的状态。随着人类交往范围的逐渐扩大，各文明之间直接或间接的交往越来越频繁，其中有和平交往，也有暴力冲突，但无论如何，都打破了以前曾经独立的隔绝状态，于是，文明就由彼此孤立的"点"扩展为"片"，继而扩展为"圈"，最后形成全球交往的整体网络。

这个过程由起初的缓慢到后来的加速，直至今天的闪速。比如印刷术，公元7世纪，中国就发明了雕版印刷术，11世纪毕昇发明了活字印刷术，但直到15世纪才传到欧洲。再如火药，在隋朝被发明，在唐朝被用于军事，13世纪蒙古铁骑带着火药火器席卷欧洲，在100年后，欧洲人才从阿拉伯书籍中间接掌握了制造、使用火药和火器的方法。虽然欧洲火药是黄火药，中国火药是黑火药，两者化学成分截然不同，但在制作方法上，黄火药是在黑火药的基础上进行的改进与创新。当今，随着全球化的深入和科学技术的发展，人类交往的规模、深度、速度、频率都发生了翻天覆地的变化，可以说，知识与信息实现了即时传播，这大大加速了知识与信息的创造效率和人类文明的演化进程。

2. 缩小文化之间的差距

文化是可以传承的。通过传承，我们可以获得前辈们从生活和生产中取得的经验与心得，遵循他们约定俗成的伦理道德和风俗习惯，学习他们人之为人的社会交往制度与规范。文化是可以传播的。通过传播，不同民族、地域、宗教、政治制度之间文化可以交流、借鉴，在友好往来中共享人类创造的文明成果，助力自身飞跃前行。今天，文化传承与传播的方式与手段更加多样与先进，传播内容更加广泛和深入，各民族文化应紧抓历史机遇，积极汲取人类一切优秀文明成果，为自身的快速发展获取尽可能多的营养，力争在世界文化竞争中占据优势。

任何一种文化，无论其多么先进、优秀，都是一定时代、一定条件的产物，都是民族文化或地域文化，所以，都有优势和不足，都需要向其他民族文化学习，而要想学习、借鉴，就必须根据自己的文化特点和需求进行创造性转化和创新性发展，否则就会出现"水土不服"的现象。从世界文化演化史来看，文化的发展轨迹是波浪式曲折前进的，任何民族文化都经历过繁荣与衰落的反复历程，不存在永恒持久的发达文化，中国文化的发展历史也印证了这一规律。事实上，先进发达的文化之所以先进发达，除了自身的因素之外，外在因素也是不可或缺的，即积极借鉴、吸收其他民族文化的优异成分为己所用，不断壮大自己。欧洲文化就是在不断吸收阿拉伯文化、印度文化和中国文化的优秀元素基础上壮大起来的。马克思曾经把中国的指南针、印刷术和火药看成预告资产阶级社会到来的三大发明。而俄国在17世纪彼得大帝执政以后，打破了闭关自守的落后状态，1697年彼得大帝派遣使团前往西欧考察，自己化名随团出访，学习先进技术，虽然没有彻底改变俄国作为农业国的根本面貌，但他所兴办的工场手工业在客观上为俄国资本主义的发展创造了条件，为俄国迈进近代化国家奠定了基础。日本从公元600年开始，就直接向隋朝派遣使臣、留学生和学问僧（隋朝称为"遣隋使"，唐朝称为"遣唐使"）。借助这些人所学到的中国政治制度和先进文化，也仿照建立了完善的经济、政治、教育制度，并延续了1200多年，直到明治维新，对日本封建制度产生了全面和深刻的影响。1868年开始的明治维新开启了日本"全盘西化"的改革运动，派遣大型使节团出访欧美，考察资本主义国家制度。在富国强兵、殖产兴业、文明开化的口号下，日本积极引进西方科学技术，建立了一批以军工、矿山、铁路、航运为重点的国有企业，在不太长的时间内迈入了资本主义社会，使日本成为亚洲第一个走上工业化道路的国家，逐渐跻身于世界强国之列。而几乎同时开始的中国洋务运动最终以失败告终，原因之一就是只注重学习欧美的技术，其"中学为用、西学为体"的主张限制了文化的借鉴与吸收，特别是政治制度和教育的学习。日本很快超越了中国，又继而超越西欧诸国，其原因之一就是在学习先进技术的同时，也学习其文化，特别是政治制度改为君主立宪制、发展近代资产阶级性质的义务教育以及社会生活习惯的转变。可见，强其筋骨，只能强表面、强一时，而强其文化才是根本的、长久的。

中国文化本身就是一个庞大的体系，或者说，是对中华大地上各文化门派的总称。从历史上看，中华民族一直是一个多民族融合的大家庭，所以，中国文化本身就是各民族文化在民族交往或冲突中不断交流与融合的产物。自汉朝以来，中国文化就处在与世界文化交往的开放状态中。西汉开辟的丝绸之路为吸收中亚、西亚与南亚文化打开了方便之门。汉哀帝元寿元年（公元前2年），西域大月氏使臣伊存来朝，在都城长安向中国博士弟子景卢口授《浮屠经》，从此佛教开始正式传入中国。始建于十六国时期的敦煌莫高窟就是中国与中亚、西亚、南亚文化交往的历史见证。盛唐时期，都城长安是世界上最大最繁华、人口第一个超过100万人的国际大都市，是当之无愧的世界政治、经济、文化及商贸中心。唐朝时期的对外开放及包容的态度，极大地促进了世界各民族间经济和文化的交往与融合。宋元时期，海上"丝绸之路"兴起，通过海上贸易航道，吸引了大批的波斯、阿拉伯人来泉州、广州开展贸易，他们一并带来了自己的宗教和文化。明清时期，欧洲的耶稣教会传教士来华传教，同时他们一并传播欧洲的科学技术，中国出现了一批如徐光启、李之藻、杨廷筠等接受和传播西方文化的先驱。清朝末年的洋务运动和维新变法运动以及民国时期的新文化运动都积极学习西方先进文化与科学技术，客观上打开了封建主义的藩篱，推动了思想文化解放与发展，促进了中国近代社会的进步。

纵观中华文明史，中国文化始终是在与外来文化的交往与融合中逐步发展起来的。事实证明，如果没有对外来文化的借鉴与吸收，就没有中国文化的丰富与繁荣，哪个朝代能够以开放、包容的心态与行动对待外来文化，哪个朝代就能政治清明、经济发达、文化繁荣及国力强盛。"一带一路"倡议，就是在全球化背景下对外开放政策的丰富与创新，将加快中国文化与世界文化的深度交流与融合，助力中国早日实现强国之梦。

3. 促使文化多样化更加巩固

人类文化就像生物物种，越是多样化，越能从其他文化中汲取营养，从而发展得更好。经济全球化突破了各国之间的藩篱，将世界融为一体，加快了企业间、领域间及国家间交流与合作的广度与深度，也为各民族先进文化的对外传播创造了机会与条件，民族文化之间的相互借鉴、吸收、融合与创新进入了快车道。

不同文化之间的交流与融合有利于民族间文化差异的理解与认可，消除因文化差异带来的各种分歧与冲突，有助于国家间的政治和谐与经济发展，反过来又促进了各国文化的发展与进步，两者是共生、共荣的互动关系。世界文化犹如一座大花园，越是多样，越能争奇斗艳、百花齐放。世界文化因相异而交流，因交流而创新。中国要想发展就要以文化为桥梁、以经济为纽带，加强同世界的联系与交往，将中国的发展融入世界发展的潮流之中，通过交流与合作，深化国际友谊，密切经济往来，加强科技交流，学习、借鉴世界一切优秀文明成果，同时，将中国的优秀文化传播出去，增强世界人民对中国的了解和好感，提升中国的国际形象。

如果以开放、包容的态度辩证地看待多元文化，就会发现文化的差异性恰恰是一种文化资源与优势。每一种文化在其生存与发展的过程中都萌生出坚韧、顽强的生命力，这就是文化的优秀品质，也是文化的特殊性或差异性之所在，这对异质文化来说，恰能形成互补，当然，前提是需要对这些品质与元素进行转化与创新，而不是生搬硬套。由此，我们得到启发，既然各民族文化都有浓郁的地方特色和人文特色，各民族就应该充分利用文化的这些独特性，对文化资源进行挖掘、丰富与创新，以其独特性为核心发展文化产业，并带动、促进其他行业的发展。比如，以其独特的民族文化符号和自然资源开发旅游业和文创业，特别是开发富有民族风情的旅游度假项目，就能带动本地多个行业的发展。当然，在开发这些具有民族特色的标志性项目时，要注重挖掘和培养当地人才的素质与能力，使他们成为项目建设与管理的主力军，让项目处处呈现出民族特色与灵性，这样既带动了当地经济发展，又优化了当地文化生态，形成经济与文化的良性互动。

众所周知，中国文化是由多种地域文化组成的，而世界文化又是由多个类似于中国文化组成的更大的文化圈，所以，中国文化或其他世界文化都只是不同层次的地域文化的称谓而已。从文化本身的特征来看，中国文化本身也是多元文化，何况是世界文化，所以，文化的多元属性是客观存在的，而且是永恒存在的，无论全球化发展到何种程度，文化的多元性与共性都是对立统一的辩证关系。文化全球化能够使各民族文化因交流而使自身更加丰富和强大，但永远也不能消除文化之间的个性差异。

（二）日本的文化发展战略

从表面上看，世界发达国家的发达之处主要在于繁荣的经济、强大的军事以及先进的科技。确实，它们是以这些硬实力作为其支柱的，但仔细研究就会发现，在这些硬实力背后又是以软实力作为支撑的，这种软实力就是先进文化所形成的力量，一种无处不在、无孔不入的力量。作为世界最发达的国家之一，日本的软实力可谓令人羡慕。但是，日本在"二战"中元气大伤，可以说，"二战"之后，日本是一个从废墟上站立起来的巨人。那么，是什么原因使得日本在此状况下实现了如此惊人的发展速度与成就呢？上文也曾提到，日本在历史上一直都是一个非常注重文化借鉴与吸收的开放型国家，从隋唐时期的"遣隋使""遣唐使"，到明治维新时期的"欧美使团"，都彰显着日本民族虚心好学的精神和对文化的重视，这就不难理解为什么日本在短期内实现了发展史上的奇迹。"二战"之后，日本在国际政治和军事上受到限制，政府就把主要精力放在以发展经济来恢复国力的目标上。虽然经历了"二战"的创伤，日本国力几乎消耗殆尽，但日本的文化精神依然存在，教育体系依然完善，经过十多年的休养生息，日本又重新建立起完善的工业体系和文化体系，在自然资源受限的条件下，日本坚持走的是一条依靠文化和科技振兴国家的道路，事实也证明，日本选择的发展道路与战略是可行的、成功的。

中国与日本不仅地域相近，且属同一个文化圈，同是黄色人种，所以，选取日本作为代表性的国家进行分析，比研究与中国相距甚远、文化迥异且肤色有别的欧美发达国家更具有现实意义。下面就对日本"二战"之后的文化战略与策略进行分析，特别是日本的文化国际化战略与策略对于提升其国际形象的现实意义，以期借鉴，为我所用，助力中国文化更加成功地走向国际化。

1. "知识产权立国"战略

自 20 世纪末开始，文化产业在日本国民经济中的比重越来越高，成为重要支柱之一，日本政府发展文化产业的迫切之心愈发强烈。1968 年，日本超越西德，成为仅次于美国的第二大经济体。随着经济实力的提高，日本谋求国际大国地位的信心逐步增强，文化输出理所当然地成为其提升国际地位与国际话语权的最重要手段。1996 年 7 月，日本政府公布实施《21 世纪文化立国方案》，标志着其"文化立国"战略的确立，该战略决定将文化产业作为本国的战略性支柱产业，所以，制定一系列政策与措施对其大力扶持，其中以动漫、漫画和游戏软件为核心的文化产业组成日本文化发展的前沿阵地，推动日本文化走向世界。事实上，随着日本国际影响力的扩大，世界也需要更深入地了解日本，从中获取智慧与灵感。这样，日本文化"走出去"战略就与外界对日本进行了解与研究的迫切需要形成一种契合，顺理成章地成为世界上一个重要的文化辐射源。确定"文化立国"基本战略之后，日本政府充分利用市场机制的引导作用，实现了文化资源的优化配置，通过多种政策与途径推动文化产业发展，对产业布局及发展方向产生了重要影响。2002年3月，日本政府召开第一次知识产权战略会议，正式提出"知识产权立国"战略。2002年11月27日，日本国会通过《知识产权基本法》，并于2003年3月1日生效，标志着日本"知识产权立国"战略的正式启动，至此，日本经济发展实现了从20世纪50年代的"贸易立国"、80年代"科技立国"、90年代的"文化立国"，再到21世纪初的"知识产权立国"的重大转移。这次战略大转移把知识产权的重要性提升到国家层面上，标志着日本将文化创新及成果转化视为提高国家产业竞争力和振兴日本经济的强国战略，是对"文化立国"战略的进一步深化。事实证明，在"知识产权立国"战略下，日本颁布实施的《知识产权基本法》极大地调动了日本企业、国民从事科学技术研究和文学艺术作品创作的积极性和创造性，在如此高涨的创新热情下，日本的文化创新及文化产品开发大大促进了其文化产业的发展，直接提升了日本的经济实力和国家形象，也一并解决了其面临的国内、国际问题。

2."文化外交"战略

明治维新后，日本经济实力大增，试图通过综合国力的优势获得世界大国地位的愿望日益强烈。为了赢得世界的信任与好感，首相片山哲便提出了依靠"文化建设国家"作为国家的发展战略，但是，无奈力不从心，文化外交成果并不乐观。自20世纪60年末，日本经济进入了高速发展的快车道，综合国力逐渐恢复，并很快成为世界第二经济强国。随着国力的提升以及国际经济贸易的拓展，日本需要获得更高的国际地位以及更多的国际话语权，加强文化外交、扩大自身的国际地位和感召力成为日本政府的重要责任与使命。1972年，日本政府成立向海外推广日本文化的重要机构"国际交流基金会"。1973年1月27日，大平正芳外相发表国会演说，正式提出将"文化外交"列入日本外交政策的重点内容，标志着日本文化外交战略进入一个新的里程。1983年，中曾根首相访问东盟各国，加强同东南亚国家的联系与合作，其真实目的就是通过加强文化与政治上的外交，提升其国际地位。为此，日本文部省实施了"接受十万留学生计划"，吸引外国留学生来学习、交流，在短时间内加强了日本的文化交流。同时，日本政府也增加了赴国外留学生的规模，学习、借鉴海外先进文化。20世纪90年代，房地产泡沫破裂，日本经济遭遇大衰退，进入了平成大萧条时期。在经济发展遭受创伤之后，日本意识到文化产业在国民经济中的重要地位，随即正式确立了"文化立国"的重大战略，把经济发展转向文化与科技并重的方向，并加强科技与文化的融合与创新，使文化产业成为国民经济的支柱产业。伴随"文化立国"战略的实施，日本政府更加重视文化在国际交往中的影响力，设立和扩充驻外日本文化研究机构，在欧美各国举办以茶道、花道为主题的表演活动，深化国际社会对日本文化的认同与欣赏。

进入 21 世纪以来，尽管政府领导更换频繁，但是，为了促进与世界各国的文化交流，获得其他国家的好感，塑造自身的大国形象，提升国际地位与话语权，日本政府重视文化外交的战略意识与行动有增无减，推进文化发展和促进国际文化交流的政策与措施始终保持着连贯性。2002 年，在韩国和中国举办了日本文化交流周活动；2003 年，这一活动扩展到东盟各国；2004 年 8 月，日本外务省成立"广报文化交流部"，负责对外宣传和文化交流，12 月，又设立"推进文化外交恳谈会"，以推进日本的国际文化交流和合作的广度与深度。同年，日本政府又提出了"酷日本"战略，并将动漫的文化输出纳入该战略。在挖掘自身的传统文化资源，并融合最新科技进行开发与创新之后，日本在动漫、游戏软件领域取得了世界领先的突出成就，其产品输出到世界各地，文化影响力大大提升了对世界各国的吸引力，国际形象大幅提升。

由于日本政府把"文化外交"上升到国家战略层面，围绕一定政治目标或对外战略意图，大力推动以文化为核心的各领域、各层次之间的文化交流与合作，形成了以文化产业为驱动的全方位文化发展模式。因此，推动国际文化交流的机构与组织除了文部省文化厅、外务省等国家行政机关外，还包括大量的特殊法人组织和文化团体，如国际交流基金会、艺术文化振兴基金、日本学术振兴会和日本 NPO 中心等，协力促进国际文化交流，增强日本文化的影响力和辐射力。总之，日本借助文化外交改善了国际形象、提高了综合国力，为实现其政治大国和文化大国目标铺垫了良好的基础。

3. "文化品牌"战略

纵观日本文化发展史，我们就会发现，一方面，注重本民族传统文化的保护和开发；另一方面，虚心学习世界各国的先进文化，这两个方面都是日本民族固有的优秀传统。所以，日本文化产业既注重民族特色又瞄准世界前沿，尤其在与现代科技的融合过程中，形成了诸多闻名世界的文化品牌，如日本茶道、美食、时尚服饰、设计理念、动漫、电子游戏等，这些融合了传统与现代的文化产品传播到世界各国，在提升其文化软实力的同时，也为日本带来了巨大的经济效益。总之，日本所推行的文化发展战略"文化立国"战略、"知识产权立国"战略以及战略下形成的"文化外交"战略、"酷日本"战略、日本品牌战略等共同组成了一个文化发展的有机整体，成为日本经济振兴、政治强盛、科技发达、外交宽广的坚强支柱。

其实，日本在很早以前就认识到品牌形象是软实力的重要来源，所以，一直重视对日本品牌的塑造。事实证明，索尼、东芝、松下、本田、丰田、三菱等驰名全球、享誉世界的品牌，不仅为日本创造了巨大的经济价值，其过硬的质量也为日本赢得了全球美誉。在文化发展过程中，日本政府及民间团体机构采取了一系列措施打造具有自身特色的文化品牌，并通过文化外交将其输出到世界各地，实现了日本软实力与国家形象的巨大提升。概而言之，日本为此采取了以下三个具有代表性的文化策略。

第一，深入挖掘民族文化元素，创建特色品牌，并将其打造成日本文化对外传播的物质载体。虽然日本民族注重学习与借鉴中国和欧美发达国家的文化，但都是在传承其传统文化基础上的融合与创新，而且是与先进科技的融合与创新。所以，日本文化品牌既有日本民族特色又包含世界元素，还具有高科技含量，因而受到大众的广泛欢迎。

第二，日本本土资源匮乏，其海外贸易传统有助于塑造文化品牌的知名度。为了获取海外自然资源，日本一直致力于输出"软产品"，一方面，将海外获取的自然资源进行深加工，制成高科技产品再输出到海外，以此获得巨大经济利润；另一方面，在各种文化战略的支撑下，发挥其人才和高科技优势，大力发展高附加值的文化品牌，提升其国际形象和影响力。比如，向海外输出动漫、电子游戏、时尚设计等文化产品以及以文化为核心的茶道、美食等特色产品。这些高附加值的产品极大地促进了日本经济、科技、教育的发展，并促成了产业与文化间的良性互动与循环。

第三，文化外交助力文化品牌的传播与推广，从而塑造良好的国际形象和更高的国际地位。在外交活动中，日本政府非常重视动漫等流行文化品牌的辐射力与影响力。2006 年 4 月，日本外相麻生太郎倡议把动漫输出作为文化外交的重要途径。2007 年，日本成立国际漫画奖，为漫画的国际传播营造了良好气氛。"动漫外交"成为这一时期重要的文化外交方式，为日本外交的进一步拓展提供了新的契机。

4. 文化人才培养战略

与其他领域一样，文化产业及其他相关产业的快速发展离不开人才的支撑。为了文化的发展与振兴，日本政府特别注重对于文化人才、特别是文化产业人才的教育和培养。学校和各类教育机构围绕政府的文化战略和社会需要，制定和实施相应的人才培养计划，为文化产业源源不断地输送优秀的专业人才，将人才和科技转化为现实生产力，为文化发展提供源源不断的动力。

首先，20 世纪 80 年代初期，日本将发展战略调整为"科技立国"。为了支撑科技的开发和创新，日本将企业、政府、大学和研究院进行了有机整合，建立了"产、官、学、研"合作模式，这种模式集各优势资源于一体，形成了强劲的"文化合力"。围绕战略目标，各组成单位与机构各尽所能、各司其职、相互配合，为高新技术和文化产业的发展营造了良好的社会环境和合作平台，在较短时间内培养出大批的专业化人才，使科技与文化产业获得飞速发展，提高了科技与文化产业的整体质量。

比如，在日本，"时尚"被视为一种集众多知识财产于一身的无形资产或财富。为了培养引领世界时尚潮流的国际化人才，2005 年，日本成立了神户时尚造型大学，第二年又成立了文化时尚大学院大学。这两所专业性大学成为培养时尚人才的摇篮，在短时间内培养出一大批能够打造国际品牌的时尚专业人才。同时，通过开展日本时尚周、国际电影节等活动，实施时尚品牌战略，扩大时尚品牌的对外宣传，加深消费者对品牌形象的美好记忆，提升产品品牌知名度，进一步加快了日本时尚的国际化。

其次，日本实施"文化立国"及"知识产权立国"战略的基础就是拥有一大批文化专业人才，所以，实施这一目标的核心必须是源源不断地培养文化专业人才。这支人才队伍不仅能够传承、创新日本传统文化艺术，还可以根据国际前沿与时俱进地发展和创新日本文化理念和文化时尚，丰富、壮大日本文化体系，因此，这支队伍是立足国内、瞄准世界的具有国际文化视野和多元文化分析与融合的国际化人才，是能够在国际文化舞台上具有较强竞争力的国际化人才。

由于现代文化产业是一种融合多专业、多领域、多科技的综合体系，因此，这支队伍必须既具有文化人才的专业素质，又具有企业人才的管理水平，还要有跨文化传播人才的能力，是一支独特的复合型人才队伍，可见，这类人才的培养方式与方法必然具有独特性。一方面，通过专业性大学培养各文化领域所需要的专业技能人才，以达到在本领域的精尖水平；另一方面，通过招收跨专业人才，进行第二专业或技能的培养，以满足跨专业探究与管理的综合需求。这两个方面缺一不可，相互配合，共同构成文化人才建设的立体空间与网络。

5. 文化产业发展的制度保障战略

自确立"文化立国"战略之后，日本政府从法律、政策、教育、基础设施等多个方面全力支持这一战略的落地实施。

第一，推进立法，为文化的发展提供法律保障。在"文化立国"战略确立之前，日本就制定颁布了几部文化法律规章，为文化的发展铺垫了基础。比如，1970 年，为了保护知识产权重新修订了《著作权法》（后来在1992 年、2010 年、2012 年又分别进行了修订）；1974 年，为了振兴日本传统文化产业颁布了《传统工艺品产业振兴法》；1995 年，日本文化政策推进会议提出《新文化立国——关于当前振兴文化的几个重要策略》；1999 年，为了刺激产业活力颁布了《产业活力再造特别措施法》；2001 年，为了强调政府及各地区所肩负的振兴艺术文化的责任，国会专门通过了"振兴文化大国"的《文化艺术振兴基本法》；2004 年，日本又颁布了《文化产品创造、保护及活用促进基本法》。

第二，增设行政机构，打造文化发展与交流平台。2001 年，为了给文部省科学大臣和文化厅长官提供科学的文化咨询服务，文化厅设立"文化审议会"；2002 年，针对海外盗版行为，经产省与文部省联合著作权相关团体和文化产品企业，建立了民间的"内容产品海外流通促进机构"；2003年，为了加强对知识产权的保护，日本内阁设立了"知识财产战略本部"，确保"知识产权立国"战略的实施。另外，政府采取适当的财政、金融和贸易保护政策，加强和完善文化基础设施建设，以加大对文化产业的扶植和保护力度，为文化产业的发展创设优良环境。

第三，健全投融资机制，以良好的市场机制引导产业发展。到 20 世纪末，日本已有 100 多年的资本主义发展历史，在国内已形成较为成熟的市场机制和良好的市场环境。日本政府没有采取直接干涉的方式，而是以良好的机制作为"看得见的手"进行引导，充分发挥社会资源在文化产业发展中的配置作用。日本以大型文化企业为抓手，将其打造成文化产业集团，以产业集团的发展带动相关行业整体水平的提升，同时注重为国内的文化产业集团搭建与国外交流合作的平台，助力产业集团实现国际化。日本产业集团以民族文化元素为根基，借鉴与吸收世界其他国家的"文化基因"，将其注入民族文化，实现文化产品的创新，满足受众的文化需求。

为了鼓励企业积极开展科技开发和创新，日本政府对技术创新的企业和个人给予政策优惠和奖励。比如，采用信贷、税收优惠、政府补贴等措施对文化创新企业进行鼓励与扶持，同时，日本政府还修改了《日本信托业法》，允许电影、游戏、动漫等文化产品的知识产权持有者发行有价证券和公司债券，通过资产证券化的方式进行社会融资，这样为行业外的资金流入文化产业打开方便之门。筹资渠道的拓宽为文化产品的开发和生产提供了强大的资金支持，也分散了企业风险，大大提高了企业创新的积极性。总之，在全方位、多途径的共同作用下，日本的文化产业发展取得了飞速的突破和举世瞩目的成就，为日本打造了新的经济增长点，成为经济发展的新引擎，助力日本在政治、科技、外交等领域不断获得突破。

人类发展史表明，文化是民族的血脉与根基，是民族生存、发展与繁荣的不竭动力。如果没有先进文化的引领与凝聚，一个民族就不能塑造伟大的民族精神，就会因缺乏强大的凝聚力和迷失前进的方向而在外力的冲击下逐步走向消亡。虽然在这个世界文化大花园中，中国文化是地域文化，但它蕴含着超越民族的普世价值观，具有很强的普适性，正被越来越多的人接纳、欣赏，成为世人修身、齐家、治国、平天下的智慧源头和行动指南，而且对于当前绝大多数仍属于发展中国家的亚非拉国家来说，只有通过团结协作、共享资源与智慧才能实现更快、更好地发展，而中国文化中的"仁和"智慧、"厚德载物"的包容精神以及"天下大同"的和谐思想恰恰是照亮"民心相通"思想大道的明灯。

参考文献

［1］李雪梅. 日本·日本人·日本文化［M］. 杭州：浙江大学出版社，2005.

［2］鲁思·本尼迪克特. 菊花与刀［M］. 孙志民，等译. 北京：九州出版社，2005.

［3］张松辉. 老子研究［M］. 北京：人民出版社，2006.

［4］孟欣，天厚. 老子哲学与人生智慧［M］. 青岛：青岛出版社，2006.

［5］颜廷淦. 孔子思想精华选释［M］. 西安：陕西旅游出版社，2006.

［6］张岱年，程宜山. 中国文化论争［M］. 北京：中国人民大学出版社，2006.

［7］魏恩政. 中国特色社会主义文化建设［M］. 北京：中共中央党校出版社，2006.

［8］高占祥. 文化力［M］. 北京：北京大学出版社，2007.

［9］艺衡. 文化主权与国家文化软实力［M］. 北京：社会科学文献出版社，2009.

［10］张骥. 中国文化安全与意识形态战略［M］. 北京：人民出版社，2010.

［11］俞思念，魏明. 当代文化发展［M］. 武汉：华中师范大学出版社，2010.

［12］张小荣，雷根虎，易宏军. 中国传统文化及其现代价值［M］. 西安：西安出版社，2010.

［13］周和平. 文化强国战略［M］. 北京，海口：学习出版社、海南出版社，2013.

［14］张学亮. 齐鲁儒风·齐鲁文化特色与形态［M］. 北京：现代出版社，2015.

［15］申险峰，朱荣生. 中国周边文化外交·东北亚卷［M］. 北京：世

界知识出版社，2015.

[16] 邢新宇. 中国周边文化外交·东南亚卷［M］. 北京：世界知识出版社，2015.

[17] 柳思思. 中国周边文化外交·中亚卷［M］. 北京：世界知识出版社，2015.

[18] 刘锡诚. 非物质文化遗产保护的中国道路［M］. 北京：文化艺术出版社，2016.

[19] 陈先达. 文化自信与中华民族伟大复兴［M］. 北京：人民出版社，2017.

[20] 郭晓明. 中国文化国际传播研究［M］. 北京：人民出版社，2017.

[21] 陈辉吾. 中国特色社会主义文化发展道路研究［M］. 武汉：武汉大学出版社，2017.

[22] 雷巧玲，田建军. 中国梦视域下文化强国战略研究［M］. 北京：中国社会科学出版社，2017.

[23] 王光秀. 中国特色社会主义文化建设研究［M］. 北京：人民日报出版社，2017.

[24] 杨光. 文化新论［M］. 合肥：合肥工业大学出版社，2017.

[25] 孙玉华. "一带一路"背景下的欧亚人文交流研究［M］. 北京：时事出版社，2018.

[26] 宋永利，张宏图，樊云松. 非物质文化遗产概览［M］. 北京：北京理工大学出版社，2018.

[27] 谢清果，钟海连. 中华文化与传播研究［M］. 北京：九州出版社，2018.

[28] 王蕾. 21世纪海上丝绸之路文化构建研究［M］. 北京：社会科学文献出版社，2018.

[29] 刘明洋. 转化与发展·走进新时代的中华优秀传统文化［M］. 济南：山东人民出版社，2018.

[30] 刘德定. 国家文化软实力［M］. 北京：经济科学出版社，2019.

[31] 陆卫明，李红. 《论语》智慧与现代文明［M］. 北京：高等教育出版社，2019.

[32] 陆静. 当代中国文化对外传播［M］. 北京：经济科学出版社，2019.

［33］郑承军. 从文化大国走向文化强国［M］. 北京：北京时代华文书局，2020.

［34］叶廷芳. 十八世纪欧洲的中国热［N］. 北京日报，2012-05-14.

［35］林玉梅. 弘扬文化力量建成文化强国［N］. 中国书法报，2020-12-01.

［36］李爽. 弘扬中华优秀传统文化，建设社会主义文化强国［N］. 团结报，2020-11-28.

［37］马新春. 孔子的修己之道［D］. 兰州：西北师范大学，2008.

［38］易丽平. 孔子学院跨文化传播研究［D］. 重庆：重庆工商大学，2012.

［39］鲍枫. 中国文化创意产业集群发展研究［D］. 长春：吉林大学，2013.

［40］王森森. 习近平文化软实力思想研究［D］. 海口：海南大学，2014.

［41］林茂. 全球化背景下提升我国文化软实力研究［D］. 重庆：西南大学，2014.

［42］黄荣钧. 孔子学院提升我国文化软实力作用研究［D］. 成都：西南财经大学，2014.

［43］李嘉莉. 社会主义核心价值观对外传播问题研究［D］. 太原：山西大学，2015.

［44］熊南飞. 习近平的文化建设思想研究［D］. 武汉：湖北工业大学，2016.

［45］陈纪霖. 习近平文化强国思想研究［D］. 重庆：西南大学，2018.

［46］左晓晓. 日本文化发展战略及其对中国的启示［D］. 大连：大连理工大学，2018.

［47］顾佳薇. 日本文化软实力的发展经验及其对中国的启示［D］. 赣州：江西理工大学，2018.

［48］陆嘉慧. "微时代"的社会主义主流文化建设研究［D］. 扬州：扬州大学，2018.

［49］申灵敏. 文化强国战略下中国文化软实力提升研究［D］. 兰州：兰州大学，2019.

［50］吴根友. 如何说不可说之道？——老子哲学中"道"概念的语义

分析 [J]. 湘潭大学学报（哲学社会科学版），2006（3）.

[51] 杨海波. 数字技术与山东非物质文化遗产保护 [J]. 山东社会科学，2008（9）.

[52] 黄永林，谈国新. 中国非物质文化遗产数字化保护与开发研究 [J]. 华中师范大学学报（人文社会科学版），2012（3）.

[53] 彭小兰. 文化强国战略与中国文化软实力提升 [J]. 华南理工大学学报（社会科学版），2013（4）.

[54] 宋方昊，刘燕. 文化产业视野下的非物质文化遗产数字化保护与传承策略 [J]. 山东社会科学，2015（2）.

[55] 赵澄澄. "一带一路"视域下的跨文化传播策略 [J]. 文化传播与教育，2016（2）.

[56] 朱婷婷. 文化强国视域下中国文化软实力的提升路径研究 [J]. 实事求是，2016（5）.

[57] 卞辉. 山东省非物质文化遗产创意集市建设的几点思考 [J]. 人文天下，2016（8）.

[58] 李宝贵. "一带一路"战略背景下孔子跨文化传播面临的机遇与挑战 [J]. 新疆师范大学学报（哲学社会科学版），2016（12）.

[59] 叶廷芳. 欧洲的中国风 [J]. 南北桥，2017（5）.

[60] 王亚萍.《孙子兵法》在西方引起关注的原因 [J]. 滨州学院学报，2017（10）.

[61] 王媛. 以丝绸之路资源的共享性开发促进非遗保护与发展 [J]. 丝绸之路，2017（1）.

[62] 田书华. 中国先秦哲学是西方经济理论的源泉 [J]. 北方金融，2018（5）.

[63] 张清林. 论新时代坚定中国文化自信 [J]. 桂海论丛，2018（9）.

[64] 谢扬举. 老子思想向世界传播的文明互鉴意义 [J]. 青藏高原论坛，2018（6）.

[65] 王永贵，尤文梦. 习近平关于文化建设重要论述的四个向度 [J]. 江苏社会科学，2020（11）.